# 巧讀
# 史記

（西漢）司馬遷◆原著
高欣◆改寫
余秋雨 推薦

經典著作優秀改寫，全白話無障礙讀本，
內含精美手繪插圖，人物、典故、成語、知識點隨文注釋，
**是一本適合青少年閱讀的國學入門書。**

我们也许逃不过这样的荒诞：阅读极其泛滥又极其荒凉，文化极其壅塞又极其贫乏。

这里倒有一条安静的自救小路：趁年轻，放松心情读一点经过选择的经典。

余秋雨

# 目錄

黃帝傳説／013
堯舜禪位／016
舜帝懲惡／022
大禹治水／025
成湯建商／028
商朝衰亡／031
忠臣周公旦／035
褒姒一笑亡周／038
襄公封侯建秦／041
齊襄公失信遭殺／046
管鮑之交／049
晏嬰相齊／052
孔子的故事／056
夷吾忘恩負義／066
重耳流亡／070
蹇叔哭師／075
楚莊王一鳴驚人／079
伍子胥報仇／083

公子光奪位／087
蘇秦激將張儀／090
張儀計耍楚懷王／094
趙氏孤兒／099
孫子練女兵／107
子貢亂吳救魯／110
勾踐臥薪嘗膽／116
范蠡救子／126
孫臏忍辱敗龐涓／132
吳起殺妻求將／135
淳于髡一斗也能醉／140
秦孝公變法強國／143
秦國智囊樗里子／147
扁鵲復活虢太子／150
馮諼買仁義／154
田單守即墨／158
秦昭王五跪得范雎／162
白起「該死」／166

樂毅入燕／171
毛遂自薦／175
呂不韋慧眼識子楚／179
秦王政笑王翦「老矣」／183
李斯不甘貧賤／186
秦始皇一統天下／189
趙高指鹿為馬／199
西楚霸王項羽／206
沛公入關／213
鴻門宴／221
楚漢爭霸／227
垓下之戰／232
蕭何追韓信／237
韓信求教李左車／242
韓信叛變／247
留侯張良傳奇／253
忠貞的丞相蕭何／261
曹參「蕭規曹隨」／267

夏侯嬰撿棄兒／272
英布刑後稱王／275
彭越本不該死／281
美男陳平／285
貫高拚死護主／292
四隱士保太子／296
呂后篡漢／300
呂氏遭誅／306
張釋之判案／313
真將軍周亞夫／317
東方朔隱居宮殿內／322
司馬相如「琴」定卓文君／326
汲黯「愚直」／329
張騫出使烏孫／335
廉潔的酷吏張湯／340

# 經典

梅子涵

成年人文化多，知道得多，上下五千年，心裡著急，恨不得把一切有價值的書都搬來給小小的孩子看。

成年人關懷多，責任多，總想著未來幾千年的事，恨不得小小的孩子們都能閱讀著幾千年的經典，讓未來因為他們的經典記憶風平浪靜、盛世不斷，給人類一個經久的大指望。

我們要說，這簡直是一個經典的好心腸、好意願，唯有稱頌。

可是一部《資治通鑒》，如何能讓青少年閱讀？即使是《紅樓夢》，那裡面也是有多少敘述和細節，是不能讓孩子有興致的，孩子總是孩子，他們不能深，只能淺，恰是他們的可愛；他們不能沉湎厚度，而只可薄薄地一口氣讀完，也恰是他們蹦蹦跳跳的生命的優點，絕不是缺點！

這樣，那好心腸、好意願便又生出了好靈感、好方式，把很長的故事變短，很繁複的敘述變簡單，很滔滔的教誨變乾脆，很不明白的哲學變明白，於是一本很厚很重的書就變薄變輕了。是的，它們已經不是原來的那一本那一部，不是原來的偉岸和高大，但是它們讓孩子們靠近了，捧得起來了，沒讀幾句已經願意讀完了。於是，一種原本是成年後正襟危坐讀的書，還在小時候沒有學會把玩耍的手洗得乾乾淨淨的時候，已經讀將起來，知道了大概，知道了有這樣的經典和高山，留在他們的記憶裡當個「存目」，等他們長大了以後再去正襟危坐地讀，探到深度，走到高度，弄出一個變本加厲的新亮度來，當成教授和專家。而如果，長大了，實在忙得不可開交，養家糊口，建設世界，沒有機會和情境再閱讀，那麼那小時候的閱讀和記憶也已經為他的生命塗過了顏色，再簡單的經典味道總還是經典的味道，你說，一個人在童年時讀過經典改寫本，還會是一種羞恥嗎？還會沒有經典的痕跡留給了一生嗎？

所以經典縮寫本改寫本的誕生，的確也是一個經典。

它也許不是在中國發明，但是中國人也想到這樣做，是對一種經典做法的經典繼承。經典著作的優秀改寫，在世界文化先進、關懷兒童閱讀的國家，是一個不停止的現代做法，是一個很成熟的出版方式，今天的世界說起這件事，已經絕不只是舉英國蘭姆姐弟的莎士比亞戲劇的例子了，而是非常多，極為豐盛。

所以，我們也可以很信任地讓我們的孩子們來欣賞中國的這一套「新經典」，給他們一個簡易走近經典的機會；而出版者，也不要一勞永逸，可以邊出版邊修訂，等到第五版第十版時簡直沒有缺點，於是這個品種和你的出版，也成長得沒有缺點。那時，這一切也就真的

# 導讀

《史記》是中國第一部紀傳體通史，記載了從傳說中的黃帝到漢武帝元狩元年（前一二二年）大約三千多年的歷史，它與北宋司馬光所著的《資治通鑑》被合稱為史學「雙璧」。

《史記》的作者是西漢史學家司馬遷。司馬遷十歲開始苦讀史書，成年後曾外出遊歷兩年，搜集了很多第一手資料。司馬遷的父親司馬談曾擔任太史令，一直有志於修成一部大史書，但畢生也未完成心願。司馬談去世後，司馬遷接替父親做了太史令。他不忘父親遺志，開始編纂《史記》。

太史令是皇帝身邊的近臣，頗受寵信。但司馬遷開始《史記》編纂工作不久，卻因替戰敗給匈奴的將軍李陵求情而觸怒了漢武帝，被判處宮刑（閹割）。司馬遷本想一死了之，但又認為「人固有一死，或重於泰山，或輕於鴻毛，用之所趨異也」（司馬遷《報任安書》），遂決心忍辱負重，完成父親遺志。兩年後，司馬遷獲赦出獄，開始全力投入《史記》的編纂工作。最終，他花了十三年時間，以其「究天人之際，通古今之變，成一家之言」的史識，實現了父親的遺願。

《史記》最初被稱為《太史公書》，簡稱《太史公》，從三國時期開始，才逐漸定名為《史記》。全書一百三十卷，約五十三萬字，分為十表、八書、十二本紀、三十世家、七十列傳，其中「本紀」「世家」「列傳」三部分為主體。「表」的內容，是簡單排列各朝代家族世系、人物和史事；「書」的內容，是記錄各朝代的典章制度、禮儀、天文、經濟、軍事、地理等等；「本紀」，是按時間順序記敘各朝帝王的言行政績；「世家」記述世襲王侯封國的史跡和重要人物事蹟；「列傳」以帝王之外的英雄人物為主，大部分屬於人物傳記。

《史記》不僅是一部史書，還是一部成就非凡的文學作品。作為中國第一部以描寫人物為中心的巨作，《史記》的創作手法為後代文學提供了很多啟示。比如《史記》在描寫人物時運用了「互現法」，在不同章節中表現人物的不同側面，這種手法使人物形象更全面、更豐滿、更生動。《史記》是中國人物傳記和武俠小說的範本，為兩者的創作提供了經典模式。魯迅對《史記》的文學價值極為推崇，稱它為「史家之絕唱，無韻之離騷」。

在《史記》出現之前，史學作品是沒有獨立地位的。自司馬遷創作《史記》之後，史書越來越受重視，寫作者也越來越多。到清末為止，包括《史記》在內的紀傳體通史共有二十五部，可見《史記》對於中國史學影響之深遠，司馬遷也因此被後人尊為「史聖」。

# 黃帝傳說

## 選自《五帝本紀第一》

黃帝，姓公孫，名軒轅。黃帝從小就表現出了靈性。他學東西很快，出生後不久就會說話。黃帝小時候既聰敏又勤奮，後來他成為了一個見多識廣、明辨是非的人。

軒轅成長的時期，神農氏❶的後代族人因為統治不當，已經失去了各個地方諸侯的支持。那時候，各部落之間常常發生戰爭，神農氏沒有能力召集軍事力量征討諸侯的戰亂，而軒轅卻能憑藉自己的聲威去討伐他們，因此很多諸侯都歸順了他。軒轅施行仁政，以德治民。他的臣民順應自然氣象耕種五穀，百姓安居樂業。軒轅整頓軍旅，訓練百姓作戰的方法。民眾中有以熊、羆❷、貔貅❸、貙❹、虎為圖騰的氏族，軒轅教他們習武。等部落壯大

---

❶【神農氏】即「炎帝」，華夏始祖之一。相傳神農氏的氏族是一個游牧民族，神農氏發明了農耕和醫藥，被後世尊爲農業之神。

❷【羆（ㄆㄧˊ）】熊的一種，也叫棕熊，古稱羆。

軒轅敬畏大自然，他是自古以來對祭祀之事最為看重的帝王。

後，軒轅帶領族人在阪泉的郊野攻打炎帝並取得了勝利。之後，他又擒殺了當時最殘暴的部落首領蚩尤。從此以後，軒轅取代神農氏，成為新的帝王。

黃帝帶領自己的手下，到各個地方收服不順從的勢力。他的部隊平定了很多地方，但他們從沒有在哪個地方停留過，而是平定之後就離開。黃帝四處征戰，足跡遍布天下。他帶領士兵到過東海，登上了丸山和泰山，往西走又去過崆峒和雞頭山。往南，他到過長江，登過熊山、湘山；往北，他驅逐了葷粥部族，在釜山與諸侯合驗了符契，使他們從此以後歸順他。最後，來到涿鹿山後，看到山腳下有廣闊的土地，所以他在山腳下建立了都邑。

起初，黃帝沒有固定的居所，以兵營為家，他為下面所設的官職也都用代表吉祥之意的「雲瑞」來命名。定居之後，他保留了在住所周圍設立軍營自衛的傳統，但官職的設置有所改變。為了督查收服的各個諸侯國，他設置了左右大監。

軒轅敬畏大自然，他是自古以來對祭祀之事最為看重的帝王。他經常祭祀鬼神山川，有時候祭祀的規模之大，前所未有。軒轅順應天地自然四時節氣的規律，把這些規律同生死存亡聯繫起來，並據此推測出陰陽五行的變化規律，制定人出生和死亡的禮儀文明。他教導人們順應天時，按照季節耕種，又使他們學會馴養鳥獸。在他的統治下，人們學會了根據日月星辰的運行來勞作，因此很少受到風火水土等天災的危害。在軒轅的統治下，民眾開採山川林澤，勤勞耕種，獲取食物和生活所需。軒轅教導人們使用要有節制，不要隨意動用大自然的水、火、土、木及其他資源。因為天子軒轅敬畏天神，且又崇尚土地，而土為黃色，所以他被稱為黃帝。

黃帝一共有二十五個兒子，在這之中有十四人後來建立了自己的姓氏，而這十四人中有兩個是他與正妻嫘祖生的，一個名為玄囂，一個名為昌意。昌意生了顓頊（ㄓㄨㄢ ㄒㄩˋ），玄囂生了蟜極，蟜極生了高辛。黃帝死後，昌意的兒子顓頊即位，號高陽。之後，又是玄囂的孫子高辛即位，稱帝嚳（ㄎㄨˋ）。帝嚳死後，本來傳位給兒子摯，但因為摯不善為政，所以改由帝嚳的弟弟放勳即位，放勳就是堯帝。

❸【貔貅（ㄆㄧˊ ㄒㄧㄡ）】相傳是一種凶猛的瑞獸，可以吸收四方之財。

❹【貙（ㄔㄨ）】傳說中一種既像狸又像虎的猛獸。

# 堯舜禪位

## 選自《五帝本紀第一》

堯，姓伊祁，名放勳，是帝嚳的弟弟，黃帝的曾孫。帝嚳的兒子摯不擅長統治，於是放勳繼承了王位，史稱堯帝。

堯具有愛民的仁德和如神的智慧。他同族人和睦相處，時常考察百姓的生活，監督各個諸侯國的治理情況，使他們和平相處，不發生戰亂。在他的治理下，天下人安心生產勞作，堯也因此非常富有。他雖然富有卻不驕縱，而總是像太陽一樣溫暖人心。堯出門的時候，經常是頭戴黃色帽子，身穿黑色衣裳，乘著由白馬駕駛的朱紅色馬車。他所到之處，無不受到人們的熱烈歡迎和仰望。

堯的臣民中羲氏、和氏❶這兩族人擅長觀察天象，堯就任命他們根據日月星辰的運行來制定曆法。羲氏中的羲仲被派到了東方的郁夷，羲叔被派往南方的南交。羲仲住在郁夷暘（ㄧㄤˊ）谷（今山東日照），每天恭迎日出，安排監督人們耕作。南方的羲叔則負責管理百姓夏季的農務，使他們謹慎地勞作。和氏中的和仲被派駐在一個名為昧谷的西方地區，負責恭送太陽落山，收穫秋天的糧食。名為和叔的則住在北方一個叫做幽都的地方，安排人們在寒冷季節到來時進行收藏的工作。就這樣，人們漸漸知道了的節氣的變化和自然的運行規律。

當時的人們發現，在春分日，白晝與黑夜是一樣長的。當朱雀七宿中的星宿❷在黃昏時出現在正南方，就表明耕作的仲春時節到了。這個時候，鳥獸鳴叫，呼喚伴侶戀愛生育，於是百姓也開始行動起來，其中年輕力壯的人分散到各處進行勞作。當蒼龍七宿中的心宿（又稱**大火**）在初昏時出現在正南方，那就是白晝最長的一日，這就表明仲夏來了。這個時候由於天氣變熱，鳥獸的毛羽也變得稀疏。之後，又會出現黑夜與白晝等長的一天，那就是秋分日了。隨著秋分日的到來，天氣漸冷，鳥獸重新長出羽毛。到了冬至日這一天，白虎七宿中的昴宿在黃昏時出現於正南方，白晝變得最短，漫長的冬夜開始了。於是，人們停止了野外的勞作，都躲進屋子裡取暖。根據這樣的循環變換，人們設定三百六十六天為一個週期，

❶【羲氏、和氏】相傳，顓頊時代，名爲重、黎的兩人擅長觀天象，被任命執行「絕地通天」的職責。羲氏是重的後代中的一支，和氏則是黎的後代中的一支。他們世代負責天朝的祭祀之事以及觀測天象和大地的變化。

❷【星宿】中國古代天文學家把天空中可見的星分成二十八個群，稱之二十八星宿，東西南北四方各七宿。東方七宿又名青龍七宿，西方七宿又名白虎七宿；南方七宿又名朱雀七宿；北方七宿又名玄武七宿。

堯出門的時候，經常是頭戴黃色帽子，身穿黑色衣裳，乘著由白馬駕駛的朱紅色馬車。他所到之處，無不受到人們的熱烈歡迎和仰望。

稱為一歲，並設置閏月來開啟春夏秋冬四季。堯帝告誡百姓按照四季來生活勞作，又命令管理百姓的官員在各個時節做好監管事務的本分工作。從此，人們都按照節令來做事，各種事情也都有章可循地操辦起來。

有一天，堯問眾人：「誰是順應天意繼承我位置的人呢？」大臣放齊推薦堯的兒子丹朱，說丹朱通達事理。驩兜[3]舉薦共工，他說共工[4]具有號召力，並聚集民眾做出了業績。堯否定了放齊和兜的推薦。他說，丹朱脾氣愚頑，又好爭鬥，不能用；共工雖然有才能但油嘴滑舌，貌似恭敬卻心懷鬼胎，也不能用。堯本想從朝臣中選出一人來接替他的王位，但朝臣們不同意，說：「我們的德行不足，怕玷污了帝位。」堯說：「那就從民眾裡選吧，不管他是什麼姓氏，也不論他是王臣貴族還是平民百姓。只要是個人才，隱居的也可以挖出來。」大家聽堯這麼說後，就都推薦了虞舜。堯說：「我聽說過虞舜這個人，但不知道他的具體情況。」

大臣們告訴堯，虞舜是個盲人的兒子，至今仍沒有成家立業。虞舜的父親愚昧無知，母親也頑固不化，虞舜的弟弟則狂傲凶惡。雖然家人的品性都不好，但虞舜卻沒有嫌棄他們，而是用禮儀孝順教化他們，使他們不至於走向邪惡的道路。聽他們這麼說後，堯於是把兩個女兒嫁給了虞舜，讓她們考察他的德行。舜娶了堯的兩個女兒為妻，勸導她們放下尊貴的身分，帶領她們遷居到嬀（ㄍㄨㄟ）水邊的家中，並督促她們恪守婦道，做好分內事情。堯得知後，認為舜具有管理的才能，於是讓他試任司徒，教會百姓處理父子、君臣、夫婦、兄弟、朋友這五常倫理關係。同時，堯又讓舜參與處理百官事務，並擔負起接待四方賓客的外交重任。堯交給舜的事情，舜都做得很好。

有一天，堯說：「我考察你三年，發現你具有謀劃事務的才能，做起事來也周密盡責，總能說到做到。現在就由你來做天子吧。」舜認為自己的德望還不足以統管天下，不願意接受帝位，但是堯信任舜，還是把帝位禪讓❺給了他。正月初一這一天，舜在文祖廟接受了堯的禪讓。從此，舜作為堯的代理，主管天子政事。

❸【驩兜】兜（ㄏㄨㄢ ㄉㄡ），據說是黃帝的後代之一。
❹【共工】相傳共工是炎帝的後代，因發明蓄水的方法治理黃河水患有功，被人尊爲水神。
❺【禪讓】這是上古五帝時代推選領導人的制度，即古代帝王將帝位讓位給不同姓的人。

代理天子政事後，舜做出了很多卓越的政績。他先後會見了東、南、西、北方諸侯國的首領，幫助當地人校正四時節氣和月份的大小，又統一了音律和度量衡❻，修正了當時吉、凶、賓、軍、嘉五種禮儀。此後四年，四方各地的諸侯每年都要前來京師朝見一次，第五年，舜又開始全國性地巡迴視察。這樣，每五年一輪的巡迴視察就固定了下來。通過諸侯的朝見和舜的親身視察，予以相對應的獎賞或懲罰。此外，舜還教給他們治理國家的方法，使得百姓安定。為了便於統治，舜還把全國劃分為十二個州，並制定較為寬鬆的刑罰制度來執法管理。之前，對犯重大錯誤的人施行的酷刑有刺字、割鼻、斷足、閹割、殺頭五種。舜執政後，對犯人從寬處理，或者改以流放，或者改以其他懲罰。他寬容待人，慎重施行懲罰，天下人因此對他心悅誠服。

舜代理堯執掌天子政事過了二十八年後，堯去世。堯的去世給天下百姓帶來巨大的悲痛，在他去世後的三年裡，四方各地無人奏樂。堯去世前說，他知道自己的兒子丹朱沒有做君王的才能，才先禪讓帝位給舜，讓他建立聲威。如果傳位給丹朱，則丹朱一人得利天下遭殃。堯說：「無論怎樣，我不能為了一人得利而使天下百姓受害。」所以，他最終將統治大權授予了舜。舜為堯服喪三年完畢後，為了避免與丹朱發生爭奪帝位的戰爭，他躲到了南河的南岸邊。但諸侯並不因此歸順丹朱，而是仍然把舜當成君王。各個諸侯首領進行彙報時不去找丹朱，而是找舜，人們遇到有爭議的事時也是找舜主持公道。舜感歎道：「天意難違呀！」於是，他回到了京都，登上了天子之位，成為舜帝。

舜在位時，因為看到自己的兒子商均不具備做君王的賢能，於是，他像之前堯所做的一樣，將帝位禪讓給不是自己直系親屬的禹。禹是顓頊的曾孫，也就是黃帝軒轅的玄孫。舜死後，禹本辭讓帝位給舜的兒子商均，但人們不歸附商均而歸順於禹，禹便登上了帝位。

❻【度量衡】用來測量物體重量、長度、體積的方法統稱。

# 舜帝懲惡

## 選自《五帝本紀第一》

舜的父親瞽叟（ㄍㄨˇ ㄙㄡˇ）是個盲人，他愚昧無知，如同蠻人。瞽叟不喜歡舜，經常找碴兒懲罰他。舜的母親早死，瞽叟另娶了妻子。這個後妻頑固不化，又不夠忠信，她也不喜歡舜。虞舜的弟弟名叫象，是瞽叟與其後妻所生，象生性狂傲凶惡。這三個人都把舜看成眼中釘，想殺害他。雖然家人的品性不好，也經常虐待自己，但虞舜卻沒有嫌棄他們，而是用孝順的禮儀感化他們。每天，他都以更加恭順的態度來親和他們，使他們日趨善良，不至於走向邪惡的道路。儘管如此，瞽叟仍然對兒子心懷殺意，即使舜後來成為堯帝的女婿，他還是想把他殺死。

三十多歲時，舜因為管治地方有功，得到了堯賞賜的衣物、一把琴以及一些牛羊。有一天，舜去修葺牛棚的屋頂。當他爬上高處時，瞽叟就在下面放火焚燒。舜用兩頂斗笠保護自己，縱身從高處跳下，才得以逃生。計畫失敗後，瞽叟又想出了另一計。他讓舜去挖井，當舜挖到深處時，他便和象往井裡填土。填完井後，兩人洋洋得意，以為成功地把舜活埋了。

舜當作什麼也沒發生一樣，還像以前一樣侍奉父母，愛護弟弟，甚至比以前更為恭謹。

沒想到舜在挖井時，早已另外挖了一條暗道以備不測。認定舜已經死了後，瞽叟三人開始瓜分舜的財物。瞽叟和後妻拿走了舜的牛羊和屋子，象得到了堯賞賜給舜的琴，還搶走了舜的兩個妻子。當象在舜的屋子裡彈琴取樂時，舜出現了。象非常驚愕，繼而裝出悶悶不樂的樣子，說：「哥啊，我正思念你呢！」舜回答他道：「看來我們的確兄弟情深啊！」舜當作什麼也沒發生一樣，還像以前一樣侍奉父母，愛護弟弟，甚至比以前更為恭謹。

面對凶惡的親人，舜不跟他們正面衝突，而是以膽量和智謀逃過他們的陷害，同時用寬廣的胸懷感化他們，使人與人能夠和平相處，因此，後來得到堯帝的重用。

堯帝執政時，驩兜舉薦的共工以及大臣舉薦的鯀都做了官。共工驕奢淫逸，引起百姓不滿。

鯀治水九年，毫無成效。舜帝代理執政，考察人民生活時發現三苗❶一族在江淮、荊州處作亂。於是，舜就向堯帝提議將他們四人全部流放：讓共工到幽陵，改變北狄的風俗；遣驩兜到崇山，改變南蠻的風俗；使三苗遷徙到三危山，改變西戎的風俗；把鯀流放到羽山，改變東夷的風俗。

渾沌是帝鴻氏的後代，他野蠻暴力，作惡多端，猶如不開化的野生猛獸，天下人因此稱他為渾沌；窮奇是少皞（ㄏㄠ）氏的後代，他崇尚邪惡，厭惡忠直善良，猶如怪胎；檮杌（ㄊㄠˊㄨˋ）是顓頊氏的後代，他衝動粗暴，崇尚暴力，從來不好好說話，又頑劣乖張；縉雲氏的後代中有一人不僅貪財而且貪食，被人稱為「饕餮（ㄊㄠ ㄊㄧㄝˋ）」。當時的百姓都十分畏懼這四個人。舜把他們流放到四方邊遠的地區，讓他們抵抗害人的妖魔野獸，抗擊更為野蠻邪惡的人。從此之後，基本沒有十分凶惡暴戾之人了。

---

❶【三苗】考古學界認爲三苗這一古族是四千多年前的天門石家河文化的主人。湖北省天門市石河鎮發現一個大規模的遺址群，多達五十餘處，被挖掘的物件有銅塊、玉器和祭祀遺跡、類似於文字的刻劃符號和城址等。天門石家河文化是一個銅石並用時代文化，後逐漸衰落，大約兩千年前被中原龍山文化取代。

# 大禹治水

## 選自《夏本紀第二》

大禹就是夏禹，名叫文命。他是鯀的兒子，顓頊帝的孫子，昌意的曾孫，黃帝的玄孫。禹為人聰敏機智，又能吃苦耐勞。他的言談能使人信服，做事的處理方法以及尺度也讓人們稱道而效仿。他做官勤懇嚴肅，被百官奉為典範。因此，在舜帝招攬人才時，禹被眾臣舉薦為最佳人選。

堯帝在位時，任用鯀治水。鯀治水失敗，洪水依舊如來自天山的猛獸般浩浩蕩蕩席捲高山，漫過丘陵，使得山腳下、江河邊的人們都驚恐不安。後來，虞舜代理堯帝執政，把鯀流放到了羽山。鯀死在了那裡。之後堯帝去世，舜順應民意登基即位。有一天，舜問四岳：「堯帝生前一心治水而未成，誰能完成他的心願呢？」眾人都舉薦說：「禹可以光大堯帝的事業。」於是舜便讓禹去治水，並囑咐他要努力辦好。

接到舜帝的命令後，大禹不敢怠慢。他馬上與伯益[1]、后稷[2]一起到各地召集人事力量，命令各地諸侯和貴族發動民眾，特別是那些被罰服勞役的罪人，加入到治水的大隊伍

中。他跋山涉水，一路觀察地形山貌，以木柱做標記，提醒自己某個地方需要改造。即使在陡壁的山崖行走途中，他也帶著用來測量的器具。他左手拿準❸和繩，右手拿規和矩，背上還裝載著用來測定四時季候的儀器，以便根據不同的時節安排治水事宜。無論何時，禹都不敢怠慢放鬆自己。父親鯀因治水無功而受罰，最後病死他鄉，這件事情時常激勵他無論如何要取得治水的成功。為此，他竭盡所能地把所有可利用的東西都投入到治水工程中。他縮減自己的生活所需用品，用它們祭祀天地，孝敬鬼神，以此祈求治水的成功。為了充分利用器具修築溝渠，他甚至把自己居室的器具用品拿出來使用。

在治水的過程中，大禹還充分展現自己管治百姓的賢能。遇到沒有糧食的人，他就把稻種分給他們，讓他們在低窪潮濕的肥沃土地上耕作。發生災荒時，他又令后稷賑濟缺少糧食的民眾，從糧食比較充足的地區賑濟多餘的糧食給缺糧的地區。他一邊治水一邊考察各地的糧食、交通等民生狀況，以此明確他們能向天子進貢的物品，並研究出各個諸侯朝貢時能走的路線。

大禹治水，經歷了十三年。在這十三年中，他三次經過家門卻不進去休息。最後，他開發了九州❹土地，疏導了九條河道❺，修治九個大湖，測量九座大山。九條河流暢通無阻了，滋潤了四方土地，從此以後，四方邊遠地區也可以安居了。各個諸侯國得益於大禹對道路的疏通，開發了包括金、木、水、火、土、穀「六府」物資在內的自然物產。大禹在封賜給他們土地和姓氏的時候告誡他們說：「要時刻把德行排在首位，不要抗拒我所推行的命令。」他規定被封賜的各個諸侯要按照相應的規定上繳貢賦，於是，九州之內百姓歸一。

舜帝死後，禹順應民心登上天子之位，國號為夏。禹死時，本來要傳位給伯益，但百姓歸順於禹的兒子啟，於是啟登上了天子之位。從啟開始，帝位開始世襲繼承。從禹開始直到他的後人桀❻的統治時期，史稱夏朝。

---

❶【伯益】又名伯翳，大費。是顓頊的後代，舜帝的女婿。後來因爲治水有功，被舜帝封地並賜姓「嬴」，是嬴姓的始祖，即秦國的先祖。

❷【后稷（ㄐㄧˋ）】據《史記·周本紀》記載，他是帝嚳的元妃姜原在出遊野外時腳踏巨人腳跡後懷孕所生的，曾一度被棄，因此名爲「棄」。棄善於種植各種糧食作物，因此堯帝任他做農師，後又封邰這片土地給他，稱號爲后稷，賜他姬姓。周武王姬發就是后稷的後代。

❸【準】準，測平面的水準器。

❹【九州】大禹治水時把天下分爲九州，後來九州成爲中國的代名詞。《尚書·禹貢》認爲大禹開發的九州分別是徐州、冀州、兗（ㄧㄢˇ）州、青州、揚州、荊州、豫州、梁州、雍州。

❺【九條河道】《史記》所述九條河流分別爲弱水、黑水、黃河、降水、漾水、江水、沇水、渭水、洛水。

❻【桀】夏桀，夏朝最後一個君主，文武雙全，但不用在正道上，暴虐荒淫無度。商湯滅夏時逃亡，被放逐而死。

# 成湯建商

## 選自《殷本紀第三》

夏朝後期，自孔甲帝❶開始，很多諸侯都已經不再歸順夏朝。孔甲帝的曾孫桀即位後，沒有去建立德政，反而施行暴力，使百姓痛苦，貴族離心。此時，諸侯成湯卻因為修治德行而獲得了很多諸侯的支持。

成湯的始祖是契，契的母親簡狄是娀（ㄙㄨㄥ）氏的女兒，帝嚳的次妃。有一天，簡狄到河裡去洗澡，途中看見一顆燕子蛋，於是她就撿起來吃了。

不久，簡狄便懷孕生下了契。契長大成人後，因幫助禹治水有功而被舜帝封在商地，擔任司徒，負責教誨民眾五常倫理的知識。從契到湯，湯的族人曾八次遷都，每一代都為百姓做了很多事，功業昭著。成湯時，為了追隨先祖帝嚳，把國都遷徙到了南亳（ㄅㄛ），並寫了《帝誥》向帝嚳報告遷都的情況。

成湯有一個大臣名叫伊尹，伊尹是中國歷史上第一個有名的賢臣。

伊尹曾對成湯說：「如果君王能夠聽從諫言，那麼治國之道才會有長進。君王要愛護自

有一天，簡狄到河裡去洗澡，途中看見一顆燕子蛋，於是她就撿起來吃了。

己的百姓，任用善良有才能的人。努力呀！」

成湯在南亳施行仁德時，他的一個故事被廣為傳播。

有一天，成湯出門，看見一個獵人用一張大網來捕鳥獸，並向上天祈禱說：「希望天上飛的地下走的都進入我的網中。」成湯聽後哀歎道：「那樣會把動物捕殺完的呀！」

他讓獵人把網打開三面，讓他這麼祈禱：「進來的鳥獸，你們可以左面逃出去，也可以從右面逃出去，或者從第三面逃出去。如果你們不遵從我的好意逃離，就留在我的網中吧。」

四方諸侯聽說成湯這件事後，都稱讚他：「湯真是仁德啊，連鳥獸都受到了他的恩惠。」於是諸侯紛紛歸順他。此時，正是夏桀施行暴政的時候，

❶【孔甲帝】孔甲帝喜好祭祀鬼神，沉迷淫亂之事。自孔甲帝開始，夏朝衰落，諸侯叛亂。

成湯藉助各諸侯的力量，發兵伐桀。

伊尹說，討伐桀可以從討伐現行叛亂的諸侯國昆吾氏❷開始。於是成湯先討伐了昆吾氏，之後召集人馬討伐夏桀。集中軍隊準備出師前，他對大家說：「有的人抱怨這次征討，認為是我不顧天下人的農事興兵作亂。但我告訴你們，我個人怎麼敢興兵作亂呢？夏桀罪惡多端，他強迫人們服勞役，剝奪他們的財產，耗盡了夏國的民力財力。我聽很多人這麼說：『如果夏桀滅亡，我寧願和他一起滅亡。』夏桀違反了天命，上天命令我去懲罰。我畏懼上天，不敢不聽從啊。所以，我希望你們和我一起奉行上天的意志，不要懷疑我。我的勇武將會戰勝夏桀，我說話算話！」為此，成湯寫下了著名的《湯征》。

後來，成湯在娀氏舊地打敗了夏桀的軍隊，夏桀逃到鳴條。商湯乘勝追擊，消滅了夏桀的殘餘勢力，伊尹向諸侯公布了成湯的戰績。諸侯們敬畏成湯的勇猛，都歸順於他。湯登上了天子之位，建立了商朝。

---

❷【昆吾氏】古代姓氏分離，姓是一家族的先祖之稱，不同分支的子孫有不同的姓。昆吾氏本名叫樊，是顓頊的後代。他的氏族分離出去後，居住在昆吾（大約在今山西安邑一帶），稱「昆吾氏」，姓爲「己」。

# 商朝衰亡

## 選自《殷本紀第三》

商朝末期，商朝的第二十二位君主武丁施行仁政，曾讓殷商王朝的國勢大大增強。武丁死後，由他的兒子祖庚、祖甲先後繼位。祖甲貪圖享樂，不思治國，商朝再度衰落。祖甲之後，他的兒子廩（ㄌㄧㄣˇ）辛、庚丁、庚丁的兒子武乙先後即位。武乙不信鬼神，野蠻無道。他製作了一個充當天神的木偶人，然後讓人代天神和自己下棋。如果「天神」輸了，他便羞辱「天神」。他製作了一個囊袋，裝滿血掛在高處，自己則用弓箭射它，看血袋爆裂，武乙稱這為「射天」。武乙在一次外出打獵時，被雷電劈死。武乙的重孫名叫辛，就是「紂王」。

辛天資聰穎，口才非常好，說話沒人比得過他，大臣的諫言也通常被他以各種理由駁倒。他動作敏捷，擅長與人格鬥，非常勇猛，但他不用自己的力量去對付敵人，保護臣民，而是施行暴政。

辛極其貪戀女色，他有一個愛妃名叫妲（ㄉㄚˊ）己。辛對妲己言聽計從，為了與她尋歡

作樂，辛讓樂師涓為他製作了通俗易懂、朗朗上口的音樂，整天在宮殿裡花天酒地。他把肉懸掛起來，又以酒當池水，使宮廷看起來像一個酒肉森林。辛讓宮中的男女青年在森林池水間追逐玩耍，累了就吃肉飲酒。就這樣，他不理朝政，沒日沒夜過著驕奢淫逸的生活。等到宮廷裡的東西不夠用了，他就加重賦稅，讓諸侯進貢更多的物品。他建了一個錢庫，裡面堆滿了錢，糧倉裡也裝滿了糧食。這樣還不夠，他又想盡辦法，搜集新奇的動物。他捕捉了很多飛禽野獸，為了裝下這些寵物，他擴建了宮廷，專門設置一個園林放置這些鳥獸。

辛荒淫無度的行為引起了諸侯的反叛和百姓的怨恨，他非但沒有改邪歸正，反而變本加厲，殺害忠臣，重用小人。他制定了「炮烙」酷刑，令被罰以「炮烙」的人爬在塗有油的銅柱上，然後叫人點燃銅柱下面的柴火，犯人爬不動時就會掉到炭火裡被活活燒死。辛有一個妃子，不喜歡跟他一樣過淫靡的生活，於是辛把她殺了，又對她的父親九侯❶處以「醢刑❷」，剁成了肉醬。鄂侯對此發表了強烈的痛斥，結果被處以「脯刑」，死後製成了肉乾。另一個臣子姬昌看見辛暴虐到了這種程度，心中十分悲憤。奸臣崇侯虎告發姬昌對君王不滿，辛就把姬昌囚禁了起來。

辛任用費仲主持國政，讓惡來輔佐自己。這兩個人都阿諛奉承，貪財好利，殷朝百姓都不喜歡他們，諸侯因此漸漸疏遠辛。

後來，姬昌的僚臣閎（ㄏㄨㄥˊ）夭等人拿美女和珍奇寶物送給了辛，贖回了姬昌。姬昌出獄後，向辛進獻自己洛水以西的土地，請求他廢除酷刑。辛答應了他，並賜給他弓箭刀斧，讓他替自己征討其他諸侯。這樣，姬昌就成為了西部地區的諸侯首領，也就是西伯侯。西伯侯姬昌具有德行，施行仁政，人們都歸順了他，稱他文王。

辛的大臣祖伊說：「殷商的命運就要終結了，不管是仙人預測還是用龜甲占卜，都顯示我們有厄運。這並非是先王不庇佑我們，而是大王您殘暴不仁，使商國滅亡啊。如今，百姓們都希望上天下達滅掉大王的命令。已經到這種地步了，大王您打算怎麼辦呢？」

辛說：「我既然是天子，不就是順應天命嗎？天怎麼會滅我呢？」

祖伊回到自己的部落後，對眾人說：「辛已經無藥可救了！」

文王死後，他的兒子姬發繼位。姬發繼承父志討伐辛，他先發動孟津會師，號召天下諸侯做好討伐商朝的準備。天下人反叛的聲音越來越大。很多臣子因為看到勸誡也沒用，於是

---

❶【九侯】九侯與鄂侯、西伯姬昌是當時的三公（官名）。

❷【醢刑】醢（ㄏㄞˇ）刑，將屍體剁成肉醬。其他先後受過此刑的人還有伯邑考——西伯姬昌的兒子，姬發的哥哥，因觸怒妲己被商紂王所殺；秦末起義將領彭越，西漢時被封梁王，後被告謀反而誅殺三族，自己遭醢刑示眾；第一個文字獄受害者——金國翰林學士張鈞，因爲一場天災向金熙宗起草「深自貶損」的詔書，後被蕭肄誣陷而被劈開嘴巴剁成肉醬。

離開了辛。比干卻堅持留在辛的身邊，盡臣子職能，拼死勸諫，最後他被辛挖心處死。辛說：「都說聖人的心有七個孔，我倒要看看你的有幾個。」

周武王聽說這些事後，認為滅商的時機已經到了，於是率領各諸侯軍隊力量，發動牧野之戰。商朝已經失去人心，軍隊中很多士兵聽說周武王來後便紛紛倒戈，因此，周武王的軍隊很快就攻入城內。辛倉皇而逃，最後登上鹿台，穿著他的帝王衣服，投入大火中自焚。由於帝辛的荒淫殘忍，後人稱其為「紂王」。

周武王滅掉紂王，處死了妲己，修繕了比干的墳墓，建立了周朝。

# 忠臣周公旦

## 選自《周本紀第四》

周公旦是周武王姬發的弟弟，周文王的兒子。旦忠厚孝順，文王在世時，對他最為寵愛。武王繼承父親的爵位後，旦經常輔佐武王，幫他處理政務。

周朝建立的第二年，武王生病了，朝中大臣都擔心天下動亂。周公旦向先祖文王之靈祈禱，說：「如果是上天向先王索要一個兒子，就請讓我代替周王姬發。我心靈手巧，能勝任侍奉鬼神的工作。周王不如我，他不會侍奉鬼神。」

祈禱完後，兆書顯示吉祥，於是周公旦進宮祝賀武王說：「您不會有災禍的，不要憂慮了，只管考慮如何使周室天下長遠安定就行。」然後，周公把祈禱的冊文收藏起來密封，告誡看守的人不許洩露。第二天，武王果然痊癒了。

武王去世後，成王即位。當時，成王仍在襁褓之中，周公怕天下人反叛周朝，於是代成王掌權，處理政務。

管叔、蔡叔、武庚等人造謠說周公想要篡位，周公找來太公和召公說：「我之所以不避

周公剪下自己的指甲沉入河中，向神禱告……

嫌疑代理國政，是為了穩固周朝大業。」

管叔、蔡叔、武庚等人最終發動叛亂。周公舉兵東征，收服了叛亂的殷商遺民，斬殺了管叔和武庚，流放了蔡叔；又用了兩年時間，平定淮夷及東部其他地區。最後，周公仍堅持留下來輔佐成王，另派自己的兒子伯禽到魯國受封。四方諸侯都歸順周朝。

等到成王長大，能夠處理國事了，周公將政權歸還給成王，成王從此臨朝聽政。此前，周公代理天子政務時，面向南方，背對屏風，代替成王接受諸侯朝拜。等他歸還政權給成王後，就又仍面向北，站在臣子的方位上，謹慎恭敬地輔佐君王。

成王執政不久，有人在他面前誹謗周公，周公因此逃到了楚國。後來一天，成王無意中看到周公的一篇祈禱冊文，冊文是在成王年幼時記錄下來的。當時成王生了病，周公剪下自己的指甲沉入河

# 褒姒一笑亡周

## 選自《周本紀第四》

夏朝末年，夏帝在宮廷看見兩條神龍從天而降，對他說：「我們是褒國的先祖。」占卜師說殺掉神龍是不吉利的，要把它們的唾液藏起來才可以破除災禍。夏帝於是擺出了祭祀用的貢品，又書寫簡策，向二龍禱告。二龍留下了唾液，最後消失天外。

夏帝把二龍的唾液收藏到了一個木盒子裡。這個盒子代代相傳，夏朝滅亡後傳給商朝，商朝滅亡後傳給了周朝。一直以來，沒有人敢打開木盒子。到周厲王時，他打開了盒子。盒子裡的唾液流了出來，淌在殿堂的地板上，奴僕怎麼掃也掃不乾淨。於是，周厲王命令一群女人赤身裸體對著唾液大吼大叫，唾液就變成了一隻黑色的大蜥蜴，竄到周厲王的後宮裡，碰到了一個六七歲的小宮女。這個宮女長大後，還未出嫁便懷孕生下了一個孩子。她很害怕，把這個孩子丟到了野外。

這時，已經是周宣王在位時期了。當時，民間的孩子們傳唱著這麼一句歌謠：「山桑弓，箕木袋，周國的禍害。」這句話傳到了周宣王那裡。他聽說民間有一對夫婦賣山桑弓和

箕木做成的箭袋，便派人去捉拿這對夫婦。夫婦二人只好棄家逃亡。途中，夫妻倆撿到那個被宮女遺棄的女嬰，見她哭得可憐，於是抱著她繼續逃命，最後，夫婦抱著孩子逃到了褒國。女孩長大後，非常美貌。褒國人曾經得罪了周王，為了贖罪，便將這個美麗的女孩獻給了當時的周天子——幽王。因為來自褒國，所以人們叫她褒姒。

褒姒不愛笑，儘管如此，周幽王仍非常寵愛她，想盡辦法讓她開心。他廢掉了王后，又廢除了王后所生的兒子宜臼（ㄐㄧˋㄡ）的太子地位，然後立褒姒為后，並立褒姒的兒子伯服為太子。儘管如此，褒姒依然不笑。

太史伯陽甫哀歎：「禍害已經來了，無法挽救了！」

當時，周朝國都的邊境上有一個高高的烽火臺和大鼓，當敵人來犯時，點起烽火，軍隊就會馬上彙集起來抗擊敵人。周幽王為了博得褒姒一笑，假裝有敵人來犯，令人點燃烽火。各個諸侯見到烽火後，快馬加鞭趕來救援，沒想到被騙了。見此情景，褒姒微微一笑。周幽王成功地博取了美人的笑容，於是如此反覆地多次戲弄諸侯。諸侯因此不再相信周幽王的召喚了。

當申侯聯合繒（ㄗㄥˋ）國、犬戎的軍隊一起攻入宮廷時，周幽王十分恐懼，點燃烽火以召喚救兵，但是沒有諸侯率軍前來營救他。周幽王逃到驪山腳下，被申侯殺死。褒姒被俘，周王室傾覆，西周滅亡。

四方諸侯聽從申侯的建議，讓太子宜臼繼承周王室的權位，代替四方祭祀天地。宜臼就是周平王。周平王即位後把都城向東遷徙至洛邑，史稱東周。此時，周王室衰落，各個諸侯國已經不服從周王室的統治。他們互相爭戰，大國不斷兼併小國，拉開了春秋戰國的序幕。

# 襄公封侯建秦

## 選自《秦本紀第五》

秦氏族的先祖名為女修，是顓頊帝的後代。在女修織布的時候，天空飛來一隻燕子，從它身上掉下來一顆蛋。女修吃掉這顆蛋後，生下了一個嬰孩，取名大業。大業長大後，娶了少典部族族長的女兒。大業的妻子生下了大費，大費曾經協助禹治水。禹治水成功，舜帝賜給他一塊黑色的玉圭。禹在接受了舜帝的獎賞時對舜帝說：「我一個人是難以治水成功的，還多虧了我的得力助手大費的協助。」舜帝聽後，賜給大費一副黑色旌旗飄帶，還賜給了他一位姓姚的美女。此後，大費就留在舜帝身邊，為舜帝馴養各種野性難馴的禽獸。舜帝為表彰大費馴獸有方，賜他姓嬴。後人將這位馴養野獸的先人稱為伯益。

大費有兩個兒子，一個叫大廉，後稱鳥俗氏；另一個叫做若木，後稱費氏。費氏的後代中有個玄孫叫做費昌。費昌曾為商湯效力，在鳴條一舉擊敗了夏桀。

大廉的兩個玄孫，名叫孟戲和中衍。相傳兩個人的體形非常像鳥，但會說人話。殷商太戊帝知道後，讓這兩位異人為自己駕車。

在女修織布的時候，天空飛來一隻燕子，從它身上掉下來一顆蛋。女修吃掉這顆蛋後，生下了一個嬰孩，取名大業。

從殷商太戊帝之後，大費的後代子孫，每一代都為殷商效力，輔佐商王。久而久之，這些多朝元老終於成為了後世諸侯。隨著年代發展，大費的子孫逐漸分散，除了中原地區的分支，有的分散到邊陲地帶，為殷商鎮守邊疆。

中衍的後代曾孫中潏（ㄐㄩㄝˊ）就住在西邊戎族邊界。而中潏的兒子就是有名的蜚（ㄈㄟˇ）廉。蜚廉有兩個兒子——惡來和季勝。先說蜚廉和惡來這父子倆，父親能跑，兒子力大無窮，是商紂王的得力幹將。周武王討伐商紂的時候，蜚廉的兒子惡來被討伐軍誅殺。當時蜚廉在北方，返回的時候，紂王已經死了。蜚廉為了盡君臣之命，在霍太山準備祭祀紂王，沒想到得到了一副石棺，上面還刻著字：「命未參亂，天賜石棺，光耀氏族。」蜚廉死後就順應天命葬於霍太山。

蜚廉的另一個兒子季勝留有後代孟增，這個孟增深受周成王的寵幸，被稱為「宅皋狼」。皋狼的兒子叫衡父，衡父的兒子叫造父。造父精通駕車，深得周穆王的寵信。周穆王在得到了四匹名叫「驥、溫驪、驊騮（ㄏㄨㄚˊ ㄌㄧㄡˊ）、騄（ㄌㄨˋ）耳」的名駒後興致大起，帶著四匹名駒到西方出巡，流連忘返。徐偃王叛亂消息傳來，造父千里兼程趕回救援，及時平定了叛亂。造父平亂有功，周穆王將趙城封給了造父。從此造父一族改姓為趙。

自蜚廉的另一個兒子季勝以來，傳了五代到造父時，又分出了一個旁支居住在趙城。後來春秋時期晉國大夫越衰就是他的後代。被處死的惡來雖然死得早，但是他的後代也受到周王的恩寵，所以都住在了趙城，改姓趙。

惡來的後人有非子和成。非子居住在犬丘，喜歡養馬和其他牲口。非子養的牲畜十分健壯，犬丘這地方的百姓都知道這件事，於是就有人把它告訴了周孝王。周孝王就把非子安排在汧（ㄑㄧㄢ）河和渭河之間飼養馬匹。經過非子的細心管理，馬匹越來越多。周孝王看到非子這麼有本事，就想讓非子做大駱的繼承人。周朝的申侯不同意，他想讓成做繼承人，因為成是他的外孫。他對周孝王說：「我的祖先娶了驪山氏，生下的女兒嫁給了中衍的曾孫戎胥軒，與他一起在西戎生活，這樣才生了中濇。我們因為與周成為親族才歸附殷周，幫助您鎮守西方邊境，西戎因此才不敢騷擾。到了我這代，我讓我的女兒嫁給了大駱，生了外孫成。這是我申國和貴國的第二次聯姻，因為這樣，西戎族才都歸順周朝，您才得以邊境太平，安穩為王。您一定要考慮一下。」

周孝王深知其中利害關係，但也不能不為良才考慮，於是說：「先人柏翳為舜帝馴養牲畜有功，受封土地，賜姓為嬴，如今後人非子為我繁衍馬匹，同功同祿，封地賜姓！」周孝王於是讓申侯外孫成做了大駱的繼承人，加強與西戎的關係，另一方面賜非子秦屬地為封邑，接管了先人嬴氏族的祭祀，稱他為秦嬴。

後來秦嬴有了兒子秦侯，孫子公伯。公伯只在位了三年就死了，留下了兒子秦仲。

秦仲即位第三年的時候，周厲王昏庸無道，諸侯心生不滿，於是揭竿而起。與周朝結親的西戎族也發生叛亂，將犬丘的大駱全族都滅了。周宣王登基後，任命秦仲為大夫，率兵攻打西戎。秦仲在作戰中被殺。

秦仲留下了五個兒子，在秦仲死後受周宣王召見。周宣王讓他們率領七千士兵討伐西戎，西戎戰敗。周宣王再次獎賞秦仲的子孫，將先人大駱的封地犬丘一起封給了五兄弟，並任命他們為西陲大夫。五兄弟的老大叫做莊公，就住在西犬丘。

莊公後來生了三個兒子，老大叫做世父。世父非常有志氣，他說：「西戎殺了我祖父，我要以牙還牙，殺了戎王我再回來。」他帶兵去攻打西戎，把侯位繼承權讓給了弟弟襄公。莊公在位四十四年後去世，襄公即位。襄公即位的第一年（前七七七年），就把自己的妹妹繆嬴嫁給了西戎豐王。第二年（前七七六年）西戎根本不領情不念親，包圍了犬丘。老大世父憤而反擊，最終被俘。一年多之後，西戎才放了世父。

第七年（前七七一年）的春天，周幽王為博褒姒一笑，多次點燃用於戰爭警報的烽火臺，戲騙諸侯前來救援，最終引發諸侯背叛周室。申侯與西戎部族的犬戎一起進攻周朝，並在驪山誅殺周幽王。繼任的周平王為了躲避犬戎的進攻，在秦襄公的保護下把都城遷到洛邑。秦襄公作戰有力，護駕有功，因此周平王封秦襄公為侯，並封給秦侯岐山以西的土地。

自大費獲天子賜「嬴」姓，到非子得秦地，到秦襄公封侯，秦才正式成為諸侯國。

# 齊襄公失信遭殺

## 選自《齊太公世家第二》

齊國的創建者是齊太公呂尚，後人稱他為姜太公。呂尚的先祖因幫助夏禹治水有功，在舜、禹時被封在呂地，賜姓姜。呂尚年輕時窮困，年老時終於遇見西伯侯姬昌，先後輔佐姬昌及他的兒子姬發，建立了周朝。姬發做了周武王後，把齊國營丘封賞給太公，於是建立了齊國。

齊襄公是齊國的第十四位國君，他的父親是齊釐公。釐公有個同母弟弟叫夷仲年，夷仲年很年輕就去世了，留下一個兒子名叫公孫無知。釐公非常寵愛無知，待他如己出，給他太子一樣的待遇。襄公還是太子時，對無知十分嫉妒。等他即位後就把公孫無知的待遇降了一個等級，因此無知心中十分怨恨他。

襄公十一年（前六八七年），齊襄公派連稱、管至父兩人去駐守葵丘，並約定等瓜果成熟了就讓人去接替他們。第二年，到了約定之日，襄公沒有派人來替換連稱、管至父。兩人還聽說有人向襄公請求替換他們，但襄公不允許，因此他們更憤怒了，於是就和公孫無知

謀劃殺死齊襄公。連稱有個堂妹是襄公的妾，但她不受襄公寵信。連稱讓堂妹做內應，讓她一發現有殺死襄公的好時機就告訴他。這年冬天，襄公外出遊獵，到達姑棼，在沛丘射箭。突然，一隻野豬竄出來，襄公嚇了一跳。這時，隨從又大喊：「彭生！」襄公憤怒，拉弓拔箭，射向野豬。野豬驚嚇後直立啼叫，襄公頓時嚇得從車上摔下來。這裡所說的彭生是被襄公殺死並獻給魯國的一位壯士。

當年齊襄公曾與妹妹文姜通姦，後來把她嫁給了魯國的國君魯桓公。襄公四年（前六九四年），魯桓公和夫人來到齊國，齊襄公又與魯夫人私通，後被魯桓公發現。魯桓公怒罵魯夫人，魯夫人受委屈後轉告齊襄公。齊襄公假裝宴請魯桓公，趁機將

找了半天，無知發現門後邊有一隻腳，揪出來一看，果然是襄公……

其灌醉，然後讓大力士彭生把他抬到馬上弄死。魯國人知道這件事後向齊國討說法，齊襄公殺死彭生向魯國贖罪。

齊襄公從馬車上摔下來，不僅摔傷了腳，把鞋也給弄丟了。回到宮中後，他就讓人鞭打了管鞋子的下人。這個下人名叫茀。茀被杖打了三百大板，走出宮時看見了公子無知、連稱、管至父等人。這三人來勢洶洶，茀看到這三人後就知道了他們的意圖，於是說：「你們這樣莽撞進去，會打草驚蛇。」無知不相信茀是同夥，茀露出自己的傷痕，無知於是讓茀先進去打探。茀進去後很久都沒有出來，無知害怕了，於是帶人闖入宮中。茀早已把襄公藏到了門後，等無知一幫人進來後，他就和埋伏好的宮中侍衛以及襄公寵信的臣子們攻擊無知等人。無知把茀以及其他反抗的人全部殺了，然後尋找襄公。找了半天，無知發現門後邊有一隻腳，揪出來一看，果然是襄公，於是把他殺了。之後無知自立為齊君。

# 管鮑之交

## 選自《管晏列傳第二》

管仲是春秋時齊國潁（ㄧㄥˇ）上人，又名夷吾。管仲年輕的時候，常和鮑叔牙❶交往，他們倆無話不說。管仲家境貧寒，所以在經濟上經常佔鮑叔牙的便宜。鮑叔牙看重管仲的人品和才幹，從來不計較他的小缺點。後來，鮑叔牙做了齊國公子小白的臣子，管仲則做了公子糾的臣子。

齊國內亂時，公子無知弒君奪位，鮑叔牙和管仲分別隨同兩位公子出逃。後來，公子無知被殺，兩位公子從國外返回齊國爭奪王位。管仲為公子糾攔截小白，射了小白一箭。小白裝死逃脫，先回到齊國即位，即春秋五霸之一的齊桓公。

❶【鮑叔牙】（約前七二三或前七一六年—前六四四年），姒姓，鮑氏，亦稱「鮑叔」、「鮑子」，潁上（今屬安徽）人，春秋時代齊國大夫，官至宰相，以知人善交著稱。鮑叔牙與管仲是好朋友，史稱「管鮑之交」，二人共同輔佐齊桓公，成爲春秋時代第一位霸主。

桓公打算殺掉管仲，鮑叔牙說：「跟從您我十分有幸，如今您又當上了國君，我真是又慶幸又恐懼。我恐怕自己的才能不足以服侍您的尊貴地位。這麼說吧，您如果只想治理齊國，有高傒和我就足夠了。但您如果想成為一方霸主，非得有管仲才行。夷吾在哪一個國家，哪一個國家就強盛，您不能錯失這個人才。」

齊桓公採納了鮑叔牙的建議。管仲回到齊國後，鮑叔牙親自去迎接他。

後來，桓公任用管仲為大夫，讓他主持政務。管仲執政的時候，權衡事情的利弊得失，根據事物的輕重緩急去處理事情。在事情不順的時候，他能變困境為順境，使失敗轉化為成功。後來，齊國在管仲、鮑叔牙、隰（ㄒㄧˊ）朋、高傒等賢臣的治理下變得日益富強起來，桓公以霸主身分多次會盟諸侯。管仲也變得十分富有，他居家設備豪華，宴飲檔次不下於國宴，他的財產可以和國君相比，但是齊國人卻不認為他奢侈放縱。管仲的後世子孫十幾代人在齊國享受俸祿，很多人做了齊國大夫。

管仲曾說：「我當年因為貧困，和鮑叔牙合夥做生意，經常占他的便宜。鮑叔牙知道我的家境困難，從不指責我，也不認為我貪財好利。我曾想為他做點事情，有一次替他出謀劃策，沒想到卻幫了倒忙，使他陷入窘境，變得更加困頓。儘管如此，鮑叔牙也不認為我愚蠢。他知道人的境遇有時好有時壞，運氣是求不來的。我參軍時，曾多次從戰場上逃跑回家。鮑叔牙也不覺得我是個膽小鬼，他知道我家裡有老母親需要贍養。兩位公子爭奪王位，公子糾失敗，我被囚禁，這期間遭受屈辱，鮑叔牙也不認為我失去了禮義廉恥。因為他知道我有志氣，想爭取成功揚名天下，不做到這樣我才會羞恥，所以小的過失不足以讓我羞愧。生我養我的，是我母親，但了解我的人，是鮑叔牙啊！」

鮑叔牙推薦管仲以後，情願把自身的職位置於管仲之下。雖然管仲才幹和功勳卓著，但天下人稱讚管仲才幹的同時，也讚美鮑叔牙能夠識人的慧眼。

# 晏嬰相齊

## 選自《管晏列傳第二》

齊國萊地夷維人晏嬰❶，輔佐了齊靈公、莊公、景公三位齊國國君，深受齊國人的尊重，人們稱他為晏子。

一次，晏子坐車外出，車夫的妻子從窗內偷偷向外觀看。只見自己的丈夫頭頂大傘，揮動鞭子，神氣十足地駕著馬車。車夫回到家後，他的妻子提出離開他。車夫十分納悶，問她原因，妻子回答說：「晏子身高不過六尺，卻當上了齊國的宰相。他的名聲遠揚四方，但是他外出時卻沒有居高臨下的驕傲，而是低調深沉。你身高比他長兩尺，不過是替晏子駕車的車夫，但我看你的神態，卻是一副洋洋得意的樣子。所以我跟你過不下去了。」

聽妻子這麼說後，車夫變得謙虛恭謹起來。晏子發現車夫的改變，問他緣由。車夫如實告訴了晏子，晏子十分讚賞夫婦二人的見識和品性，推薦車夫做了大夫。

晏子輔佐齊莊公時，齊莊公與齊國大夫崔杼的妻子通姦，崔杼因此聯合宦官賈舉打算謀害莊公。

一天，崔杼謊稱有病不上朝，莊公以探病為藉口去見崔杼的妻子，晏子也跟隨同往。莊公入院後，追逐崔杼的妻子，崔杼和賈舉趁機把他鎖在院內。莊公爬上院牆，被射中大腿後掉入牆內，最後被殺。晏子當時站在院外，他說：「國君如果是為社稷而死，那他的臣子應為他殉死。國君為社稷而流亡，則臣子理應跟隨流亡。國君因為私利而死，除了他寵幸的臣子和姬妾，其他人沒有必要為他殉葬。」

院子大門打開之後，晏子把莊公屍體放在自己的大腿上後大哭，三次捶胸頓足後，他走出院子。有人對崔杼說：「應當殺死晏嬰。」崔杼說：「他深得眾望，饒他一命可以為我們爭取民心。」

後來，崔杼立莊公的異母弟弟杵臼（ㄔㄨˇ ㄐㄧㄡˋ）為君，杵臼就是齊景公。齊景公即位後，任命崔杼為右相，慶封為左相。崔杼和慶封害怕齊國百姓不服從他們，於是說：「不服從的人都將處死！」晏子聽說後仰天歎道：「跟隨禍國殃民的人我做不到！」慶封想殺晏子，崔杼又說：「他是個好人，放過他吧。」

---

❶【晏嬰】（前五七八年—前五〇〇年），名嬰，字平仲，春秋時齊國山東夷維（今山東高密）人，春秋後期重要的政治家、思想家、外交家。晏嬰歷任齊靈公、齊莊公、齊景公三朝的卿相，輔政長達五十餘年。晏子以生活節儉、謙恭下士著稱。

齊景公三十二年（前五一六年），天空出現彗星❷。景公對天歎息說：「這堂皇富麗的亭臺，最終會歸誰手呢？」其他的臣子跟著悵然而流淚，晏子卻笑了起來。景公很生氣。

晏子說：「我笑群臣們也太過於阿諛奉承了。」

景公說：「彗星出現的東北方位正對著齊國，這是不吉祥的徵兆，我憂心啊！」

晏子說：「您治國之道，在於高築烽火樓臺，挖深城池。徵收賦稅唯恐不夠國用，施行刑罰唯恐不足苛刻震懾百姓。像您這樣治理國家，最凶的茀（ㄈㄨˊ）星將會出現，您還用怕什麼彗星嗎？」

景公問：「祭祀祈禱可以除去彗星嗎？」

晏子說：「如果祭祀祈禱可以讓神明聽見您的心聲，那神明也會聽見百姓的心聲。但您一個人的聲音又怎能抵得過成千上萬百姓的愁苦怨恨之音呢？」當時景公正在修築宮室，圈養馬狗等牲畜，耗資奢侈，浪費無度，在刑罰上又施行酷刑，所以晏子藉機諷諫他。

晏子從來直言敢諫，做事踏實正直。國君會見群臣時，向他提問他就陳述自己的意見，從不忌諱。國君下令讓他做事，如果符合正道，他就去做，如果認為不對，他就會違抗命令，斟酌完成。晏子對人正直，做事也直。對國君如此，對其他人也如此。

晏子外出時，遇見被囚禁的越石父。晏子知道越石父是個賢才，所以把他贖了出來，請回自己的家中。將越石父安頓在家後，晏子匆匆跟他打了聲招呼就忙活自己的事情去了。

越石父很久沒有見到晏子。過了一段時間，他提出與晏子絕交。晏子十分吃驚，整理自己的衣帽道歉說：「我雖然說不上有多善良，但起碼幫助您脫離了困境，您這麼快就和我絕交，為什麼呢？」

越石父說：「我並非不感激您。我聽說，君子在不了解自己的人面前，會蒙受委屈，在了解自己的人面前會得到信任。當我在監獄服刑時，那些人對我無禮是因為不了解我，我不怪他們；您因為了解我而為我贖身，是我的知己。作為知己而對我無禮，還不如被囚禁啊！」晏子於是將他視為貴賓對待。

❷【彗星】古人認爲，彗星出現爲凶兆。

# 孔子的故事
## 選自《孔子世家第十七》

孔子出生在魯國昌平鄉的陬邑。他的祖先是宋國人。他剛剛出生時，頭頂中間下凹，四周隆起，所以給他取名為「丘」，字仲尼。

孔子出生後不久，父親就去世了，埋葬在防山。防山在魯國東部，孔子始終無法確定父親的墓地所在，因為母親沒有把父親埋葬的地方告訴他。孔子小時候做遊戲，常常擺起各種祭器，模仿祭祀的禮儀動作。母親死後，孔子把母親的靈柩暫且停放在五父之衢，因為不知道父親墓地在什麼地方，無法讓父母合葬，所以沒有馬上埋葬。陬邑人輓父的母親把孔子父親墓地的方向告訴了他，隨後，孔子才把母親的靈柩遷到防山，和父親葬在一起。

孔子腰上還繫著孝麻帶居喪時，季孫氏❶舉行宴會款待社會名士，孔子前往參加。季孫氏的家臣陽虎❷阻攔說：「季氏招待的是社會名士，不敢讓你參加。」孔子因此退了回來。

孔子十七歲那年，魯國大夫孟釐子病危，臨終前告誡兒子懿子說：「孔丘是聖人的後代，祖先在宋國沒落。他的先祖弗父何本來可以即位做宋國國君，卻讓位給了他的弟弟厲

公。弗父何的曾孫正考父，先後輔佐宋戴公、宋武公、宋宣公三朝，三次接受使命，地位越高姿態越謙恭，所以正考父家有一個鼎上刻有銘文：『第一次是鞠躬受命，第二次是彎腰受命，第三次是俯首受命。走路時順著牆根走，也沒有人敢欺侮我。我就用這個鼎做點麵、熬點粥，勉強度日。』他就是這樣恭謹節儉。我聽說，聖人的後代雖說不一定能當上國君，但必定會有才德顯達的人出現。如今孔子年少而好禮儀，他難道不是即將顯達的人嗎？我死以後，你一定要拜他為師。」

孟釐子死後，孟懿子和魯國人南宮敬叔❸便到孔子那裡學禮。

孔子成年之後，曾在季氏門下做過管理倉庫的小吏，出納錢糧算得公正準確；也曾經擔任過管理牧場的小吏，使牲畜得到繁衍。因此被提拔為主管營建工程的司空❹。不久，他離

---

❶【季孫氏】春秋戰國魯國的貴族。魯國卿大夫孟孫氏、叔孫氏和季孫氏，皆出自魯桓公，並稱「三桓」。作爲三桓之首，季孫氏淩駕於公室之上，掌握魯國實權。

❷【陽虎】生卒年不詳，姬姓，陽氏，名虎，一名貨。春秋後期魯國人。他以季孫家臣之身，躋身魯國卿大夫行列，從而指揮三桓，執政魯國，開魯國「陪臣執國政」的先河。

❸【南宮敬叔】魯國大夫，孟僖子之子。

❹【司空】古代官職。西周始置，位次三公，與六卿相當，與司馬、司寇、司士、司徒並稱五官，掌水利、營建之事。

開魯國，在齊國受到排斥，在宋國、衛國遭到驅逐，又在陳國和蔡國之間被圍困，於是又返回了魯國。

魯國人南宮敬叔對魯昭公說：「請讓我與孔子一起到周國去。」魯昭公就給了他一輛車子、兩匹馬和一名童僕，讓他隨孔子到周去學禮。據說，他們在那裡見到了老子❺。告辭時，老子對他們說：「我聽說富貴的人送行時贈人以財物，品德高尚的人送行時贈人以言辭。我不是富貴之人，所以只能竊用品德高尚的人的名號，以言辭為你送行，這幾句話就是：『聰明洞察的人常常會受到死亡的威脅，這是因為他好議論別人的緣故；博學善辯見識廣博的人常常會遭遇困厄從而危及自身，這是因為他好揭發別人罪惡的緣故。做子女的要忘記自己，心中只想著父母，做臣子的要忘記自己，心中只想著君王。』」

孔子從周返回到魯地之後，跟隨他學習的人就越來越多了。

這個時候，晉平公荒淫無道，韓氏、趙氏、魏氏、中行氏、范氏、知氏六卿把持晉國國政，不斷發兵攻擊東邊的諸侯；楚靈王軍隊強大，經常侵犯中原各國；齊國是大國且靠近魯國。魯國是一個弱小的國家，歸附楚國就惹惱晉國，歸附晉國就招致楚國前來討伐，對齊國侍奉不周到，齊國就會率軍來犯。

魯昭公二十二年（前五二二年），孔子大約三十歲。齊景公和晏嬰來到魯國，景公問孔子：「從前秦穆公國家小，又處在偏僻的地方，卻能夠稱霸，他靠的是什麼呢？」

孔子回答說：「秦國地方雖小，志向卻很大；所處地域雖然偏僻，但施政卻很正確。秦穆公親自提拔任用五張羊皮贖回來的百里奚，賜給他大夫的爵位，把他從拘禁中解救出來，一連和他談了三天話，然後讓他執掌國政。以這種精神別說治理國家，就是統治整個天下都可以，他稱霸還算是小的呢。」景公聽後非常高興。

不久，魯國國內發生動亂。孔子來到齊國，做了高昭子❻的家臣，想通過高昭子的關係結交景公。他和齊國的樂官談論音樂，聽到了舜時的《韶》樂，十分欣賞，廢寢忘食地研究起來，竟然三個月嘗不出肉的味道，齊國人對孔子的勤奮好學非常讚賞。

景公問孔子如何施政。

孔子說：「國君要有國君的樣子，臣子要有臣子的樣子，父親要有父親的樣子，兒女要有兒女的樣子❼。」景公說：「好極了！如果國君不像國君，臣子不像臣子，父親不像父

---

❺【老子】（約前五七一年—前四七一年），原名李耳，字伯陽，又稱老聃，楚國苦縣厲鄉曲仁里（今河南鹿邑太清宮鎮）人。老子曾做過周朝「守藏室之官」（管理藏書的官員），是中國最偉大的哲學家和思想家之一，被道教尊爲教祖，世界文化名人之一。老子著有《道德經》，主張無爲而治，其學說對中國哲學發展產生深刻影響。

❻【高昭子】齊景公丞相。

親，兒女不像兒女，就算有再多的糧食，我又怎麼能吃得著呢？」

不久，景公又問孔子施政的道理。

孔子說：「管理國家最重要的是節約開支，避免浪費。」景公聽後非常高興，打算把尼谿的田地封賞給孔子。晏嬰勸阻說：「儒者能說會道，無法用法來約束他們；狂傲自大、自以為是，作為下臣很難駕馭；重視喪事，竭盡哀情，追求厚葬，不惜傾家蕩產，不能讓這種做法形成風氣；四處遊說謀求官祿，不能讓這種人來治理國家。自從那些聖賢相繼去世以後，周王室隨之衰微，禮崩樂壞已有相當長的一段時間了。現在孔子過分講究儀容服飾，詳定煩瑣的上朝下朝禮節，刻意於快步行走的規矩，這些繁文縟節，就是幾代人也學不完，用畢生的精力也搞不清楚。您如果想用這套東西來改變齊國的風俗，我看這恐怕不是引導百姓的好方法。」

後來，雖然景公仍舊很有禮貌地接見孔子，可再也不向他問及禮儀方面的事情了。

過了些天，景公挽留孔子說：「我雖然不能像禮遇季氏那樣禮遇您，但我可以用低於上卿季孫氏、高於下卿孟孫氏的禮遇對待您。」

齊國大夫中有人想殺害孔子，孔子知道了這件事情。景公對孔子說：「我已經老了，不能再任用你。」於是孔子就離開齊國，返回魯國。

定公十年，西元前五〇〇年春天，魯國和齊國達成和解。

夏天，齊國大夫黎對景公說：「魯國重用孔丘，看樣子對齊國不利。」於是派使者告訴魯國，將和魯國進行友好會盟，約定在齊國的夾谷見面。

魯定公準備好車輛隨從，毫無防備地前去赴約。孔子以大司寇的身分兼辦會晤典禮事宜。他對定公說：「我聽說處理文事需要有武力做後備，辦理武事也必須有文事做配合。古時諸侯出了自己的疆界，一定要帶著必要的官員隨從。請您安排左、右司馬一起去。」定公說：「好。」於是帶了左、右司馬相隨。

定公在夾谷和齊侯相見，在那裡修築了會盟的土壇，壇上備好席位，設有三級登壇的臺階，兩國君主以簡略的禮節相見，拱手揖讓登壇。在彼此饋贈應酬的儀式過後，齊國的有司快步上前請示說：「請演奏四方各族的音樂。」景公說：「好。」

於是齊國的樂隊以旌旗為先導，頭戴羽冠，身披皮衣，手執矛、戟、劍、盾等武器喧鬧著蜂擁而上。孔子見狀快步上前，一步一個臺階快步登臺❽，還差一個臺階時，揚起衣袖一揮說道：「我們兩國國君友好見面，為什麼要在這裡演奏蠻夷的舞樂，請命令有司讓他們下去！」有司讓樂隊退下，他們卻不肯動，左右查看晏嬰和齊景公的眼色。齊景公非常慚愧，

---

❼即孔子著名的「君君、臣臣、父父、子子」思想。

❽小步疾行，古代臣子覲見君王的禮節。

揮手讓樂隊下去。

不一會兒，齊國的有司快步上前說道：「請演奏宮中的樂曲。」景公說：「好。」於是齊國的一些歌舞雜技藝人和身材矮小的侏儒邊唱邊舞著走上臺。孔子又快步上前，說道：「匹夫小民竟然敢迷惑愚弄諸侯，論罪當斬。請命令有司去執行！」齊國官員只好將他們全部處死，這些人因此身首異處。

齊景公大為恐慌，深受觸動，知道自己在道義上不如魯國，回去後非常不安地對群臣說：「魯國的大臣用君子的道理輔佐他的君王，而你們卻用蠻夷的方法來教我，讓我得罪了魯國國君，這該怎麼辦呢？」

有司上前答道：「君子犯下過錯，就用實際行動向人家道歉認錯，普通人犯下過錯，就用花言巧語來謝罪。君子如果痛心，就用實際行動來表示道歉吧。」於是齊景公就把侵佔魯國而得的鄆、汶陽、龜山南面的土地還給魯國，以此向魯國表示歉意。

魯定公十四年（前四九六年），孔子五十六歲，由大司寇升任為代理丞相職務，臉上流露出喜悅的神情。他的弟子說：「聽說君子大禍臨頭而不恐懼，大福來到也不喜形於色。」孔子說：「的確有這句話，可不是還有一句『樂在身居高位而禮賢下士』的話嗎？」

孔子上任後，誅殺了擾亂朝政的大夫少正卯[9]。孔子參與國政三個月，販賣豬、羊的商人不敢漫天要價，男女分路行走，丟在路邊的東西沒有人私自據為己有，各地的旅客到了魯國的城邑，用不著向官員們求情送禮，就能受到很好的照顧，就好像到了自己家裡一樣。

齊國聽到這個消息以後感到很憂慮，有人說：「有孔子執政，魯國一定會稱霸，一旦稱霸，我國和魯國最近，必然首先就會遭到吞併。為什麼不先送給他們一些土地呢？」黎鉏說：「我們先試著阻止它一下，如果阻止不成，再送給他土地，也不算遲吧？」於是從齊國挑選了八十名美女，讓她們穿上華麗的衣服，教她們學會跳《康樂》舞，再加上身上有花紋的駿馬一百二十匹，一起送給魯國國君。

他們將美女和紋馬彩車安置在魯城南面的高門外。季桓子身穿便服前往查看了很多次，準備接受下來，就告訴魯國國君自己外出巡遊，卻天天在城南欣賞齊國的美女和駿馬，不理朝政。子路見到這個情景，說：「先生，我們可以離開這裡了。」孔子說：「魯國就要在郊外進行祭祀，如果能按照禮法把祭祀的肉分給大夫們，那麼我還可以留下來。」

季桓子最終還是接受了齊國送來的美女，一連三天都不理朝政；在郊外祭祀結束後，也

---

❾【少正卯】（？—前四九六年）是中國春秋時期魯國大夫，以才華橫溢、能言善辯、知識廣博而著稱，被稱爲「聞人」。少正卯和孔子都開辦私學，招收學生。少正卯曾多次把孔子的學生吸引到自己這邊聽講，與孔子存在利益競爭。魯定公十四年，孔子任魯國大司寇，代理宰相，上任七日後，將少正卯以「君子之誅」殺死在兩觀的東觀之下，暴屍三日。

沒有把祭肉分給大夫們。於是，孔子離開了魯國，晚上就在屯邑住宿過夜。
魯國的樂師師己前來為他送行，說：「先生是沒有過錯的。」
孔子說：「我唱一支歌可以嗎？」於是唱道：

彼婦之口，可以出走；
彼婦之謁，可以死敗。
蓋優哉遊哉，維以卒歲！⑩

師己返回後，桓子問：「孔子都說了些什麼？」師己據實稟告。桓子長歎一聲說道：「先生是在怪罪我接受齊國那一群歌女啊！」

孔子曾經向師襄⑪子學習彈琴，一連十幾天都沒有學習新曲子。
師襄子說：「可以學習新曲子了。」
孔子說：「我已經熟悉了舊曲子，可還沒有熟練掌握彈琴的技法。」
過了些時候，師襄子說：「你已經熟練地掌握了彈琴的技法，可以換一隻新曲子了。」
孔子說：「我還沒有領略到樂曲中所蘊含的內涵。」
過了些時候，師襄子說：「你已經領略到樂曲中所蘊含的內涵，可以換一隻新曲子了。」

孔子說：「我還沒能體察出作者是一個什麼樣的人。」

過了些時候，孔子肅穆沉靜，深思著什麼，接著又心曠神怡，顯出志向遠大的樣子，說：「我能體察出作者是一個什麼樣的人了，他黝黑的皮膚，高大的身材，目光明亮而又深邃，好像統治四方諸侯的王，除了周文王⑫以外還有誰能做到這樣呢？」

師襄子離開座位向孔子拜了兩拜，說道：「我的老師曾經告訴過我，這首曲子叫做《文王操》⑬。」

---

⑩意爲：「那些婦人的口，可以把大臣們趕走；親近那些婦人，可以導致國破身亡。悠閒啊悠閒，我只有這麼打發時光了！」

⑪【師襄】春秋時魯國的樂官，擅擊磬，也稱擊磬襄，孔子的老師之一。孔子曾向他學習彈琴。

⑫【周文王】（前一一五二—前一〇五六），姬姓，名昌，生於西岐（今寶雞市岐山縣），黃帝後裔，商朝末年西方諸侯之長，在位五十年，以仁政而聞名，是西周的奠基人。

⑬【《文王操》】一首被古人尊爲高雅的作品，是一首可以陶冶情操，淨化靈魂的琴曲，相傳爲周文王所作。

# 夷吾忘恩負義

## 選自《晉世家第九》

晉獻公的妃子驪姬❶陷害太子申生，申生被逼自殺，另兩位公子夷吾和重耳❷逃出了晉國。

西元前六五一年，晉國獻公去世，去世前請求大臣荀息幫助驪姬的兒子奚齊繼位。晉國大臣里克是太子申生的擁護者，刺殺奚齊為申生報仇。里克本想請重耳回國繼位，重耳以沒有對父親盡孝為由，不敢繼位。公子夷吾聽說國內群龍無首，想回國登位。他求助於秦國護送，對秦王承諾說：「如果我能歸國登位，就把晉國河西的八座城池割讓給秦國。」秦穆公答應了夷吾的請求，命大夫百里奚率兵護送夷吾回國。夷吾又寫信給里克說：「假使我真能即位，我願把汾陽之城封給您。」於是里克同意做他的內應。

夷吾回到晉國後登上王位，就是晉惠公。即位當年（前六五〇年），晉惠公夷吾就派大臣丕鄭去秦國毀約。丕鄭向秦君道歉說：「當初夷吾逃亡時承諾把河西地給您，但現在國內的大臣說：『土地是先君留下來的，公子當年流亡在外，沒有權利擅自許諾給秦國。』夷吾

力爭無用，故此只能前來向秦道歉。」與此同時，夷吾又擔心里克聯合逃亡在外的重耳發動政變，於是想殺死里克。他對里克說：「雖說你幫我登上了王位，但你曾殺死了兩位國君和一位大夫，不殺你的話，我這國君會很危險。」里克回答說：「我不廢掉之前的儲君，你能有今天嗎？找這種藉口殺我也太可笑了。想我死我遵命就是了。」說完里克就自殺了。

丕鄭此時在秦國，聽說夷吾殺了里克，害怕自己也會得到同樣下場，就對秦穆公說：「晉國百姓其實不想夷吾做君主，實際上是想擁立重耳的。現在夷吾登上王位就誅殺了里克，又膽敢違背和貴國的盟約，這都不是他個人力量所能做的，而是大臣呂省和郤芮的主意。如果您能用重金利誘兩人到秦國來，將重耳送回晉國就容易多了。」

穆公聽取了他的意見，讓丕鄭回國去說服呂省和郤芮來秦國做臣子。兩個人聽了丕鄭的

---

❶【驪姬】（？—前六五〇年），春秋時期著名美女，山西人，本是驪戎首領的女兒。西元前六七二年，驪姬被晉獻公虜爲妃子，她以美色取得了晉獻公的專寵，參與朝政，使計離間獻公與申生、重耳、夷吾父子兄弟之間的感情，並設計殺死了太子申生，後人有「驪姬傾晉」之說。

❷【重耳】（前六九七年或前六七一年—前六二八年），即晉文公，姬姓，名重耳，晉獻公之子，晉惠公之兄，政治家、外交家，前六三六年至前六二八年在位。在做國君之前，公子重耳被迫流亡列國，歷時達十九年之久。他是春秋時代第一強國的締造者，開創了晉國長達一個多世紀的中原霸權。

話，懷疑其中有詐，將這件事稟告了夷吾。夷吾處死了丕鄭，丕鄭的兒子丕豹逃到了秦國。

丕豹對秦穆公說：「晉國君夷吾殘暴無道，百姓也不支持他，現在可以討伐晉國了。」

穆公問：「如果百姓認為夷吾不能做他們的國君，那他通過什麼力量殺掉他的大臣？他能殺死各位大臣，肯定是因為有百姓的支持，說明夷吾還是有些能耐的。」穆公並沒有聽從丕豹的進言，但仍然暗中支持他。

西元前六四八年，晉國旱災，請求秦國援助糧食。丕豹勸穆公不要援助，而要趁著晉國大旱沒有軍糧去攻打晉國。大夫公孫支和百里奚不同意丕豹的意見，二人說：「得罪您的是夷吾，晉國大旱無糧，百姓並沒有罪，不能不給。」最後穆公聽取了公孫支和百里奚的意見，把糧食裝到船上或車上，通過水運、陸運將糧食送到了晉國。

西元前六四六年，秦國發生饑荒，向晉國請求糧食援助。夷吾召集眾臣商議此事，大臣慶鄭說：「君王您靠秦國的幫助才能即位，之前您已經違背了割地相送的諾言。不久前，晉國發生饑荒，秦國又支援我們糧食。如今秦國困難，請求購買我們的食物，我們賣給他是理所當然的，有什麼好商量的？」夷吾的舅父虢射卻說：「應該趁著秦國饑荒，攻打秦國。」夷吾採納了虢射的建議。第二年，晉國出兵攻打秦國，晉惠公親自帶兵出戰。

西元前六四五年九月，秦軍和晉軍在韓遠展開大戰。秦穆公讓丕豹率領大軍迎戰，自己也御駕親征。兩軍交戰時，晉惠公甩下大軍衝鋒在前，搶奪戰場財物。回撤時，他的戰車戰馬深陷泥潭，致使行動緩慢。秦穆公見此情景，率部下奮力追擊，欲擒拿晉惠公，沒想到自己非但沒有抓到晉惠公，反而讓晉軍包圍，自己也被擊傷。危機之時，曾受恩於秦穆公的三百名岐下人[3]衝破晉軍包圍，救出穆公，穆公因此活捉了晉惠公。

戰事結束，秦穆公帶著俘虜夷吾回到秦國，並發詔令說要立斬他。因晉惠公與周朝天子是同姓，周朝天子得悉此事後就向秦穆公求情。穆公的夫人是夷吾的姐姐，為了讓夫君放過夷吾，她穿著喪服光著腳來到穆公面前說：「夷吾是我的兄弟，您是我的夫君，又是一國之主，我不能違抗您的命令，只能穿喪服哀憐我的兄弟了。」穆公不忍心看夫人苦惱，和夷吾重訂盟約後便對他好禮招待，然後放了他。

同年十一月，夷吾回國。

後來，夷吾終於實現之前的承諾，把河西的城池土地割讓給了秦國，並把晉國太子圉送到秦國做人質。

---

❸【岐下人】岐下人，住在岐山腳下的人，屬少數部落，當時被稱「野人」。秦穆公曾丟失一匹馬，被岐下人宰殺了吃。事後官吏逮捕了他們，讓秦穆公處置。秦穆公非但沒有懲罰他們，還說馬肉要配好酒，賜給了他們酒。

# 重耳流亡

## 選自《晉世家第九》

重耳是晉獻公的兒子，與晉惠公夷吾是表兄弟。重耳從小賢能，也喜好結交有才能的人。十七歲時，他就有五個富有才華，品行出眾的朋友：趙衰、他的舅父狐偃、魏武子、賈佗、先軫。獻公即位當年，重耳已經二十一歲了。

獻公即位後不久，下令修築蒲城，讓公子重耳在那裡駐守以防備秦國。獻公二十一年（前六五六年），驪姬造謠太子申生毒害獻公，逼死申生，接著污蔑重耳是同謀，重耳於是逃到了蒲城。獻公讓宦者履鞮（ㄉㄧ）追殺重耳，重耳爬牆逃跑。履鞮追趕，扯下重耳一節衣袖。逃出蒲城後，重耳去了母親的祖國狄國。當時重耳已經四十三歲了，跟隨他逃亡的除了趙衰、狐偃、魏武子、賈佗、先軫這五位朋友，還有其他幾十位追隨者。

逃到狄國後，狄王為重耳和趙衰賜婚。婚後，妻為重耳生下了兩個兒子，一個叫伯鯈（ㄔㄡ），一個叫叔劉。重耳在狄住了五年後，晉獻公去世了，夷吾做了國君，即晉惠公。惠公七年（前六四四年），因害怕重耳威脅自己，夷吾派履鞮帶人去追殺重耳。重耳對趙衰

等人說：「當初逃到狄國，只是為了歇腳。現在我想遷到強國去。聽說齊桓公有志稱霸，體恤諸侯而樂善好施，他的賢臣管仲、隰朋又去世了，我們不如前往齊國。」

離開狄國時，重耳對妻子說：「我如果二十五年內不回來，你就改嫁吧。」妻子笑答：「二十五年後，我墳上的柏樹都長高了。即使這樣，我也等你。」

重耳離開居住了十二年的狄國。

重耳經過衛國時，衛文公對他很不禮貌，於是他就沒有久留衛國。走到五鹿時，重耳餓極了，便向沿途村民討飯吃。村民沒有給他食物，卻把土放到容器中獻給他。重耳很生氣，趙衰安慰他說：「土就是土地，你應該禮貌地接受村民的禮物。」

到了齊國，齊桓公果然厚待重耳。齊桓公不僅把家族的一個女子嫁給了重耳，還送他二十輛駟馬車。重耳在齊國生活得很舒適，一晃住了兩年。齊桓公去世後，他的兒子們為了爭奪王位而互相攻擊。齊國內亂，諸侯的軍隊趁機入侵。重耳愛戀齊桓王賜予的妻子，沒有離開，又在齊國住了三年。就這樣，重耳在齊國待了五年。

有一天，趙衰和狐偃在庭院的樹下商議如何讓重耳離開齊國。兩人的談話被重耳妻子的侍女聽到了，將這些話告訴了主人。重耳的妻子勸重耳離開齊國。重耳不肯，說：「人生就是為了追求安樂，我在這兒好好的，不想走。」

他的妻子說：「您是晉國的公子，逃亡來到這裡。這些跟隨您的人以您的生命為他們的生命，您要是因為女色在這裡待一輩子，怎麼報答這些追隨你的人呢？不行動就不會有成功。我真為您感到羞恥。」

重耳仍不聽。他的妻子就和趙衰、狐偃將他灌醉抬到馬車上，離開了齊國。重耳迷迷糊糊睡了一個長覺後醒來，弄清事情原委後，他怒氣沖沖，拿起刀來要殺狐偃。狐偃說：「如果殺死我能成就您，我萬死不辭。」

重耳說：「事情要是失敗，我就吃了你的肉。」

狐偃笑說：「如果失敗，我的肉又腥又臭，也不值得您吃。」

一路上，重耳經過曹國、宋國、鄭國，這些國家勢小力單，都不敢給他足夠的支持。到了楚國，楚成王準備用對待諸侯的禮節接待重耳，重耳不敢當。趙衰說：「一路上，小國都輕視您。現在大國楚國厚待您，這是上天希望您振興。」於是重耳行諸侯之禮去會見楚成王。

楚成王問重耳：「您將來回國登位了，怎麼報答我呢？」

重耳說：「大王您擁有各種珍禽異獸、珠寶和華貴的衣服絲綢。我還能怎麼報答您呢？如果有一天你我戰場相遇，我願意為大王您退避三舍❶。」

聽重耳這麼說，楚國大將子玉很不信任，他說：「君王你如此厚待晉公子，他卻口出狂言，請讓我殺了他。」成王不同意。

重耳在楚國逗留了幾個月。這時晉惠公病危，晉惠公派去秦國做人質的太子圉跑回晉

重耳得到秦穆公派出軍隊護送，順利踏上回晉國的返程。

國。對於圉擅自逃跑，秦國十分氣憤，不想讓他做晉國國君，於是邀請重耳到秦國。楚成王沒有挽留重耳，而是贈予他豐厚的禮物，為他送行。重耳離開楚國，去了秦國。

秦穆公見到重耳後，把同宗的五個女子嫁給了他，原公子圉的妻子也在其中。重耳不想要公子圉的妻子，司空季子說：「你都準備要攻打他的國家了，還要顧慮他的妻子嗎？況且，如今秦君把這五位女子嫁給你，是想與您結親，好送您返回晉國。您要幹大事，就不要拘泥於這些小節。」重耳聽取了他的建議。

秦穆公說：「我知道你們想盡快返回晉國。」

❶【退避三舍】舍，古代距離單位，三十里為一舍。退避三舍，後用來比喻對人讓步，不與相爭。

趙衰與重耳拜謝說：「我們仰仗您，就如同百穀仰仗好雨一樣。」

當時是晉惠公十四年（前六三七年）秋天，惠公夷吾剛剛去世，他的兒子圉登上了君位，就是晉懷公。晉國大夫欒枝、郤谷等人都不擁護圉，聽說重耳在秦國，於是暗中派人做重耳內應。重耳得到秦穆公派出軍隊護送，順利踏上回晉國的返程。

晉懷公聽說重耳返國，派出軍隊阻擋，但無奈除了他父親晉惠公的舊大臣呂省、郤芮之流支持他之外，晉國百姓都不擁立他而擁立重耳。之後，狐偃與秦晉大夫結盟於郇（ㄒㄩˊㄣ），重耳登上了王位，就是晉文公。

重耳在外逃亡十九年，返回晉國登上王位時，已經六十二歲了。

晉文公在位僅有九年時間，但他重用賢臣，修行德治，使晉國稱霸諸侯。晉文公重耳去世後，晉國的霸業仍持續了將近百年。

# 蹇叔哭師

## 選自《秦本紀第五》

百里奚曾是虞國的大臣。西元前六五五年，晉獻公滅掉虞國和虢國，俘虜了虞國國君和他的大夫百里奚。後來，晉國與秦國聯盟，晉國把公主穆姬嫁給了秦穆公，將百里奚作為陪嫁的奴僕。百里奚途中逃脫，來到了楚國邊境，被楚國人捉住。秦穆公聽說百里奚有才，用五張黑色公羊皮❶從楚王手裡贖回了他。秦穆公與百里奚交談了三天三夜，決定任命他為五羖（ㄍㄨˇ）❷大夫，把國家政事交給他主管。百里奚謙讓不受，而是推薦了蹇（ㄐㄧㄢˇ）叔❸。

百里奚說：「我的朋友蹇叔才真正是個有才能又具有仁德的人。在我被困在齊國，以討

---

❶【五張黑色公羊皮】秦穆公買回百里奚，後人用「百里奚舉於市」比喻一個人從卑微的地位取得了成功。

❷【羖】黑色的公羊。

❸【蹇叔】春秋時秦國大夫，宋國人，著名賢臣。

飯為生時，蹇叔收留了我。我想為齊王效力，蹇叔認為齊國國君無知，阻止了我，我因而逃過了齊國的政變災難。我從齊國逃到周王室後，得知周王子頹喜愛牛，就養了很多牛獻給他以換取官祿，後來蹇叔又阻止我在周朝做官。因此，頹被殺時我才沒有受到牽連。最後，在虞國時，我沒有聽蹇叔的話，做了虞君的大臣，因此在虞國的滅國之災中被擒拿。我因而知道蹇叔是有才能的人。」秦穆公聽從了百里奚的建議，派人攜帶厚金重禮去請蹇叔，任命他為上大夫。

西元前六三〇年，晉文公想滅掉鄭國，秦國是晉的盟國，所以出手相助。鄭國派人遊說秦穆公說：「如果鄭國滅亡，只不過使晉國強大，對秦國沒有一點好處，反倒會威脅秦國。」秦穆公於是撤軍，晉國沒能滅掉鄭國。

西元前六二八年冬天，晉文公去世。這時，有個鄭國人對秦穆公說：「鄭國的城門由我把守，秦王您若是來偷襲鄭國，我可以幫助您。」秦穆公詢問蹇叔和百里奚的意見。兩人都不同意他出兵鄭國，說：「鄭國距離秦國路途遙遠，千里迢迢發動戰爭，難以取勝。況且，既然鄭國出現了叛徒，又怎知道我國不存在類似的人呢？說不準我們的行動也會被人透露給鄭國。」秦穆公沒有聽取蹇叔和百里奚的勸諫，他說：「其實我已經決定出兵了。」秦穆公任用百里奚的兒子孟明視、蹇叔的兒子西乞術和白乙丙作為統率，攻打鄭國。

西元前六二七年春天，秦軍出發的這一天，百里奚、蹇叔二人看著將要遠征的軍隊大哭不止。他們對自己的兒子說：「秦軍如果失敗了，一定是在殽山險要處發生不測。」軍隊遠走後，秦穆公怒問百里奚和蹇叔為何在軍隊出征這天對秦軍哭喪。兩位老人回答道：「我們做臣子的，怎會詛咒您的軍隊。我們擔心自己年歲大了，等不到作戰的兒子回來，才悲傷痛哭。」

秦國軍隊一路向東，穿過晉國，又路過周朝都城的北門。秦軍將領沒有向這兩個國家的君王打招呼，周朝子民說：「秦軍是不懂禮儀的軍隊，做事不合禮法，只能打敗仗。」到達晉國邊境的附屬小國滑國❹時，秦軍碰到鄭國商人弦高。弦高領著十二頭牛，正準備去周朝都城賣牛，因為害怕秦軍殺他，所以獻上了他的牛，並向秦軍說道：「鄭國國君早就知道秦國將要出兵鄭國，所以已經做好了防範。我此行就是奉國君之命，送十二頭牛來犒勞秦軍士兵的。」秦軍聽說行動敗露後，不敢再襲擊鄭國，轉而滅掉了滑國。

晉襄公聽聞滑國失守非常憤怒，他說：「我剛剛喪父，還沒有埋葬父親。秦國趁我國辦喪之時前來攻打我們，實在欺人太甚！」於是，他穿著黑色喪服，帶領軍隊向殽山進軍。最後在殽山阻截秦軍，俘虜了秦軍的三位將軍，也就是蹇叔和百里奚的兒子。晉文公的妻子是秦穆公的女兒，她替三位將軍向襄公求情說：「穆公對這三個人肯定恨之入骨，如果您能放

---

❹【滑國】在今河南偃師縣東南。

他們回國，我國國君一定會痛快地殺掉他們。」晉君聽了妻子的話，放了三位將軍。

三位將軍回到秦國時，秦穆公身穿素服去到郊外迎接他們，並向他們悔恨地哭泣：「你們三位受到侮辱，都是因為寡人沒聽從你們父親的話。你們沒有罪，是我錯了。但是，你們不要鬆懈，而是要洗掉這個恥辱啊！」秦穆公恢復了三位將軍的官職俸祿，並比原來更加厚待他們。

三年後，秦穆公又派三位將軍攻打晉國，結果大敗晉軍，報了殽山被俘的仇。

# 楚莊王一鳴驚人

## 選自《楚世家第十》

楚國的祖先是高陽氏顓頊帝。周成王時，楚國先祖熊繹因輔佐文王、武王有功，被周成王封在蠻楚地區，得到子男❶的爵位。後來，熊繹的後人熊通讓周王室提高他的爵位，周王室不答應。熊通說：「如今楚地蠻夷都已經降服於我，王室不給我楚國提高爵位，那我就自己提高了。」於是自立為楚王，是為楚武王。

楚國王位沿襲輪替，幾代之後，到了楚莊王時期，國勢已日益強大。然而，繼位後的前三年，楚莊王整天尋歡作樂。除了「有敢進諫者格殺勿論」的詔令之外，他不曾在國內發布任何政令。有一天，大臣伍舉入宮，看見莊王左手擁著鄭國姬妾，右手抱著越國妃子，宮廷內歌舞昇平，一片安樂的景象。

伍舉不說自己要進諫，而是說：「我給大王您獻個隱語吧。有一隻鳥，它築巢在土山

---

❶【子男】指子爵和男爵的爵位，分別是古代爵位的四等和五等級別。

上，三年裡不飛也不鳴叫，這是什麼鳥呢？」

莊王回答說：「三年不飛，一飛沖天；三年不鳴，一鳴驚人。你下去吧，我知道你的用意了。」伍舉退下了，滿心以為楚王從此改邪歸正，沒想到他卻變本加厲，更加放縱享樂。

過了幾個月，大夫蘇從入宮見楚莊王，直言要進諫。

楚莊王說：「我下的詔令你不知道嗎？」

蘇從回答道：「如果能使您賢明治國，我願意捨身賠命。這就是我的夙願。」楚王於是停止了放縱作樂的行為，開始一心治理國務。

他首先懲治罪犯，殺了幾百罪人，又獎賞賢士，提升了幾百名功臣，任用伍舉、蘇從主管政務。這兩個人具有賢德，楚國人都擁護他們，楚國的社會安定，百姓安居樂業。遠離酒色的莊王出兵平定內亂，並親征攻伐反叛的庸國，取得勝利，穩定了國內統治，也萌發出北上圖霸之志。

莊王六年，楚國出兵宋國，得到了五百輛戰車。

八年，楚國討伐陸渾戎族，到達洛時進行閱兵。洛在周都的郊外，周定王害怕楚莊王對周發兵，於是派王孫滿去犒勞楚王。楚王藉機問王孫滿：「周朝的九鼎有多重？」王孫滿回答說：「統治國家的關鍵不在於寶鼎的輕重，而在於君王道德好壞。」莊王說：「你不要倚仗九鼎高高在上。不過九鼎而已，我楚國刀劍上的刀尖就可以鑄鼎。」王孫滿說：「哎呀，問鼎的輕重確實不可以啊！鼎是天子的寶器，如今周王室雖然衰落，但上天仍有意讓周王做天子。天子道德敗壞至極，寶鼎才會移動。占卜人說周王室的寶鼎可以傳世三十代，立國七百年。這是上天的旨意，你又怎麼問輕重呢？」楚莊王於是撤軍回國。

十三年，楚國滅掉舒國。

十六年，陳國夏徵舒殺死了自己的國君，楚王率軍討伐陳國，攻克了陳國。楚王想把陳國劃歸為自己的縣。大臣都來慶祝，申叔時剛從齊國出使回來，沒有表現特別高興，也不向楚王慶賀。楚王詢問原因，申叔時回答說：「有人牽著牛走在別人家的田地裡，這確實不對。但如果田地的主人因此搶走了牛，那不也很過分嗎？陳國動亂，大王您討伐它原本師出有名，但攻克對方後就想把它佔為己有。您這樣做怎能使天下人信服您而聽命於您。」莊王於是沒有將陳國劃歸為楚國的縣，而是讓原陳國君的後代繼續在陳地做王。

莊王十七年，楚莊王率軍攻下了鄭國，進入了鄭國都城。鄭國國君行臣子禮儀，裸露著胳膊牽著羊來迎接莊王，並說：「因為我對您侍奉不周，您才來懲罰我，這都是我的罪過。如果您好心不斷絕我國的祭祀，我將竭力侍奉您。如果不能答應，就請把我遺棄到南海吧。」楚國的大臣們都勸莊王殺死鄭國國君，莊王說：「鄭國國君如此謙卑，他一定能為自己的百姓做事，我怎能斷絕鄭國的祭祀呢？」於是舉起白旗，率軍後撤三十里，與鄭國國君講和。鄭大夫潘尪（ㄨㄤ）代表鄭國與楚訂立盟約，然後把鄭國公子良送到了楚國當人質。

不久，鄭國與晉國聯合，攻打楚國，楚軍在黃河畔大敗中原最強大的諸侯國晉國。自此楚國強盛一時，不再有敵手。

莊王二十年冬天，各諸侯國在蜀地會盟，正式推舉楚國主盟，楚莊王成為稱雄中原的霸主。二十三年，楚莊王逝世。

從楚武王自立為楚王到楚莊王即位前，楚國一直被中原的諸侯國看作是蠻夷地區的國家，被排斥在中原文化之外。楚莊王繼位三年後，「一鳴驚人」，在伍舉、蘇從兩人的勸諫下他改掉年輕時的宴飲享樂，勵精圖治，成為了一代明君。楚國因此強大起來，從荒蠻之地到入主中原，成為春秋五霸❷之一。

---

❷【春秋五霸】西周滅亡後，周王室逐漸衰微，周天子依附於強大的諸侯。一些強大的諸侯國互相征戰，爭做霸主。根據《史記》的觀點，先後稱霸的五個諸侯分別爲齊桓公、宋襄公、晉文公、秦穆公和楚莊王。此五人被稱爲春秋五霸。

# 伍子胥報仇

## 選自《伍子胥列傳第六》

楚國人伍子胥[1]的先祖是楚莊王時的重臣伍舉，伍子胥的父親伍奢是楚平王時太子建的太傅，伍子胥有一個哥哥名叫伍尚。楚平王時，奸臣費無忌因遭太子建嫌惡，於是在楚平王面前誣告太子謀反。伍奢替太子說話，被牽連遭迫害。

費無忌對楚平王說：「伍奢有兩個兒子，留下他們將成為楚國的禍害。如果以免除他們父親的死罪為條件把他們召來，他們一定回到楚國。」

於是，平王派使者對伍奢說：「讓你的兩個兒子回來你就可以活命，否則將你處死。」伍奢說：「伍尚憨厚盡孝，他聽說回楚可以免除我的死罪，一定會回來。但伍子胥有智

❶【伍子胥】（？—前四八四年），名員，字子胥，春秋時楚國穀國（今湖北省襄陽市穀城縣冷集鎮沈灣伍員村）人，春秋末期吳國大夫、軍事家、謀略家。吳國倚重伍子胥等著名臣子的謀略，成爲諸侯一霸。後來，吳王夫差因聽信小人讒言，賜死伍子胥。

謀，他清楚回來必死無疑，所以肯定不會聽你們的。」

後來，平王派人召伍尚和伍子胥，對他們說：「你們回楚國，楚王就赦免你們父親的死罪。」

伍尚對伍子胥說：「不救父親是不孝，父親死了而無法報仇那是無謀。人要依照自己的力量做事，有能力的人留下來做大事才是智慧。你快逃命吧，我將回楚國以死盡孝。」

伍子胥逃走，楚王殺死了伍奢和伍尚。

伍子胥先逃到了宋國，正趕上宋國內亂，他和宋國太子建一起逃到鄭國。鄭國君臣對二人以禮相待。

不久，太子建前往晉國作客，晉頃公勸他說：「你跟鄭國的關係這麼好，鄭國國君又很信任你，如果你能為晉國做內應，我們裡應外合，定能打敗鄭國。滅了鄭國，我就將鄭國封為太子的領地。」太子建同意了晉頃公的建議，返回鄭國。然而他遲遲等不到起事的機會。太子建的一個隨從因為觸犯太子建，遭太子建追殺。這個隨從逃跑後將太子建叛賣鄭國的事情舉報給了鄭定公。鄭定公殺掉太子建。伍子胥怕一併被殺，帶著太子建的兒子勝逃往吳國。兩人一路徒步，跑到昭關江邊，江邊一個好心的船夫幫助二人渡過了江。伍子胥過江後，身無銀兩，於是摘下隨身寶劍送給漁翁。漁翁說：「楚國下令，誰抓到伍子胥，就賞賜他五萬石糧食，封官晉爵，我冒死救你，難道就為了這價值百金的寶劍嗎？」

伍子胥還沒逃到吳國都城就病倒了，之後他一路討飯到了吳都。這時吳王僚剛剛即位，公子光為將軍。伍子胥知道公子光有奪取王位的打算，便幫他物色了一個名叫專諸的壯士，希望能夠幫助公子光篡奪王位。他自己則和太子建的兒子勝離開了國都，到鄉下種地隱居。

五年之後，楚平王去世，楚昭王繼位。吳王僚趁楚國國喪，出兵楚國。楚國派兵截斷吳軍後路，吳軍進退兩難。這時吳國國內兵力空虛，公子光趁機命令專諸暗殺了吳王僚，篡位為王。公子光就是歷史上著名的吳王闔閭❷，吳王闔閭即位後，召回在鄉下種田的伍子胥，封官晉爵，與他共謀國事，同時重用被楚國迫害的伯嚭，讓他做大夫。

闔閭即位第三年，伍子胥和伯嚭隨軍出征楚國。楚國舒地被攻佔，被楚國分封在舒地的吳國公子蓋餘和燭庸被俘獲。闔閭想趁勢進攻楚國都城，將軍孫武❸勸阻說：「目前吳國軍士疲憊，應當休整一下。」於是吳國撤軍。第二年，吳國再次攻打楚國，奪取了楚國兩座城邑。第四年，楚昭王派公子囊進攻吳國，結果楚軍戰敗，吳軍趁勢攻佔了楚國的居巢。

---

❷【闔閭（ㄏㄜˊ ㄌㄩˇ）】姬姓，吳氏，名光，又稱公子光，春秋時期吳國第二十四任君主，著名政治家，注重發展經濟和軍事，吳國在他的統治下逐漸稱霸中原。

❸【孫武】（約前五三五年—？），春秋時期吳國將領，著名的軍事家、政治家，著有《孫子兵法》十三篇。

闔閭九年，吳王問伍子胥和孫武：「當初你們說楚國的郢都打不了，現在怎麼樣呢？」伍子胥和孫武說：「楚國將軍掠地貪財，唐、蔡兩國都很怨恨。大王如果攻打楚國國都，一定要聯合唐國和蔡國才行。」闔閭聽取他們的建議，聯合唐國和蔡國，出動軍隊和唐、蔡聯軍全力攻打楚國。經過幾次戰役之後，吳軍打到了郢都。楚昭王逃跑，吳軍攻佔郢都。

伍子胥在楚國四處尋找昭王，想為自己的父親和哥哥報仇。可是昭王已經逃離了楚國，伍子胥於是掘開楚平王的墳墓，拖出他的屍體，鞭打三百下才停手，這便是歷史上有名的伍子胥「鞭屍三百」的典故。

楚國大臣申包胥派人責問伍子胥說：「您這樣報仇，也太過分了吧！」伍子胥說：「我已經走到了窮途末路，現在只能倒行逆施。」

# 公子光奪位

## 選自《吳太伯世家第一》

吳國第十九代傳人壽夢有四個兒子，依次為諸樊、餘祭、餘昧、季札。公子光是諸樊的兒子。

壽夢本想傳位給幼子季札，季札推辭，於是傳給了諸樊。諸樊死前，令王位依次傳給三個弟弟，直到傳給季札，以完成父親的願望。自諸樊後，餘祭、餘昧依次繼位為吳王。餘昧即位四年後就死了，這時該季札繼位，但是他又推讓了。吳國百姓於是擁立了餘昧的兒子僚為吳王。

公子光不滿僚繼承了王位，因為他覺得：「我父親兄弟四人依次傳位，傳到最後一個是季子，季子謙讓不當國君。既然我父親最先為王，那麼季子之後就應該是我先當王。」於是暗中招賢納士，尋找機會。

西元前五二二年，伍子胥的父親和哥哥被楚王處死，伍子胥從楚國流亡到吳國，勸說吳王僚討伐楚國。公子光讓吳王僚不要上當，他說：「子胥的父親和兄長都被楚王所殺，他勸

伍子胥聽聞公子光謀權篡位的意圖，知道不能用外交的政策使吳伐楚，於是改用了計策。

您攻打楚國是為了報私仇。攻打楚國對吳國沒有什麼好處。」伍子胥聽聞公子光謀權篡位的意圖，知道不能用外交的政策使吳伐楚，於是改用了計策。他找到一位名叫專諸的勇士，把他引薦給公子光。公子光得到這名壯士後十分高興，把伍子胥視為座上賓對待。

西元前五一九年，吳王派公子光征伐楚國。吳軍獲勝，藉勢北伐，打敗陳、蔡的軍隊。第二年，公子光又征伐楚國，攻佔了楚國的居巢、鍾離二城，勝利返回。三年後，楚平王去世。

西元前五一四年春，吳王趁楚國忙於國喪，派公子蓋（ㄍㄜˋ）餘、燭庸等帶兵包圍楚國的六（ㄌㄨˋ）、灊（ㄑㄧㄢˊ）這二座城邑，同時派季札出使晉國觀察諸侯的動靜。此時，公子光留守國內。吳楚交戰，吳軍被楚國派出的騎兵決斷後路，不能返回。公子光見時機已到，對專諸說：「我才是理應繼承王位的人。季子不會反對我的。」專諸應和道：「僚的兩個弟弟被困在外，現在國內沒有他的忠誠之臣，只有他的老母和幼子，正是我們的好時機。」公子光說：「你我患難與共，我的身體就是你的身體。」

四月丙子日，公子光讓披甲的戰士埋伏在地下室，然後他請僚來吃飯。僚知道公子光不懷好意，於是讓士兵列陣，從王宮到公子光的家門，甚至在公子光家的大門、臺階、屋門、坐席上都安置了士兵，讓他們每人都拿著利劍。僚自以為萬無一失，便來到了公子光的府上。宴飲開始不久後，公子光假裝不舒服，趁機溜到地下室，讓專諸把藏有匕首的烤全魚端上來。專諸將烤全魚送到了僚面前後，馬上從魚中取出匕首刺向僚，僚的左右衛士急忙拔劍護駕。專諸的胸膛中劍，此時匕首已深入僚的咽喉，兩人同時死亡。不久，公子光即位，這就是吳王闔閭。

季札回到吳國後，聽聞吳王僚被殺，公子光做了吳王，他說：「先祖的祭祀得到延續，百姓仍舊有國君，誰做我的國君不都一樣嗎？我敢責怪誰呢？上天如此安排，我便只能哀悼死者，侍奉生者了。先人教導我們，只要禍亂不是自己引起的，那就聽從新君王的命令。」於是季札去到僚的墳前，痛哭了一番，彙報了自己出使的情況，就回到朝廷繼續任職原位，等待新君王的命令。

# 蘇秦激將張儀

## 選自《張儀列傳第十》

張儀和蘇秦是同窗，兩人師從鬼谷子[1]先生，一起學習遊說[2]的技巧。蘇秦一直認為張儀比自己更有才華。

師成後，蘇秦和張儀前往各諸侯國，希望能夠施展自己的才華。一次，張儀陪楚相喝酒。席間，楚相的一塊玉璧不見了。門客們都懷疑是張儀偷的，他們的理由是張儀家境貧窮。於是，大家把張儀抓起來鞭打了幾百下。張儀始終不承認是自己幹的，大家只能放了他。張儀的妻子見他被打得鼻青臉腫，悲痛又憤恨，說：「唉！要是當初你不入這一行，怎麼會受這樣的屈辱？」張儀對他的妻子說：「你看一看我的舌頭還在不在？」他的妻子笑著說：「舌頭是還在。」張儀說：「這就夠了。」

張儀還沒混出名堂時，蘇秦已經做了趙國的國相，並遊說各國諸侯合縱抗秦。這時還有幾個國家沒被蘇秦說服，蘇秦擔心盟約正式訂立之前遭到秦國打擊，使盟約毀於雛形，於是想要尋找一位說客說服秦王，以拖延時機，想來想去，除了張儀沒有更合適的人選了，於是

派人去引導張儀說：「聽說您當年和蘇秦是好朋友，現在蘇秦的勢力十分強大，您為什麼不去投靠他呢？說不準您就有了實現功名的舞臺了呢。」張儀於是前往趙國尋找蘇秦。

到了趙國，張儀找了蘇秦的一位門客，請求會見蘇秦。過了好幾天，蘇秦才接見他。蘇秦把張儀帶回家，卻不請他上座，而是讓他坐在堂下，還叫人拿下人吃的飯菜來招待他。蘇秦譏諷張儀說：「你才華卓越，怎麼混得如此窮困潦倒啊？如今你來投靠我，憑我的能力，推薦你做官當然不是問題。問題是，你值得我錄用嗎？」說完就像打發乞丐一樣把張儀打發走了。

張儀本以為老朋友蘇秦會幫助自己，沒想到卻招來一通羞辱，心中慚愧憤恨，發誓要報復蘇秦。他分析了當前各國諸侯的狀況，認為除了秦王沒有誰值得侍奉，於是準備去秦國求發展。

---

❶【鬼谷子】名王詡，又名王禪，春秋戰國時期著名思想家、謀略家，是縱橫家的鼻祖。他的弟子有孫臏、龐涓、蘇秦、張儀等人。因隱居於清溪之鬼谷，自稱鬼谷先生。著有《鬼谷子》《本經陰符七術》。

❷【遊說（ㄕㄨㄟˋ）】是指戰國時代策士們周遊列國、勸說君主採納其政治主張的一種活動。這樣的策士也稱「說客」。

「你才華卓越，怎麼混得如此窮困潦倒啊？」

張儀離開後，蘇秦對他的一位門客說：「張儀具有非凡的才能，我比不上他。現在，我只是比他運氣好，先受重用而已。可以操縱秦國的，只有張儀。然而現在他運氣不好，比較消極。我擔心他溺於困境，滿足於小成功小利益，耽誤了大業。因此我才羞辱他，激勵他。請你前往跟隨張儀，暗中侍奉他。」蘇秦又向趙王說明原委。趙王於是派送金錢、財物和車馬，讓那位門客跟隨張儀。門客一路上暗中追隨張儀，跟他入住同一個客棧，逐步接近他，和張儀成為朋友。當張儀有需要的時候，他就拿出車馬金錢等財物資助他。張儀憑藉門客的資助到了秦國，見到了秦惠王。

秦惠王原本十分討厭說客，而張儀以他的三寸不爛之舌說服了秦惠王。秦惠王任用張儀做客卿，和他謀劃攻打諸侯。

等張儀安頓下來之後，蘇秦派來的門客就向他告辭。張儀說：「沒有您的全力相助，我不會有今天的地位。您對我恩重如山，現在正是我報答您的時候，您為什麼要離去？」

門客說：「我對您並不了解，派我來幫助您的是蘇先生，他才是真正了解您的人。蘇先生擔心秦國攻打趙國，使合縱聯盟不能成立。他認為只有您才能掌握秦國的大權，所以激怒您，使你來到秦國。我暗中給您提供錢物，這都是蘇先生謀劃的。如今您已被秦王重用，我的任務也完成了，所以回去覆命。」

張儀大驚，說：「哎呀，這些權謀計策都是我曾經學習的，但是我卻沒有覺察出來。看來還是蘇先生更高明啊！請您替我感謝蘇先生，並轉告他，只要他在趙國執政一天，我張儀都不會讓秦國攻打趙國。」

# 張儀計耍楚懷王

## 選自《張儀列傳第十》

張儀師從鬼谷子，學習遊說之術。他剛出道時，受盡冷遇。張儀曾陪楚國宰相喝酒。當時宰相丟了玉璧，眾人都懷疑是張儀偷的，宰相下令鞭打了張儀幾百下。張儀出任秦國宰相以後，寫信給那位楚國宰相說：「當初，你的玉璧不是我偷的，你卻鞭打我。現在你要守好你的國家了，小心我偷你們的城池！」

不久，秦國想要攻打齊國。這時，齊國已經與楚國締結了合縱❶盟約。如果秦國對齊國發兵，楚國就會救援齊國。秦王於是派張儀到楚國離間齊楚之盟。

西元前三一三年，張儀辭去秦國相位入楚，他買通楚懷王的寵臣靳尚，以取得懷王信任。張儀對楚懷王說：「秦王十分敬重楚王，而厭惡齊王。現在秦王將要攻打齊國，只要楚國和齊國解除盟約，我就請秦王和楚國結親，讓秦國女子給大王做侍妾，使秦王獻出商於一帶六百里的土地給楚國。這樣一來，楚國聯合了強秦，向北還可以削弱齊國。」

楚懷王聽後非常高興，當即答應張儀。大臣們聽說楚國和秦國聯合，都來向楚王祝賀，

唯獨陳軫❷表現得哀傷。楚王很生氣，問陳軫：「寡人不費一兵一卒就得到六百里土地，大家都高興，你怎麼擺出一副愁悶的死樣子？」

陳軫回答說：「我擔心大王非但得不到那六百里的秦國土地，還有其他禍患啊。一旦您和齊國斷交，楚國就會孤立無援，到時秦國難道不會攻打楚國，卻反倒給我們六百里土地嗎？我請求大王您讓我前往齊國，說服齊國表面和我們斷交，等到秦國拿出土地，我們再和齊國真正斷交也不晚。否則，到時我們失去齊國的支持，秦國又反悔不給土地，楚國必定會兩面受敵，得不償失。」楚王不聽。

後來，楚王還封給張儀楚國宰相的名號，賜給他金錢物資，又派人去齊國廢除合縱盟約。與齊國斷交後，楚王派楚國一位將軍跟隨張儀到秦國去接收土地。

張儀與楚將返回秦國，剛一進城門，便故意從車上摔到地上，裝作受重傷躲在家裡三個月不出門。楚王聽說這件事後，以為張儀擔心齊楚斷交不夠徹底，於是派勇士到齊國辱罵齊

---

❶【合縱】合縱是戰國時期的各大國爲拉攏他國而進行的外交手段。合縱就是南北縱列的國家聯合起來，共同對付強國；與合縱相對的是連橫，也就是聯合一個強國去進攻其他的弱國。並且這兩種手段會隨著時局的變換而變化。持這兩種主張的說客們也被稱爲「縱橫家」，以蘇秦和張儀爲代表。

❷【陳軫】戰國時期縱橫家，曾與張儀共事秦，張儀拜相後，陳軫奔楚。

王。齊王大怒，和楚國斷交，一面派人入秦與秦王商議伐楚。

張儀聽說齊國和秦國已經建立邦交，於是對跟隨他到秦國的楚國將軍說：「秦王賜給我六里封地，我現在願把它獻給楚王。」

楚將說：「楚王命令我來接收商於六百里土地，不是六里。」

張儀說：「只聽說有六里，不曾聽說六百里。」

使者只好回報楚王，楚王大怒，大罵張儀是出爾反爾的小人，立刻要發兵攻打秦國。

陳軫說：「與其攻打秦國，不如先割讓土地賄賂秦國，然後聯合秦軍攻打齊國，從齊國奪回土地補

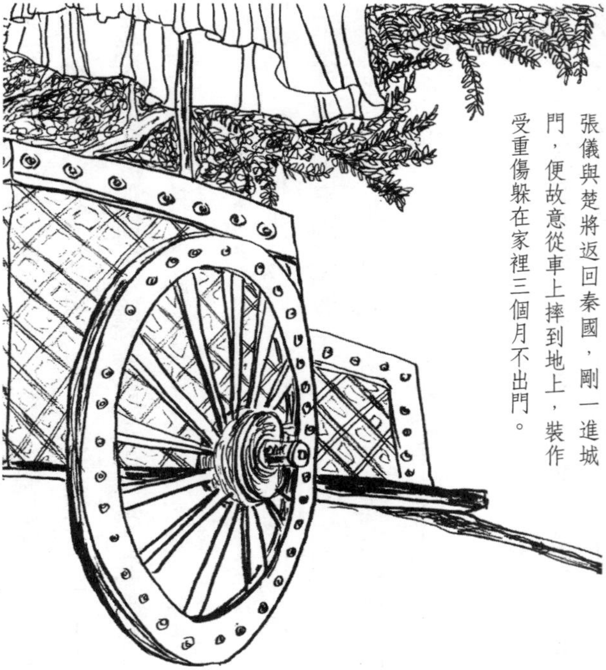

張儀與楚將返回秦國，剛一進城門，便故意從車上摔到地上，裝作受重傷躲在家裡三個月不出門。

償我們的損失。這麼做，楚國興許還有一線生存的希望。」

楚王又不聽陳軫的勸告，發動軍隊進攻秦國。秦國和齊國聯合抗擊楚軍。楚軍八萬官兵被殺，楚將屈匄（ㄍㄞˋ）戰死。楚國丹陽、漢中的土地被攻佔，楚王最後只得割讓兩座城池向秦國求和。

秦國趁機要脅楚國，打算用秦國武關以外的土地交換楚國黔中一帶的土地。楚王說：「你只要把張儀交出來，我就把黔中地區給你。」

張儀主動請求將自己遣送楚國。

秦惠王說：「您違背承諾，楚王恨不得想殺了您。」

張儀說：「我當時是奉大王的命令出使楚國，兩國相交，不殺使者。況且，秦強楚弱，我看楚王不敢把我怎麼樣。另外，我和楚國大夫靳尚的關係還不錯，靳尚侍奉楚國夫人鄭袖，我會讓他幫我在鄭袖面前求情，鄭袖的話楚王都聽的。退一步說，如果我的死能使秦國獲得黔中的土地，那也是我的榮幸。」於是，張儀再次出使楚國。

張儀到了楚國，楚懷王立刻把他囚禁起來，準備殺死他。靳尚果然在鄭袖面前替張儀求情，他說：「您知道您將失寵嗎？」

鄭袖問：「怎麼說？」

靳尚說：「現在張儀被大王囚禁，秦王想用秦國上庸六個縣來換張儀一條性命，還說要把秦國美女嫁給楚王。那些秦國美女能歌善舞，到時夫人您的地位就會受到威脅。您不如替張儀求情，讓他脫離困境。這樣，您也不會受到秦國美女的威脅了。」

鄭袖依照靳尚所說，整日纏著懷王替張儀說情。她說：「臣子為他們的國王效命，這本來就很正常。再說，現在秦國派張儀來換取土地，也算對大王極為尊重。大王您還沒向秦國回禮就殺了使臣，秦王必定因怒發兵。」懷王於是釋放了張儀，並像以前一樣周到地接待他。

張儀被釋放後，繼續遊說楚王。他說：「秦國和楚國交界，從地理位置來說，你們本是親近的國家。大王如果能聽取我的建議，那我將說服秦王與您結親。秦國、楚國互派自家太子到對方那裡做人質，秦王還會將自己女兒獻給大王作為姬妾。此外，將一萬戶居民的都邑封給大王作為食邑。秦、楚永世友好，還有比這個更適合的嗎？」

此時，楚王既想要張儀的人，又不想獻出黔中土地給秦國。一聽張儀這麼說，覺得很有道理，於是答應了張儀的建議。張儀離開了楚國。這時，屈原從齊國回來，聽說了張儀的事。他對楚王說：「大王您之前已經被張儀欺騙過，這次他來到楚國，我滿心以為大王會烹殺他。沒想到您不僅釋放了他，還聽信他的胡言亂語，這將招來災禍啊。」楚懷王十分後悔，派人去追張儀，但是來不及了。

# 趙氏孤兒

## 選自《趙世家第十三》

趙氏和秦國國君嬴氏是同一個始祖。

趙氏祖先造父受周穆王❶寵信。造父挑選千里馬加以馴養，又得了桃林的良馬盜驪、驊騮、騄耳等，獻給穆王。穆王於是叫造父御車，前往西方巡視，在那裡會見了西王母，樂而忘返。不久徐偃王造反，穆王就靠良馬而日馳千里，揮師攻擊徐偃王，徹底打敗了他。於是，穆王把趙城封賜給造父，從此造父的子孫就姓趙氏了。

周幽王時，昏庸無德，趙氏祖先叔帶離開周到晉國侍候晉文侯，開始在晉國繁衍發展。從叔帶以後，趙氏宗族逐漸興旺。

趙氏的後代趙衰曾經侍奉晉文公重耳。重耳因驪姬陷害太子之亂而逃亡出奔到翟國，趙

❶【周穆王】姬姓，名滿，周昭王之子，西周第五位帝王，在位五十五年。他是中國古代一位富於傳奇色彩的帝王，史稱「穆天子」。

衰跟隨在他身邊。翟國征伐少數民族咎如時，得到兩個女子。翟君把較小的女子嫁給重耳做妻子，那較大的女子，嫁給趙衰，生了趙盾。當初重耳還在晉國時，趙衰所娶的正妻生有趙同、趙括、趙嬰齊三個兒子。趙衰跟隨重耳出國流亡，總共十九年才重新得以回國。重耳即位，就是晉文公。趙衰做原邑的大夫，住在原邑，並執掌國政。文公能夠回國以及稱霸諸侯，很大程度上是由於依靠了趙衰的謀劃。

趙衰回到晉國以後，他留在晉國的原配妻子十分賢慧，堅決要求迎回他在翟國所娶的妻子，並且將後妻的兒子趙盾當作嫡子。晉襄公六年時，趙衰去世，謚號為「成季」。

趙盾繼承趙衰的職位，執掌晉國國政兩年之後，晉襄公去世。

此時，太子夷皐年紀還小。趙盾認為，國家正處於多災多難之時，打算立襄公之弟雍回國繼承王位。雍這時正在秦國，趙盾就派使者去迎接他。太子的母親早晚哭哭啼啼，叩著頭向趙盾說：「先君什麼地方得罪你，為什麼要捨棄他的嫡子而另立國君呢？」

趙盾十分擔憂，害怕太子母親的宗族和大夫們襲擊誅討自己，只好立太子為國君，即晉靈公；另一方面，又派兵抵拒先前被派到秦國去迎接襄公之弟的那些人。靈公即位以後，趙盾更是專擅國政。

靈公即位十四年，變得越來越任性驕縱。趙盾經常諫諍，靈公不聽從他的話。

有一次，靈公吃熊掌時，因為嫌燉得不夠爛，就殺了掌管膳食的宰夫，叫人把屍體拿出去丟掉。此事被趙盾看到了，靈公因此十分害怕，於是埋伏士兵打算殺害趙盾滅口。趙盾向來對人寬厚仁慈，曾經送食物給一個曾經餓倒在桑樹下的人吃，這個被救之人幫助趙盾反擊靈公的伏兵，解救了趙盾，趙盾因此才得以逃亡。他還沒逃出國境，趙穿就在國內弒殺了靈公，趙盾回到都城迎立襄公之弟黑臀即位，是為成公。趙盾重新執掌國政。

因此，有德的君子諷刺趙盾「身為上卿，逃亡未出國境，回來又不懲治逆賊」。而當時的太史也在史冊上記載道：「趙盾弒殺了自己的國君。」

「趙朔的妻子有孕在身，如果幸運，能生一個男孩，我就要撫養他；如果是個女孩，我再死不遲。」

晉景公的時候，趙盾去世，諡號為「宣孟」，其子趙朔嗣位。

晉景公三年，趙朔為晉國率領下軍救援鄭國，跟楚莊王交戰於河上。趙朔娶了晉成公的姐姐為夫人。

晉景公三年，大夫屠岸

賈打算誅討趙氏。

趙盾在世的時候，曾經夢見祖先叔帶手抱著腰哭得十分悲傷，沒過一會兒，又開始大笑，又拍手又唱歌。趙盾夢醒之後，卜筮吉凶，龜甲裂紋斷絕了，然後又回復完好。善占卜的史援看了兆紋，解說道：「這個夢很不好，但不是應驗在您本人身上，而是將應驗在您的兒子身上，可這也是由於您遺留下來的過失。到了您孫子一代，趙氏子孫將更衰微。」

大夫屠岸賈以前曾經得到靈公的寵信，到了景公的時候，他做了司寇，掌管刑獄。

屠岸賈想要作亂，就打著懲治弒殺靈公逆賊的旗號，牽連到了趙盾。屠岸賈通告諸將說：「趙盾即使不知情，但仍然是叛徒的頭子。做臣子的弒殺了國君，子孫卻在朝廷做官，這種人怎麼有資格能懲戒罪惡的人呢？請大家一起誅討他們。」

韓厥❷說：「靈公遭到賊害時，趙盾在外頭，我們的先君成公認為他沒有罪過，所以不誅殺他。假如各位要誅殺他的後代，這就不合乎先君的旨意。如今，如果打算胡亂扣罪誅殺良臣，這種行為就是作亂。做臣子的，有重大事情卻不向國君報告，這就是不把國君看在眼裡。」

屠岸賈不聽他的勸告。於是韓厥暗中叫趙朔趕緊逃往別國避難，趙朔不願意，卻說道：「你一定不要讓趙氏的香火斷絕，如果能夠做到這一點，我即使死了也沒有遺憾。」韓厥答應了他的請求，就藉口生病不出門，不參與亂事。屠岸賈不向國君請命，便擅自帶領諸將前往下宮攻打趙氏，殺了趙朔、趙同、趙括、趙嬰齊，把趙氏家族都消滅了。

趙朔的妻子是成公的姐姐，當時有孕在身。在動亂中，懷孕的趙夫人逃到晉景公的宮中躲藏起來。

趙朔有一個賓客，名叫公孫杵臼❸。杵臼看到趙朔的好朋友程嬰❹，就問道：「您為何沒有跟隨趙氏先君自殺而死呢？」

程嬰說：「趙朔的妻子有孕在身，如果幸運，能生一個男孩，我就要撫養他；如果是個女孩，我再死不遲。」

過了沒多久，趙朔的妻子分娩，生下一個男嬰。

屠岸賈知道了這件事，派人到宮中大肆搜索。趙夫人把嬰兒藏在褲襠裡，禱告說道：

---

❷【韓厥】生卒年不詳，姬姓，韓氏，名厥，謚號獻，史稱韓獻子，韓輿之子，春秋中期晉國卿大夫，政治家、著名賢臣。韓厥始爲趙氏家臣，後位列八卿之一，至晉悼公時，升任晉國執政，戰國時期韓國的先祖。

❸【公孫杵臼】生卒年俱不詳，春秋時晉國人，趙盾、趙朔父子的門客。主要活動在晉景公時期（前五九九—前五八一年）。他是中國古代著名忠義故事《趙氏孤兒》的主角。晉景公三年（前五九七年）和程嬰合謀，藏匿趙氏孤兒趙武，自己獻出了生命。

❹【程嬰】（？—約前五八三年），相傳爲古少梁邑（今陝西韓城西少梁附近程莊）人，晉卿趙盾及其子趙朔的友人，春秋時期晉國義士，千百年來爲人稱頌。

「如果趙氏宗族注定要絕滅，你就哭叫。要是上天保佑趙氏不絕滅，你就不要出聲。」當兵士搜索到趙夫人身邊時，嬰兒竟然不出聲。

脫離危險以後，程嬰對公孫杵臼說：「現在，他們這樣大肆搜查一番，沒能找到孩子，日後一定會再三番五次地搜尋他。我們該怎麼辦？」

公孫杵臼說：「扶立孤兒使其繼承先業，與以死相殉趙君相比，哪一樣更難辦？」

程嬰說：「死比較容易，扶立孤兒更加困難啊。」

公孫杵臼說：「趙氏先君對待您頗為優厚，請您勉強從事較為困難的事，將容易的事留給我來做。請讓我先死。」

於是，兩人想辦法抱來別人家的嬰兒，披上華麗的襁褓，藏匿到深山中。然後，程嬰來到人群中，對諸將謊稱：「我程嬰沒有才德，不能扶立趙氏孤兒。誰能給我千金，我就說出趙氏孤兒藏匿的地方。」諸將聽聞都十分高興，答應了他的要求，派遣軍隊跟隨程嬰來到公孫杵臼藏身的地方。

杵臼故意大聲號呼道：「小人呀程嬰！前日面臨下宮的患難不能以死相殉，還和我一起計畫藏匿趙氏孤兒，現在你又來出賣我。即使不能和我一起扶立孤兒，使他繼承先業，也不能這樣忍心出賣他啊！」於是，杵臼抱著嬰兒叫道：「天呀天呀！趙氏孤兒又有什麼罪呢？請你們讓他活著，只殺掉杵臼吧！」諸將不答應，終於殺了杵臼和孩子。

諸將認為趙氏孤兒真的已經死了，都很高興。但趙氏真正的孤兒得以活下來，程嬰終於和他一起，藏匿在深山之中。

十五年過去了，晉景公生重病，卜筮的結果是嬴、趙之後人被滅族的鬼魂在作祟。景公問韓厥卦辭究竟是什麼意思。韓厥知道趙氏孤兒仍然活著，就說：「大業的後裔在晉國斷絕香火的，大概是趙氏吧。從仲衍以來的子孫都是嬴姓，再沒有趙氏了。仲衍人面鳥喙，降世輔佐殷帝太戊，他的子孫直到周天子的時代都有盛德。到了厲王幽王無道時，叔帶才離開周到晉國來侍奉先君文侯；一直到成公之世，代代建立功勞，不曾斷絕祭祀。如今君上單單滅掉趙的宗族，國人哀憐他，所以顯現在這幅卦辭的龜策上。希望君上好好考慮這件事啊。」

景公問道：「趙氏還有遺留下來的子孫嗎？」

於是，韓厥把趙氏孤兒的實情告訴了景公。景公與韓厥計畫冊立趙孤，使其繼承趙氏先業。於是下令召趙氏孤兒趙武❺進宮，見面後，把他藏匿在宮裡。等到諸將進宮中來問候景公病情時，景公派韓厥的部眾脅迫諸將，將趙氏孤兒叫出來與諸將見面。

---

❺【趙武】（？—前五四一年），嬴姓，趙氏，諱武，謚號「文」，史稱趙文子，古典故事《趙氏孤兒》的歷史原型，爲春秋時晉國卿大夫，政治家、外交家，爲國鞠躬盡瘁的賢臣，後任正卿，執掌國政，力主和睦諸侯，終促成晉楚弭兵之盟。

諸將沒有辦法，只好說：「以前下宮的變亂，是屠岸賈假託國君的詔命幹的，並且命令臣子們跟從。不然，誰敢為亂呢？要不是君上生病，我們也必將請求您立趙氏的後裔了。如今君上如此命令，那正是我們做臣子的意願啊。」於是，景公令趙武、程嬰一個個拜謝諸將。諸將跟隨程嬰、趙武，去誅討屠岸賈，消滅了他的宗族，將趙氏舊有的田邑歸還給孤兒趙武。

當趙武二十歲時，行了加冠禮，正式長大成人了，程嬰向諸大夫辭別，然後對趙武說：「當年下宮之亂，大家因此全都死了。我不是不能以死相殉，而是考慮到應扶立趙氏的後代，為趙氏報仇。現在，趙武已經長大成人，恢復了先人的官職和地位，我將到九泉之下與趙宣孟和公孫杵臼相見，向他們稟報這件事。」

趙武哭著對他叩頭，堅決地懇求道：「我願意終生竭盡筋骨之力來報答您，您怎麼能忍心丟下我而死呢？」

程嬰說：「不能不死。他們相信我能夠把事情辦好，所以可以先我而死；如果我不覆命，他們在那邊，會以為我沒有把事情辦成功。」於是，程嬰自殺而死。趙武為他服齊衰[6]之喪有三年之久，並替他設置了專供祭祀的縣邑，春秋兩季按時祭祀他，世世代代都不中斷。

---

❻【齊衰】古代喪葬禮儀。此處指以父親的禮儀下葬守孝。

# 孫子練女兵

## 選自《孫子吳起列傳第五》

孫子名武，是齊國人。孫子精通兵法，吳王闔閭久聞他的名氣，決定召見他。

闔閭說：「您講述兵法的十三篇文章我都讀完了，但我還是不得要領，您能真實地演練一番讓我切實領悟嗎？」

孫子回答說：「可以。」

闔閭說：「讓婦女來試也行嗎？」

孫子說：「可以。」

闔閭叫來了宮中美女共八十人充當士兵，讓孫子當即開始訓練她們。

孫子首先把她們分為兩隊，並挑選出吳王闔閭最寵愛的兩位侍妾分別擔任隊長，然後讓所有的士兵都手拿一支戟（ㄐㄧˇ）。孫子對她們說：「你們自己的心、左手、右手以及後背的位置，你們都清楚嗎？」

婦人們齊聲答道：「知道。」

孫子說：「從現在開始，當我說『向前』，你們就看心口正對的方向；當我說『向左看』，你們就要朝左手方向扭頭；當我說『向右看』，就要朝右手邊方向看齊。我說『向後看』，你們就轉身，背向原來的方向。」

婦人們答道：「是。」

孫子於是擺好用來懲罰的刑具，又將剛才的規則重複了幾次，開始訓練。

孫子擊鼓開始發令：「向右看。」

孫子剛說完，婦人們就哈哈大笑起來。孫子停下來對吳王說：「剛才還沒嚴明紀律，講清軍規，士兵們不熟悉號令和軍規，這是將領的過錯。」於是重申訓練規則，並講明軍紀，再發號命令：「向右轉。」婦人們又大笑起來。孫子便召集軍吏，根據兵法，斬兩位隊長以嚴明軍紀。

吳王闔閭正在臺上觀看，眼見自己的愛妾將被殺死，他大吃一驚，急忙派使臣對孫子說：「將軍善於用兵，你的兵法我已經領教了，只希望你不要殺她們——沒有這兩個美人，我吃不香睡不好啊。」孫子回答說：「我已經接受大王的命令做將軍，將在軍中，王令有所不受。」於是殺了兩個隊長，按順序挑選了各隊的第二人來做新隊長，接著又擊鼓發令，佇列中沒有人敢再出聲。無論孫子讓她們做什麼，婦人們都照做，前後左右，進退迴旋，全都合乎規矩。

過了不久，孫子派使臣向吳王報告說：「女兵已經訓練得整齊有素了，大王可以下臺驗兵了。現在，任憑大王派給她們任務，即使讓她們上刀山下火海，她們也會做的。」吳王失去了兩個愛妾，無心再閱兵，對侍臣說：「請將軍停止演練，回臥榻休息，就說我累了不想看了。」使臣將話轉告孫子，孫子感慨道：「大王原來只是欣賞我的軍事理論，卻不想看到我的實踐啊！」

經過這次演練後，吳王闔閭見識了孫子的帶兵之道，決定任命他為吳軍大將。後來，吳國向西打敗了強大的楚國，攻破郢都，向北威震齊國和晉國。吳國迅速強大起來，為後來吳王夫差稱霸諸侯奠定了基礎。

# 子貢亂吳救魯

## 選自《仲尼弟子列傳第七》

子貢[1]是孔子最得意的學生之一。子貢曾問孔子：「我是什麼樣的人？」孔子說：「你像一種器物。」子貢說：「什麼器物啊？」孔子說：「宗廟裡的瑚璉[2]呀。」

齊國大臣田常想要在齊國發動叛亂，但害怕遭到高昭子、國惠子、鮑牧、晏圉等貴族重臣的反攻，於是想轉移這幾個人的軍隊去攻打魯國。孔子聽說這件事後十分擔憂，他召集門下弟子說：「魯國是我們的故鄉，我們的祖宗安息於此。現在，我們的祖國面臨危險，大家怎麼能不自告奮勇救國呢？」子路、子張、子石先後請求前去救魯，孔子都制止了他們。子貢請求前去，孔子答應了他。

子貢出發到了齊國，遊說田常說：「您攻打魯國是行不通的。魯國的城牆單薄，護城河狹窄而水淺。它的國君愚昧無知又不仁慈，它的臣民也都虛偽而中庸，這樣的國家很難攻下。您不如去攻打吳國。吳國的城牆高大厚實，護城河寬而蓄水，士兵們個個精神有力。這樣的國家很容易攻下。」

田常聽罷怒斥子貢：「你說難攻的，人家認為容易，你認為容易的，明明是大家認為困難的。你這麼指教我是何居心？」

子貢回答：「我聽說，國內矛盾尖銳的時候，如在外挑戰強敵可緩解內部矛盾；國外矛盾尖銳時，攻打弱小的國家以壯大自己的勢力。現在，我聽說朝中大臣有人反對您，您的憂患在國內。如果您攻打魯國，輕易取勝，那您的國君和其他大臣都會變得驕縱。國君驕縱，只會拉遠您和國君的關係，大臣驕縱就會趁勢作亂。這兩個後果對您都不利。但是，如果您攻打強大的吳國，假若戰爭不能取勝，則軍隊力量困於國外，士兵死在他鄉，您留守國內，孤立國君豈不是很容易？」

田常說：「說的是啊。可是我已經讓軍隊開赴魯國了，現在撤兵轉攻吳國，大臣們會懷疑我，這可怎麼辦？」

---

❶【子貢】（前五二〇—前四五六年），名端木賜，春秋末期衛國（今河南省鶴壁市浚縣）人，政治家、儒商之祖，孔門十哲之一。他是孔子的得意門生，且列言語科之優異者，善於雄辯，辦事通達，官至魯、衛兩國之相。善於經商之道，曾經經商於曹、魯兩國之間，富致千金。爲孔子弟子中首富。

❷【瑚璉】祭祀先祖的宗廟裡盛黍稷的祭器，用來比喻治國安邦的人才。

子貢說：「您讓軍隊按兵不動，請讓我出使吳國，說服吳王救援魯國並討伐齊國，您就可以趁機和吳國開戰了。」田常採納了子貢的意見，子貢於是去見吳王夫差。

子貢遊說吳王道：「齊國要攻打魯國了，我替吳國擔心啊。齊國擁有萬輛戰車，如果再攻克魯國，得到千輛戰車，那麼齊國一定會威逼吳國。我聽說，施行王道的國君不會讓諸侯屬國滅絕。吳國發兵援救魯國，能安撫泗水以北的各國諸侯，顯揚名聲，鎮服強大的晉國。聰明人都懂得這層道理啊，您若是發兵救魯，表面上是保存魯國，實際上更是阻扼了強齊的擴張。」

吳王說：「說得好啊。但是我曾經打敗越王勾踐，他現在刻苦經營，一心報復我。你等我打

「如果您果真是因為擔心越國，那由我去說服越王，讓他派出軍隊追隨您。」

敗越國後再按照您說的去攻打齊國。」

子貢說：「越國比魯國弱小，吳國卻沒有齊國強大。等您打敗越國，齊國早已攻下魯國。

機會就會喪失。聰明人不會錯失時機，況且勇敢而正義的人也不會靠滅絕一個小國來樹立道義。攻打越國是害怕齊國的表現。相反，保存越國卻能向各國諸侯顯示您的仁德。而且，您援助魯國攻打齊國，可以對晉國造成壓力，到時各國諸侯一定敬畏吳國而前來朝見您，吳國自然就會稱霸天下。再說，如果您果真是因為擔心越國，那由我去說服越王，讓他派出軍隊追隨您。」吳王聽子貢這麼說後非常高興，採納了他的建議。子貢又出發前往越國。

越王勾踐令人清掃道路，親自到郊外迎接子貢。越王對子貢說：「越國偏遠落後，大夫為何屈將身分前來？」

子貢回答說：「我勸說吳王援救魯國攻打齊國，卻說等到打完越國再說，這實在愚蠢啊。但是他既然說要攻打越國，看來越國是要危險了。」

勾踐聽罷叩頭請教：「我當年被吳王困在會稽，身心焦灼而恥辱。忍辱負重至今，就是因為想著報仇雪恨。現在該怎麼辦呢？」

子貢說：「吳王這個人凶猛殘暴，他不體恤士兵，又殘殺伍子胥這樣的忠臣，任用奸臣太宰嚭。吳國遲早是要滅亡的。但是，現在您要迎合他，順應他的心志，以財物賄賂他，以甜言蜜語迷惑他，使他出兵伐齊。如果吳王不勝，大王可以乘虛攻入吳國。如果吳王取勝，他必定順勢帶兵逼近晉國。我說服晉國攻打吳軍，吳軍疲憊，大王您同樣可以擊敗吳國。」

越王讚賞子貢的計策，答應依照子貢說的去做。子貢離開時，越王要送給他黃金百鎰，寶劍一把，良矛二支，子貢都拒絕了。

子貢回報吳王說：「我跟越王溝通過了，他對吳王不敢動手，他說：『我當年不自量力才觸犯了吳國，活該受辱困於會稽山。我的國家差點成為一片廢墟，但是大王大慈大悲，留我一命讓我奉祀先祖。我不敢忘記這個恩德，怎敢另有圖謀呢？』」過了五天，越國的大夫文種來到吳國。文種對吳王說：「您的役使之臣勾踐謹派使者文種前來向大王問候。聽說大王將要率領正義之師討伐殘暴的齊國，勾踐請求出動越國境內全部軍隊三千人助陣大王。另外，勾踐還請求讓他親自到前線作戰。為了表示心意，勾踐特派文種進獻越國先祖的寶器，另送鎧甲十二件，以及這些斧頭、長矛、步光劍等，請大王笑納！」

吳王把文種的話告訴子貢，並詢問子貢：「越王想親自跟隨我攻打齊國，讓他去嗎？」

子貢回答說：「做人不能太過分。您調動人家的軍馬，使人家國內空虛，還要人家的國君隨軍出征，這就太不道義了。您就只接受他的禮物好了，不要讓越國國君隨行了。」吳王照子貢說的去做，接受了越王的兵器禮物，然後調動吳國九個郡的兵力去攻打齊國。

吳王出兵後，子貢就離開吳國前往晉國遊說晉國國君。子貢說：「齊國和吳國要打起來了，如果吳國得勝，吳王一定帶軍逼近晉國。我聽說：不事先謀劃好計策，就不能應付突然而來的變化。不事先治理好軍隊，就不能勝敵。您最好準備武器，整頓軍隊等待吳國到來。」晉君依照子貢的話做了。

子貢從晉國返回魯國時，吳國和齊國已經開戰。吳王率軍在艾陵把齊軍打敗後果然帶兵逼近晉國。吳晉兩強在黃池交戰，晉軍大敗吳軍。越王聽到吳軍慘敗的消息後率軍渡江，襲擊吳國。打到離吳國都城七里的地方後，越軍安營紮寨。吳王聽說國內遭偷襲，率軍返回吳國。吳、越兩軍交戰多次，吳軍都失敗了，最後吳國都城的城門被攻破。越王勾踐率軍包圍吳國王宮，吳王夫差自殺，吳國滅亡。滅掉吳國三年後，越國稱霸東方。

子貢這一次出行，保全了魯國，使齊國內亂，吳國被滅，晉國更加強大，越國稱霸。

# 勾踐臥薪嘗膽

## 選自《越王勾踐世家第十一》

越王勾踐的祖先，是禹的遠世子孫。當時，夏后帝少康[1]有一位小兒子，封於會稽，負責看守供奉禹的祭祀，他和他的子孫們身上刺著花紋，剪斷了頭髮，從事開發草萊（荒蕪之地）、建立城市的工作。

後來，傳了二十多代，到了允常[2]，開拓土地，開始自稱王。在允常的時代，曾與吳王闔閭發生戰爭，相互間結下了怨恨，允常去世以後，允常的兒子勾踐即位。

勾踐即位的第一年（前四九六年），吳王闔閭聽說允常死了，就起兵討伐越國，越王勾踐派了敢死隊前去應戰，死士排成三列，在吳國的軍陣前，大聲呼叫，並一齊自殺，吳國的軍隊看得驚呆了，原來嚴整的隊伍也散亂了，越軍就藉著這個機會襲擊吳軍，吳王闔閭被箭射傷。

闔閭傷重將死的時候，告訴他的兒子夫差[3]說：「一定不要忘記越國！」

勾踐即位的第三年，勾踐聽說吳王夫差日夜操習、訓練軍隊，將用來報復越國。越國便

想先發制人，往伐吳國，范蠡❹就勸諫勾踐說：「不可以！我聽說過：兵器就是凶器，作戰就是逆行，爭鬥是處事中的下策。暗中圖謀著逆行，喜歡常用凶器，將自身去嘗試種種下策，上天會禁絕他，那樣做一定對自己不利。」

越王勾踐說：「我已經下定決心這樣做了。」於是興兵去攻打吳國。吳王得報，挑選精兵一齊出動抵抗越國的進攻，在夫椒這個地方把越國打敗了。

勾踐只好讓剩餘的軍隊五千人，據守在會稽山上。吳軍隊窮追不捨，將他們團團圍住。

勾踐就對范蠡說：「因為不聽你的話，才弄到這個地步，現在該怎麼辦呢？」

范蠡回答說：「持滿者須效法天道的盈而不溢；定傾覆者須懂得人道的謙卑受益；節制事理的人效法地道的因時制宜。現在只有用謙卑的言辭，送厚重的禮物去給他，才有挽回的

---

❶【少康】上古時期夏朝國君，是一位有作爲的君王，他所統治夏朝的時期被稱爲「少康中興」。相傳少康又名杜康，是釀酒的始祖。

❷【允常】（？—前四九七年），春秋時期越國君主，勾踐的父親，是越國歷史上第一位有作爲的君主，越國霸業的奠基者。

❸【夫差】春秋時期吳國君主（？—前四七三），吳王闔閭之子，前四九五年至前四七三年在位。

❹【范蠡】（前五三六—前四四八年），字少伯，春秋楚國宛（今河南南陽）人，春秋末期著名的政治家、謀略家和實業家，被後人尊稱爲「陶朱公」、「商聖」。

餘地；若還不獲允許，就連你自己也得賠給他做隨從。」

勾踐說：「好。」

於是，勾踐命令大夫文種到吳國去求和。文種[5]用膝蓋跪著走路，低頭向吳王行禮說：「君王！您逃亡的臣子勾踐，派了您臣子手下的臣子文種，大膽地向您手下的執事先生報告：『勾踐請求做您的臣子，他的妻子做您的侍妾！』」吳王想答應他，伍子胥卻對吳王說：「上天有意將越國賜給吳國，切勿答應他。」

文種將吳國拒絕的意思回來向勾踐報告，勾踐打算殺死妻子孩子，焚毀寶器，像困獸一樣拼死一戰。文種就制止勾踐，並對勾踐說：「吳國的太宰嚭很貪心，可以利誘他，請派我秘密地去遊說他。」

於是勾踐準備了美女和寶器，命文種秘密地去獻給太宰嚭，嚭接受了饋贈，就引見大夫文種去見吳王，文種頓首行禮說：「希望大王能赦免勾踐的罪過，把越國的寶器全部獻給吳國。如果大王不幸不能赦免勾踐，那麼勾踐將要殺盡他的妻妾與孩子，燒光他的寶器，帶著剩餘的全部五千兵士拼死一戰，如果這樣，您的損失一定也會不小。」

嚭藉機勸說吳王道：「越國已經降服為臣子，如果把他赦免了，這對國家有好處。」伍子胥進諫說：「現在不消滅越國，將來一定會後悔，勾踐是一位賢君，文種、范蠡都是賢良的臣子，如果勾踐從會稽回國，必將叛亂。」吳王不聽他的諫言，終於赦免了越王，停止作戰，將軍隊撤回吳國。

勾踐被圍困在會稽山上的時候，曾喟然歎息說：「我將死在這裡了吧？」文種便說：「湯曾被關在夏桀的夏台，文王被囚在羑里，晉國的公子重耳出奔於狄，齊國的公子小白出奔於莒，他們最後都稱王稱霸，由此看來，未嘗不是一件好事呢。」

吳王赦免了越王，越王勾踐回到越國，苦身焦思，將一個動物的膽囊掛在座位旁，坐著臥著即能仰起頭來嘗一嘗膽的苦味，吃飯時也要嘗一下膽的苦味。他不時告誡自己：「你忘了會稽所受的恥辱嗎？」勾踐親自耕種勞作，他的夫人也親自織布，不肯多吃肉，也不穿鮮豔的衣服，屈尊節志，禮賢下士，對待賓客更是禮遇優厚。賑濟窮人，弔慰死者，與百姓共同操勞。

勾踐想讓范蠡來主持國家的政治，范蠡說：「兵甲作戰的事，文種比不上我，至於鎮安國家、使百姓親附，我也比不上文種。」勾踐於是將國政的治理拜託給大夫文種，而派范蠡和大夫柘稽，作為人質抵押在吳國。兩年以後，吳國放回了范蠡。

---

❺【文種】（？—前四七二年），也作文仲，字會、少禽，一作子禽，春秋末期楚之郢（今湖北江陵附近）人，後定居越國，春秋末期著名的謀略家，越王勾踐的謀臣。文種和范蠡一起爲勾踐最終打敗吳王夫差立下汗馬功勞，後被越王勾踐賜死。

勾踐從會稽歸國已經滿七年了，一直撫慰越國的知識份子和平民百姓，考慮如何報復吳國。大夫逢同❻進諫說：「國家有難，流離失所，到現在才又殷富起來，如果致力於修治裝備、製備利器，吳國一定會害怕。如果吳國害怕，災難就會降臨。猛鷙將要出擊，一定會故意藏匿其凶猛的形體。現在，吳國正在對齊、晉出兵，和楚國越國也結下了很深的怨恨，雖然吳國的名望威勢高過天下各國，實際上有害於周朝的王室，德行少而戰功多，吳國一定十分地自矜自誇。為了越國的將來打算，不如趁早結交齊國、親近楚國、隨附晉國，並且藉勢大大吹捧吳國以增加它的欲望，這樣一來，吳國一定會輕戰，這便是我們聯絡援助之勢的機運，齊、晉、楚三國對吳國作戰，越國則可趁著吳國疲憊的時候去進攻，一定可以攻下。」

勾踐說：「好主意。」

又過了兩年，吳王準備去征伐齊國，伍子胥進諫說：「不可以，我聽說勾踐吃飯時不多加菜，和百姓同甘共苦，這個人不死，一定會變成國家的憂患，越國對於吳國來說是心腹大患；齊國不過是疥瘡癬斑而已，希望大王能放下攻齊的計畫，先打越國。」

吳王不肯聽從，就去征伐齊國，在艾陵打敗了齊國的軍隊，俘虜了齊國的兩大貴族高子和國子。吳王帶著勝利的戰果歸來，便去責怪伍子胥。伍子胥說：「大王不要高興得太早。」吳王大怒，伍子胥想以死勸諫，吳王聽到這消息，趕忙制止了他。

越國的大夫文種說：「我看吳王的統治日益驕橫，請大王允許我試著去向他借食粟❼，藉以試探他對我們的態度，可以猜測出事態發展的契機。」

於是，越王派文種向吳國請求借穀子，吳王打算借給越國，伍子胥勸諫說不要借，可吳王還是將穀子借給了越國。越國人私下裡都十分高興。伍子胥歎道：「大王現在不聽我的勸諫，三年以後，吳國大概會變成一片廢墟。」

太宰嚭聽到這話，屢次和伍子胥爭論對越國的政策，並藉機向吳王進讒言加害伍子胥，他說：「伍員這個人外貌忠厚，其實是個殘忍的人，他連自己的

勾踐又問范蠡，是否可以採取行動。范蠡說：「可以了。」

❻【逢（ㄆㄤˊ）同】《吳越春秋》作扶同，春秋時期越國五大夫之一。

❼【粟】即小米，中國古稱稷或粟，脫殼製成糧食，原產於中國北方黃河流域，是中國古代主要糧食作物。

父兄都不顧，哪裡會顧到大王呢？大王前次想伐齊，伍員硬是不肯，一再進諫，後來伐齊有了功績，反而怨恨大王，大王如果不防備伍員，伍員一定會作亂。」吳王開始並不輕信，並派伍子胥出使齊國。但他當聽說伍子胥在齊國把他的兒子託付給齊國鮑叔牙照顧時，吳王大怒道：「伍員果然是在欺騙我！」

伍子胥從齊國歸來之後，吳王派人賜伍子胥一把寶劍，讓他自殺。

伍子胥大笑說道：「我幫助你的父親稱霸天下，又幫助他冊立你為太子，讓你即位，你當初要分吳國的一半疆土給我，我不肯受，現在你反而因為讒言要殺我，唉！唉！你一個人必然是不能獨自長久的。」

伍子胥對使者說：「請你一定要取下我的眼睛，放在吳國城東門，讓我看到越國的軍隊從那裡進入。」

伍子胥死後，吳王將國政完全交給嚭來主持。

又過了三年，勾踐召見范蠡，問：「吳國已殺掉了伍子胥，傳播謠言的人愈來愈多，這是可以進攻的時機了吧？」范蠡回答說：「還不可以。」

到了第二年的春天，吳王到北方黃池去會盟諸侯❽，吳國精銳的部隊都隨從著吳王前往，只有老弱臣子與太子留守在吳國，勾踐又問范蠡，是否可以採取行動。范蠡說：「可以了。」

於是，越王派遣熟悉水戰的精兵兩千人，經常操練、驍勇善戰的部隊四萬人，受過良好教育、具有指揮作戰才能的領軍六千人，各種專門技術人員一千人，討伐吳國。吳國迅即失敗，吳國太子被殺。吳國的使者火速向吳王報告了這措手不及的壞消息。此時吳王正在黃池與諸侯會盟，擔心其他諸侯知道這場變故，就嚴守秘密，不向外界透露。黃池盟約簽訂完畢後，吳王派人向越國贈送厚禮，請求講和。越國衡量了自己的實力，亦不足以吞滅吳國，於是就與吳國講和。

四年以後，越國再度出兵討伐吳國。吳國的官員與人民經歷了長年的戰爭，都疲憊不堪，吳國的精銳部隊都在與齊國、晉國的作戰中消耗殆盡，所以，這次戰爭，越國將吳國打得大敗，圍困吳軍長達三年之久。吳國軍隊失敗後，越國又將吳王圍困於姑蘇山上，吳王派公孫雄打著赤膊，用膝蓋跪著走路，到越王面前請求講和。他說：「孤獨的臣子夫差，大膽地說出真心的話：從前曾在會稽得罪你，但是夫差不敢違逆天命，前來請求君王寬恕，請您撤軍歸國。現在，您勞動玉趾而論罪於孤臣夫差，孤臣對您的命令絕對言聽計從，但夫差私下的心意是希望您也能像會稽山上赦免對方一樣，赦免孤臣夫差的罪。」勾踐感到不忍心，

❽春秋時期的黃池之會，發生在西元前四八二年，黃池位於今河南封丘境內，吳王夫差與諸侯國會盟於此，意欲與晉國爭奪中原霸主地位。最終，吳國得以稱霸，但也標誌著吳國霸業的終結。

想要答應吳王的請求。

范蠡說：「會稽山的那件戰事，是上天要將越國賞賜給吳國，結果吳國卻捨之而不要；現在，上天要把吳國賞賜給越國，越國難道可以違逆天命嗎？況且君王每天早起晚睡，難道不就是為了征服吳國嗎？謀劃二十二年，一朝便毀於一旦，可以嗎？何況天賜之物，一旦不取，很可能反受其害。『被砍伐的樹幹轉眼間就會變成伐木的斧柄。』您難道忘記了在會稽山上遭受的困厄了嗎？」

勾踐說：「我很想聽從你的意見，只是我不忍心見到他們的使者。」范蠡於是就擊鼓進兵，大聲宣布說：「越王已將政事交給我來處理，吳國的使者趕快離去，不然將治罪於你！」

吳國的使者哭泣著離去了。勾踐十分可憐吳國，於是派人對吳王說：「我想將你安置在甬[9]的東方，做一個百戶人家的君主。」吳王答謝道：「我已經老了，不能侍奉君王了。」於是便自殺了。吳王自殺時，遮蔽自己的面容，說道：「我沒有臉去見伍子胥啊！」

越王安葬了吳王，誅殺了太宰嚭。

勾踐平定吳國以後，派兵向北渡過淮水，與齊國、晉國諸侯會盟於徐州，並進貢品給周朝的王室，周元王派人賞賜勾踐祭祀用的肉，並冊命勾踐為霸主。

勾踐離開徐州回國，渡過淮南，將淮水上游的土地送給楚國，將吳國侵併的宋國土地歸還給宋國，將泗水以東百里的土地歸還給魯國。此時，越國的軍隊在江淮以東通行無阻，諸侯都前來祝賀，尊勾踐為霸王。

此時，范蠡離去了。

范蠡到了齊國，從齊國送一封信給文種，信中說道：「飛鳥盡，良弓藏；狡兔死，走狗烹。越王這個人的長相，脖子很長，嘴很尖，這種人只可與之共患難，不可以共用安樂，你為什麼還不離去呢？」文種看完信，就宣稱有病，不去上朝。

有人向越王進讒言，說文種準備起兵作亂，越王就將一柄劍賜予文種，對他說：「你教我七種計策去討伐吳國，我只用了其中的三種，吳國就已經敗亡了，還有四種仍在你那裡，請你替我去追隨死去的先王，讓他也試試你的妙計吧。」

文種只好自殺。

---

❾【甬】今寧波市境內。寧波又稱甬，以內有甬江得名。古時甬指甬江。

# 范蠡救子

## 選自《越王勾踐世家第十一》

范蠡侍奉越王勾踐，苦心孤詣，貢獻出全部的力量，與勾踐暗暗謀劃了二十多年，終於滅亡了吳國，報了會稽的恥辱。越國的軍隊向北渡過了淮水，俯臨齊、晉等強國，發號施令於全天下，以尊崇周朝的王室，使勾踐稱霸於諸侯，而范蠡也被封為上將軍。

回到越國以後，范蠡認為在盛大的名位之下，是難以長久安居的；況且勾踐的為人，只可以同患難，很難同處安樂，就寫信向勾踐謙辭說：「我聽說過：主上有憂，臣下就該勞苦；主上受辱，臣下就該犧牲。從前君王您在會稽山受辱，而我所以沒有自殺，就為了雪恥這件事。現在恥辱已經雪除，我應該自己請求處罰追隨您在會稽山居然沒死掉的罪過。」

勾踐說：「我將和你分享這個國家的政權，即使不能分國而治，又豈會加罪於你呢？」

范蠡說：「君王所依從的是律令，我所依從的是志趣。」於是，范蠡收拾起他的輕便寶物和珠玉，私自與親信的隨從們乘船出海了，後再也沒有回來。勾踐指明將會稽山作為范蠡的俸邑。

范蠡飄然出海，轉而到達齊國，改變姓名，自稱為鴟夷子皮❶，在海邊定居，親身勞動耕作，父子合力整治家產，在那裡住了沒多久，便積聚了數十萬財產。齊國人聽說他很賢能，請他做卿相。范蠡喟然浩歎，說：「住在家裡就能積聚千金，出去做官就能位至卿相，這是一個布衣平民最得意的事了。長久地接受尊崇的名聲是不祥的啊！」於是將相印送還，把家產全部分散出去，分給知己的朋友和鄰里鄉黨，只留藏了重要的珍寶，秘密地離開了那裡，來到定陶。

范蠡認為定陶❷是天下的中心，也是交易買賣、互通有無的商業通路，在這裡謀生治產，可以致富，於是自稱為陶朱公。他親自耕種畜牧，對於商品的脫手或買取，都能等待好的時機，在販出販進之中，爭取十分之一的利潤。沒多久，他又累積了上億的財產，這樣一來，天下人都知道陶朱公了。

---

❶【鴟（ㄔ）夷子皮】是春秋末期楚國商人范蠡經商時取的名字。「鴟夷子皮」，是指古代牛皮做的酒器，「酒囊皮子」的意思。

❷【定陶】古稱陶，又名陶丘，定陶地處中原東部，山東省西南部，菏澤市中部，是一座歷史悠久的中原古城，早在四千多年前的新石器時代，人類就在這裡漁獵耕種，繁衍生息。自春秋至西漢八百多年間，定陶一直是中原地區的水陸交通要道和古代重要都會，享有「天下之中」的美譽。

莊先生找到一個適當的時機，去見楚王，說目前的天象對楚國十分不利。

朱公住在定陶的時候，生下了最小的兒子，當這個孩子長大以後，朱公的第二個兒子因為殺死了人，被囚在楚國。

朱公就說：「殺人的凶手判死罪，這是常理，然而我聽說過：家有千金的孩子，不應該在大庭廣眾前被處決。」於是派他的小兒子去探視一下他的哥哥，將二萬四千兩黃金，藏置在褐色的器具裡，用一輛牛車載運。

小兒子出發前，朱公的大兒子固執地要求此事應由他去辦，朱公不答應。

大兒子就說：「在家庭裡，大兒子有督導家事的義務，所以叫做『家督』，現在弟弟有了死罪，父親不派遣我去，竟派遣小弟弟去，那就是我太不肖！」因此便想自殺。他的母親對陶朱公說：「現在派小兒子去，未必能使老二活命，而先逼死了老大，如何是好？」朱公不得已，只好派遣老大前去，並寫了一封信給從前的好朋友莊先生，然後對老大說：「你一到那裡，就送上千金到莊先生的住所，聽莊先生的吩咐，他要怎樣做，就怎樣做。要謹慎地配合，切勿和他爭執辦事的方法。」

於是，大兒子就出發前往辦事，並私自帶著幾百鎰❸金。到了楚國莊先生那裡，看見莊先生家的房子利用城牆做後牆，撥開藜藿雜草才能走到前門，住的地方很是貧困。然而大兒子還是打開信匣，送進二萬四千兩黃金，完全照父親所說辦理。莊先生便說：「你可以趕快離去了。小心地走開，切勿逗留，即使弟弟被放出來也不要問為什麼。」

大兒子告別莊先生以後，並沒有聽從莊先生的叮囑，而是逗留在楚國，用他私自攜帶的財物獻給楚國貴人及當權者。

莊先生雖然窮居於里門❹，然而廉直聞名全國，楚國人都以師禮尊崇他，朱公送來財物，他並非有意收受，而是想要等到事成以後歸還給他，表明信譽。所以，財物送來之後，他就對妻子說：「這是朱公的錢財，就像生病不能預測哪天會好一樣，也不能預測這些錢將來哪天要歸還，不要去動用。」但是，朱公的大兒子不明白莊先生的心意，還認為他是一個

---

❸【鎰（一）】秦朝時期的通用貨幣，也是古代的重量單位。二十兩爲一鎰，另有說法二十四兩爲一鎰。

❹【里門】閭里的門。古代同里的人家聚居一處，設有里門，是普通老百姓所居住的區域。

無足輕重的人物。

莊先生找到一個適當的時機，去見楚王，說目前的天象對楚國十分不利。楚王平素相信莊先生，便問：「那現在該怎麼辦？」

莊先生說：「只有施行德行之事才可以破除災害。」

楚王說：「先生可以回去休息了，我將會做些善事。」

楚王派使者將府庫嚴封起來。楚國的貴人聽到消息驚喜地告訴朱公的長子說：「楚王將實施大赦了！」

長子問：「你是怎麼知道的呢？」

貴人說：「每次大王要實施大赦，怕人乘機在大赦前搶劫，所以常常先把藏金幣的府庫封閉，昨晚大王派了使者去封閉了府庫。」

朱公的長子以為楚國將大赦了，他的弟弟自然應當放出，卻不知道這得自於莊先生的幫助。他把二萬四千兩黃金看得很重要，認為將錢白白地丟棄給莊先生而一無作為，太可惜了，於是便又去見莊先生。莊先生大吃一驚，問：「你還沒有離開嗎？」

長子說：「當然還沒有離開。當初是為了來幫助弟弟，現在大家都說楚王將大赦天下，弟弟會被赦免，所以來向先生辭別。」

莊先生知道他想重新取回所送的財物，就說：「你可以自己進入內室去取回財物。」於是長子自己進入內室，取回財物，自己還慶幸歡喜得很。

莊先生被小孩子所出賣，十分羞憤，於是又入見楚王說：「我之前說星宿的事，您說要用修德的方法來回報。現在，我外出經過各街道，聽到人們都說定陶有一位富人叫朱公，他的兒子殺了人，被囚在楚國，他的家人用許多金錢賄賂了大王的左右，所以大王並不是為了體恤楚國人民而行赦令，乃是因為朱公兒子的緣故。」

楚王大怒，命令先殺掉朱公的兒子，第二天才下達了大赦天下的命令。

朱公的長子最終只能帶著弟弟的屍體回國。

到家之後，他的母親和陶邑人都很哀傷，只有朱公獨自苦笑，說道：「我早知道他一定會害死他弟弟的，他不是不愛他弟弟，但是他對金錢總覺得捨不得呀！我之所以知道，是因為他小時候，曾和我一起為了謀生的困難親歷艱苦，所以絕對不肯輕易花費。而小兒子生來就看見我很富有，坐著堅車、驅著良馬去追逐狡兔，哪裡懂得錢財是怎樣積聚成的，所以他會輕易地捨棄，不會吝惜。前次我所以想派小兒子去，就是為了他能捨棄財物呀！而這一點，大兒子是做不到的。最後因此害死了他的弟弟，這是必然的，沒什麼好悲傷的，我日日夜夜都在等待喪車的到來。」

范蠡先後搬遷了三次，卻成名於天下，不單單是懂得退隱的道理而已。他所到之處，都會在當地成名。范蠡最後老死於定陶，所以世上一直將他稱為陶朱公而流傳他的事蹟。

# 孫臏忍辱敗龐涓

## 選自《孫子吳起列傳第五》

孫臏是孫武的後代，他和龐涓同拜鬼谷子為師，研習兵法。龐涓出師後在魏惠王手下做事。由於擅長兵法之道，龐涓當上了魏國將軍。龐涓知道孫臏比自己優秀得多，就把孫臏找來，一同在魏國做官。但孫臏卓越的才識讓龐涓很是嫉妒，龐涓越來越忌恨孫臏，後來設計陷害孫臏。他用莫須有的罪名把孫臏關進牢房，又用刑挖掉了孫臏的膝蓋骨，在他的臉上刻字，把他拘禁起來。

齊國使者到魏國大梁作客，孫臏偷偷找到了這位使者，遊說他將自己救出魏國。齊使見到孫臏後，認為他是難得的人才，就將他帶回了齊國。齊國將軍田忌將孫臏奉為座上賓。田忌喜歡賽馬，在他與齊威王賽馬時，孫臏使用計謀使他贏得千金。事後，田忌將孫臏推薦給齊威王。

魏國派龐涓率兵攻趙，趙國向齊國請援。齊威王想讓孫臏當主將，孫臏婉拒，說自己是受刑之人，不能率軍。於是齊威王任命田忌為主將，孫臏為軍師。

田忌想率兵直奔趙國營救，孫臏說：「纏在一起的絲線不能用蠻力硬扯，制止打架的人也不能胡亂跟著一起打。要找到敵方的弱點，抓住弱點，敵人就不攻自破了。現在魏趙之爭，魏國大軍精銳盡出，和趙國打得不可開交。在外的魏軍必定人困馬乏，留守國都的不過是些老弱殘兵。現在您不如直接去攻打魏國首都大梁，佔領前方魏軍的後路，魏軍肯定會馬上撤退回救。這麼一來，我們既解救趙國，又可以挫敗魏國。」

田忌按照孫臏的計策，揮師向魏國大梁進軍。魏軍馬上撤退，回救大梁，在桂陵與齊軍交戰。征戰多日，疲憊不堪的魏軍被打得丟盔卸甲。

十三年後，魏國和趙國聯起手攻打韓國，韓國向齊國求援。齊王再次派孫臏做田忌的軍師率軍救援。按照十三年前圍魏救趙的方法，齊國大軍又向大梁進發。龐涓聽聞後方遭襲，馬上從韓國撤軍回救，但齊軍已經進入了魏國。此時，孫臏對田忌說：「魏軍凶猛善戰，向來看不起我們，認為我們膽小懦弱。我們就要依循敵人的想法引誘他們。兵書上說：如果為了爭時間之利而急行軍一百里，有可能會連累將領；如果急行軍五十里，就可能會有一半的士兵跟不上。現在我們領先很多，敵人必定以為我們兵馬疲憊。如果我們下令在進入魏國境後逐漸減少火灶數目，從十萬人的飯灶減少為五萬人的量，第三天再減到砌三萬人的飯灶，就會使敵軍堅信我們因為急著趕路而掉隊很多人。」

第三天，龐涓率軍回救的路上看見齊軍留下的飯灶痕跡逐漸變少，高興地說：「我就知道齊軍膽小懦弱，只三天時間，人數就少了這麼多。」於是他讓大部分步兵停止前行，只帶著精銳部隊連夜趕路，追擊齊軍。孫臏算好龐涓的行程，在馬陵附近埋伏。馬陵道路狹窄，兩側岩壁陡峭。孫臏讓一萬名弓箭手隱藏在馬陵道路兩邊，下令說：「到了晚上，看樹林下有火光亮起就馬上放箭。」

孫臏到樹林裡，砍去一棵樹的樹皮，在白木上寫了「龐涓死於此樹之下」。到了晚上，龐涓果然率兵趕到馬陵，隱約看見大樹白木上寫著字，點起火把靠近觀看。齊軍伏兵一看到火光亮起，立刻萬箭齊發，魏軍中伏，潰不成軍。

龐涓知道敗局已定，歎道：「我最終成就了孫臏的名聲。」於是拔劍自刎。齊軍乘勝追擊，一舉擊潰魏軍，抓獲了魏國太子申。孫臏從此名揚天下。

# 吳起殺妻求將

## 選自《孫子吳起列傳第五》

衛國人吳起善於用兵。

吳起侍奉魯國國君的時候，齊國攻打魯國，魯君想任用他為將軍。吳起的妻子是齊國人，魯君擔心吳起會因而幫助齊國。吳起一心想建功立業，就殺了自己的妻子，以此向魯君表明他的忠心。魯君最終任命他為將軍。吳起率兵迎戰齊國，大勝齊軍。

魯國人仍不信任吳起，有人詆毀他說：「吳起疑心重而殘暴。他的家境本來富裕，有千金積蓄，但他年輕放蕩，傾盡家產求官，結果都失敗了。同鄉人因此笑話他，吳起就把譏笑自己的三十多人都殺死，然後逃跑。他和母親告別時，咬破自己的胳膊狠狠發誓說：『我吳起不能成為一國卿相，絕不再回衛國。』然後就拜曾子[1]為師。不久，他的母親去世，他也

[1]【曾子】名參，字子輿，孔子學生。曾子推行儒家主張，以孝爲本。著有《大學》《孝經》等，被後世稱爲「宗聖」。

吳起沉默了好久，這才明白自己確實不如田文適合做相，於是說：「應當交給您。」

沒有回去奔喪，曾子因此瞧不起他，和他斷絕了師徒關係。吳起到了我們魯國，遭受魯君懷疑，他就殺死自己的妻子來謀求將軍的職位。魯國是小國，如今卻戰勝了強大的齊國，獲得了這樣的名聲，恐怕諸侯各國會因此而謀算魯國。況且，魯國和衛國一向友好。衛國唾棄吳起，魯君如果重用吳起，就等於向衛國宣戰。」有關吳起的流言越來越多，魯君也因此疏遠了他。

吳起聽說魏國文侯是個賢明的君主，於是想去侍奉他。文侯向李克徵求意見，李克回答說：「吳起雖然貪戀功名，又愛好女色，但論帶兵打仗，就連司馬穰苴（ㄖㄤˊ ㄐㄩ）也比不過他。」於是魏文侯任用吳起做了魏國的主將。吳起上任不久，就率兵攻打秦國，奪取了五座城池。

吳起帶兵打仗的時候，與士兵同甘共苦，和他們同吃同睡，穿同樣的衣服。有一次，一個士兵長了惡性毒瘡，吳起親自為他吸吮膿水。這個士兵的母親聽說後，痛哭不止。有人問她為何痛哭？母親回答說：「孩子他爹就是這麼死的啊！當年，吳將軍也為他父親吸吮毒瘡，他父親因此拼死效命於他，最後死在了戰場上。現在輪到我兒子了，我怎能不哭啊！」

吳起善於用兵，又廉潔公正，體恤將士，魏文侯於是任命他為西河地區的長官，抵抗秦國和韓國。魏文侯死後，他的兒子魏武侯即位，任命田文❷做國相。吳起因此很不高興，他對田文說：「讓我們比一比功勞吧！」

田文說：「好。」

吳起說：「統率三軍，為國家效命，使敵國不敢侵犯魏國，您和我相比誰更強？」

田文說：「我不如您。」

吳起說：「管理百姓，充實地方儲備，你我誰更強？」

田文說：「您強。」

吳起說：「據守西河，威震秦軍，令韓國、趙國臣服於魏國，你我誰有這個能耐？」

田文說：「還是您。」

吳起說：「您各方面都不如我，卻能獲得比我高的官位，這是什麼道理呢？」

❷【田文】即孟嘗君。

田文說：「國君還年輕，國人沒有安全感，大臣不忠誠。這種情況，是讓您處理好還是應當讓我處理呢？」

吳起沉默了好久，這才明白自己確實不如田文適合做相，於是說：「應當交給您。」

田文死後，公叔出任國相，娶了魏國公主為妻。公叔十分畏忌吳起，於是依照家僕為自己獻的計策，打算陷害吳起。他找了個機會對魏武侯說：「吳起是個賢才，但恐怕他會嫌棄魏國是個小國。現在他據守西河，西河與秦國接壤。秦國是個大國，我擔心吳起在魏國待不長久。您不如試探一下他的心意。」

武侯問：「怎麼試呢？」

公叔回答說：「請將一位公主下嫁給他，如果吳起答應娶公主，說明他想在魏國長久發展。」隨後，公叔請吳起到自己家作客，讓公主故意對自己發怒。吳起見到魏國公主如此刁蠻，竟敢藐視國相，於是謝絕了武侯賜婚。魏武侯不再信任吳起。吳起怕惹禍上身，於是離開魏國，去了楚國。

楚悼王早就聽聞吳起有卓越的才幹，便任命他為國相。吳起在楚國進行變法改革。他精兵簡政，停止較為疏遠的公族的供奉，用以撫慰戰士，加強軍防，以抵禦縱橫捭闔的離間。在他任楚國國相期間，向南平定了百越，向北吞併了陳國和蔡國，又打退韓、趙、魏三國的進攻，討伐了西邊的秦國。吳起使得楚國國力大增，威震諸侯。各國都十分畏懼楚國的強大，而楚國那些失去俸祿的貴族都想謀害吳起。

楚悼王剛去世，楚國宗室和大臣就聯合叛亂，攻擊吳起。這時，悼王還未下葬，吳起逃到悼王屍體旁邊，伏在悼王身上，希望作亂者有所顧忌。叛臣仍放箭射殺吳起，悼王屍體也被射得滿是箭頭。

悼王葬禮過後，楚肅王繼位。楚肅王下令將射殺吳起以及放箭射中悼王屍體的人全部處死。因射殺吳起而被滅族的有七十多家。

# 淳于髡一斗也能醉

## 選自《滑稽列傳第六十六》

淳于髡（ㄎㄨㄣ）身高不足七尺，出身卑賤，其貌不揚，卻能言善辯，入贅[1]到齊國，做了齊國人的女婿。他曾多次被齊王派去出使諸侯國，解決外交事務，從來沒有不順利的，更不會使國家蒙受侮辱。

齊威王八年（前三七一年），楚國大軍入侵齊國邊境。齊王命淳于髡出使趙國請求救援，讓他帶上黃金百斤，駟馬車十輛。淳于髡看到齊王準備的禮物，仰天狂笑，把繫帽子的繩子都笑斷了。齊威王說：「先生是嫌禮物少麼？」

淳于髡說：「我哪敢嫌少。」

威王說：「那你這麼大笑是什麼意思呢？」

淳于髡說：「我笑今天路上看到的一個人。這個人左手拿著一個豬蹄、右手端著一杯酒，跪在路邊祈禱，說：『希望上天讓我高地裡的五穀大獲豐收，良田產的米糧塞滿倉庫。』我想起他拿那麼少的祭品祈求那麼多的東西，就忍不住笑起來了。」

齊威王因而將黃金增為千鎰，駟馬車增為百輛，另加白璧十對。淳于髡來到趙國，趙王答應撥給齊國十萬精兵、一千輛裹有皮革的戰車。楚國聽到這個消息後連夜從齊國撤兵。

齊威王十分高興，在後宮擺下宴席與淳于髡及眾臣飲酒，打算暢飲三天三夜才甘休。齊威王問淳于髡：「先生喝多少酒才醉？」

淳于髡回答說：「我喝一斗能醉，喝一石❷也能醉。」

威王說：「先生喝一斗就醉了，怎麼能喝一石呢？」

淳于髡說：「如果喝大王賞賜的酒，酒席上刑法官在旁，御史在後，我惶恐不安，低頭喝下一斗，就不得不醉了。如果是在家中招待朋友，我卷起袖子，躬身敬酒，朋友相迎，起碼得兩斗才能醉。如若是跟久未謀面的朋友舉杯暢飲，彼此互吐衷腸，不知不覺間就能喝下五六斗。再若是鄉里之間的親戚朋友聚會，男女雜坐，彼此敬酒，大家開懷暢飲。喝得差不多了，三五成群，打牌、聊天，玩樂之間，又喝下好幾斗，仍是沒醉，但已經神志不清了。這時有人掉了髮簪，有人失了耳環，有人眉目傳情，有人握手言歡。一般說來，這是我喝得最開心的時候，喝上八斗酒，也不過兩三分的醉意。不久，天黑了，酒也沒多少了，大家把

---

❶【入贅】源自春秋時代齊國風俗。經濟貧困，無力娶妻的男子就婚於主家之女。

❷【一石（ㄉㄢˋ）】一斗爲十升，十斗爲一石。

剩下的都拼到一起，男女同席促膝而坐，鞋子木屐混雜在一起，杯盤交錯歪斜，大家喝下各自的最後一杯酒，就相繼起身道別。主人送走了眾人，卻單留我住宿。我喝得衣襟已經几自解開，卻在這時聞到一陣陣酒菜香味，一高興又讓主人拿來酒罐，這樣就喝下了一石酒。所以說，喝酒是沒有限度的，喝多了就容易出亂子，樂極生悲世事皆同。」

齊威王知道淳于髡是在提醒他物極必反的道理，勸他做事不要走極端，於是大聲稱讚：「說得好！」然後停止了徹夜暢飲的宴會，任用淳于髡為賓禮官。從此，當諸侯賓客來時，淳于髡幫助齊王宗室設置酒宴，陪齊王一起接待諸侯賓客。

# 秦孝公變法強國

## 選自《秦本紀第五》

西元前三六一年，秦孝公即位。當時，在黃河和殽山以東有六個強國，秦孝公與齊威王、楚宣王、魏惠王、燕悼王、韓哀侯、趙成侯並立淮河、泗水之間。此外還有十幾個小國。此時周王室已經苟延殘喘，各個諸侯國相互攻殺。秦國地處偏僻的雍州，因此不參加中原諸侯的盟會，諸侯們對待秦國像對待夷狄一樣。

秦孝公即位後，廣施恩惠，推行仁政。他救助孤寡百姓，撫恤戰士，又確立獎賞分明的政策。

秦孝公還發布招賢令，向全國徵募有才之士。他說：「秦國的先祖穆公曾經因為施行仁政，富國強兵，使得秦國成為一方強國。當年，秦國向東平定了晉國的內亂，將國土擴展到了黃河邊上，向西征服了西戎，使得疆土再擴展千里。天子給我們封爵為伯，秦國由此開創了榮耀的基業。但是由於厲公、躁公、簡公、出公這幾位先祖時期的內亂繁多，國家由盛轉衰。由於國君無暇管理外交事務，河西的土地被晉國奪去，中原諸侯也都鄙視秦國。再也沒

孝公力排眾議，決定採用商鞅的變法措施。

有比這更恥辱的事了。我的父王獻公心懷強國鬥志，他遷都櫟陽，安定邊境，後又東征，想恢復穆公時的國土疆域。如今他去世了，但他的願望仍未完全實現，我因此感到悲痛，要繼承他的遺志。為使秦國強盛起來，我遍尋天下英才，只要他能獻出高明的計策壯大秦國，我就給他封官分地。」

第三年，商鞅❶入秦應募。他勸秦孝公變革法律制度，整飭刑罰規章，同時致力發展農耕，此外要明確規定征戰士兵的獎罰法令，鼓勵士兵奮力為國效命。秦孝公很贊成他的建議。但當時甘龍、杜摯等大臣都反對變法，孝公力排眾議，決定採用商鞅的變法措施。變法剛施行的時候，秦國許多百姓也對此抱怨不休。但過了三年，百姓感覺到變法有利，才逐漸轉而支持商鞅。於是，秦孝公任命商鞅為左庶長。

孝公十二年（前三五〇年），秦國建造咸陽城，並遷都咸陽。同年，施行商鞅提出的郡縣制，把分布較散的小村落合併為大縣，設縣令，共設四十一個縣。廢除井田制，開荒地，除阡陌，大力發展農業。後來又施行新的賦稅制度。經過商鞅變法，秦國的國力逐漸強大起來。

孝公十九年（前三四三年），周天子封孝公為諸侯伯長。第二年，各諸侯前來秦國祝賀。秦國公子少官率領軍隊與各諸侯前往逢澤會盟，朝見天子。二十二年，商鞅率秦軍打敗魏國，俘虜魏公子卬（ㄤˊ），商鞅被孝公封為列侯，號商君。

孝公二十四年（前三三八年），孝公去世，太子惠文君即位，即秦惠公。當初，商鞅施行變法，阻力重重，新法難以推行，就連太子也觸犯了新法。商鞅曾對孝公說：「貴族們抵制新法，所以新法難以推行。如果您決定變法，也要懲治太子這樣才能威懾他人。但又不能讓太子受刑，那就懲罰太子的老師吧。」從此，新法才在秦國推行起來。惠公即位後，反對商鞅的貴族勢力繼續抗議新法，惠公終於將商鞅處以車裂之刑。

秦惠公雖然處死了商鞅，但並未廢止新法，因此，在他執政期間，秦國的經濟實力得以

---

❶【商鞅】即衛鞅，爲衛國國君的後裔，姬姓，公孫氏，故又稱衛鞅、公孫鞅。後因在河西之戰中立功獲秦國封於商十五邑，號爲商君，故稱商鞅。

繼續保持和提升。後來，秦惠王任張儀為相，說服魏國歸順秦國，又任用司馬錯為將軍，滅掉了巴、蜀兩國，獲得了「得蜀則得楚，楚亡則天下並矣」的優勢。之後，秦國南征北戰，屢次打敗韓國、趙國、楚國、燕國等幾個大國。到秦惠王去世時，韓國、魏國、齊國、楚國、趙國都歸服了秦國。這一切，都是因為有秦孝公和商鞅變法作為基礎才得以實現的。

# 秦國智囊樗里子

## 選自《樗里子甘茂列傳第十一》

樗（ㄕㄨ）里子，名疾，又被人稱為樗里疾，是秦惠王同父異母的弟弟。他足智多謀，為人滑稽，被秦國人稱為「智囊」。當時，秦國有句諺語說：「力氣大要算任鄙，智謀多要算樗里。」

秦惠王八年（前三三〇年），樗里子被封為右更爵位。他奉秦王命令率兵攻打魏國的曲沃。他趕走了那裡的所有百姓，佔領了城邑，將曲沃併入秦國。秦惠王二十五年（前三一三年），樗里子被任命為將軍，攻打趙國，俘虜了趙國將軍莊豹，攻下了藺邑。第二年，他與秦將魏章一起攻打楚國，打敗楚將屈丐，奪取了漢中地區。秦王賜封樗里子為嚴君。

秦惠王死後，秦武王即位。秦武王罷免了張儀和魏章，任命樗里子和甘茂為左右丞相。秦王派甘茂進攻韓國，秦軍一舉攻克了宜陽。這時，樗里子帶著百輛戰車抵達了周朝都城，說要送給周王。周王舉行了隆重的迎接儀式。楚王得知後十分生氣，認為周王對秦國這種夷狄國家的使臣過於敬重。游騰替周王勸說楚王道：「先前知伯攻打仇猶國時，表面贈送大

「我去跟蒲城長官說說，讓他給你點好處，您就放棄進攻蒲城吧。」

車給仇猶，實則讓軍隊在背後趁機攻擊，結果仇猶滅亡了。這是因為沒有防備啊。周王正是以仇猶的教訓來看待樗里子送禮之事。如今強秦的擴張之心眾所周知，周王讓士兵手持長戟列隊迎接樗里子，表面上看很隆重，實則是為了以防不測。」楚王聽後大悟。

秦武王死後，繼位的秦昭王更加器重樗里子。

昭王元年（前三〇六年），樗里子率兵攻打衛國蒲城。蒲城長官派胡衍向樗里子求情，胡衍說：「蒲城存在，衛國才存在。如果您攻打蒲城，衛國百姓必定歸附魏國。這樣一來，您反倒使魏國強大起來，秦國能從中得到什麼好處呢？我看秦王這次是考察您的作戰智謀，如果您攻打衛國，使這次戰爭有損秦國而讓魏國坐收漁翁之利，恐怕秦王會怪罪於您。」樗里子聽後，若有所思地問胡衍：「那你說怎麼辦呢？」胡衍說：「我去跟蒲城長官說說，讓他給您點好處，您就放棄進攻蒲城吧。」樗里子點頭答應。蒲城長官給了胡衍三百黃金，讓他和樗里子講和。這時樗里子已經從蒲城撤軍，回兵攻打魏國的城邑皮氏。胡衍得到重金後成為了衛國的貴族。其實，樗里子本意就不在蒲城。

昭王七年（前三〇〇年），樗里子去世。他的墓地位於渭水之南，章台之東。樗里子臨終前曾預言說：「一百年之後，這裡將建起天子的皇宮，宮殿將夾著我的墳墓。」劉邦建立漢朝後，漢朝宮室的長樂宮就在他墳墓的東邊，未央宮則在他墳墓的西邊，武庫正對著他的墳墓，正如他所預言的一樣。

# 扁鵲復活虢太子

## 選自《扁鵲倉公列傳第四十五》

扁鵲姓秦，名越人，是渤海郡鄚（ㄇㄠˋ）人。扁鵲曾周遊各國行醫救人，到趙國時改名為扁鵲。

扁鵲年輕時並非醫生，只是在家鄉管理一所客舍。後來客舍來了一位叫長桑君的客人，他十分欣賞扁鵲，兩人情投意合，一來二往，就結交了十多年。一天，長桑君悄悄對扁鵲說：「我有一個秘密的醫方，如今我年老了，想傳給你，你不要洩密。」扁鵲答應了他。長桑君從懷中取出一種藥給了扁鵲，叮囑說：「將此藥用草木上的露水送服，三十天後你就能洞察許多事情。」然後他又拿出其他秘方給扁鵲，之後忽然就不見了蹤影。

扁鵲按照長桑君說的，用露水服下了「神藥」。三十天後，他居然能從牆的這一邊看到牆那邊的人。後來扁鵲行醫，給人看病時就能看到病人五臟六腑裡的病症。所以，他為人把脈，只是一種表面的掩飾而已。

扁鵲遊走各國治病救人，途經虢國時正碰上虢太子死去。扁鵲來到虢國王宮門前，向

「請稟告虢君，渤海郡鄭地的秦越人能使太子復活。」

一個喜好醫術的中庶子詢問：「太子此前得了什麼病，為什麼他死後虢國大興除邪去病的祭祀？」中庶子回答說：「太子的血氣運行混亂，以至陰陽交錯，血氣阻塞滯留體內後蓄積爆發，引起內臟破損而死。」扁鵲問：「他死了多久？」「雞鳴時死的。」「下葬了嗎？」「還沒有。」「請稟告虢君，渤海郡鄭地的秦越人能使太子復活。」

中庶子說：「先生您胡說什麼呢！要說能使太子復活的人，我認為只有上古時的俞跗（ㄈㄨ）。俞跗治病，不用藥針、砭石等器具。他解開病人衣服通過診視就能知道疾病的所在，然後直接割開皮膚，剖開肌肉，為患者疏通經脈，清洗腸胃，除去病菌，重新凝聚病人的精氣，改變病人的神色。你要說能使太子再生，非得有這樣的醫術不可。如果沒有，您剛才的話豈不是兒戲？」

扁鵲沉默了好久後仰天歎息說：「您說的那些醫術，就像從竹管中觀看天，從縫隙中看花紋一樣。我用的醫術，甚至不用給病人把脈，也不必觀其色、聽其音、看其形，就能說出他的病理。知道了病症就能推知病因，搞清楚了病因就能推知病症表現。我診病的方法很多，不會只從一個角度看問題，所以能在千里之外依據病人的症狀做出診斷。如果你不相信，你去檢查太子，會聽到他耳朵有嗚嗚之聲，鼻翼輕微浮動。你檢查他的兩腿內側，會發現那裡還是溫熱的。」

中庶子聽完扁鵲的話後目瞪口呆，回過神後趕忙稟告虢君，說有神醫求見。虢君聽了中庶子的講述後，也很驚訝，於是接見了扁鵲，並請他救活太子。扁鵲說：「太子得的病，稱之為『屍蹶』。其病理是陽氣誤走陰脈，陰陽纏繞，使胃受到了衝撞，胃的經脈受損後分別將血氣往下注入下焦、膀胱，繼而引發了陽脈下墜，陰氣上升，陰陽兩氣再次衝撞，最終破壞了陰氣的筋脈，陽氣也被隔絕。這時候人的血脈混亂，於是面色衰敗，如同死去。其實太子沒有死。這種陽入襲陰而阻絕臟氣的疾病可以治癒，如果是陰入襲陽，則必死無疑。醫術拙劣的醫生常因誤診，把病人給治死。」

說罷，扁鵲叫來他的學生子陽磨礪針石。扁鵲用針刺入太子身上三陽五會的穴位。過了

# 馮諼買仁義

## 選自《孟嘗君列傳第十五》

齊國有個人名叫馮諼（ㄒㄩㄢ），他生活貧困潦倒，聽說齊國重臣孟嘗君[1]愛好交際，廣結人才，於是去求見。

見到孟嘗君時，馮諼穿著一雙破爛的草鞋。孟嘗君問他：「先生遠道而來，請問您對我有什麼指教？」馮諼回答：「我很貧窮，聽說你樂於養賢士，所以來混口飯吃。」孟嘗君不再說什麼，將他安排在下等食客的住所裡。

過了十天，孟嘗君問食客的管理者：「馮諼來了以後做了什麼事情？」主管回答說：「馮先生窮得只有一把劍，什麼也沒做，只是不時舞劍唱歌，說『長劍啊，咱們還是回去吧，這裡吃飯沒有魚啊！』」於是孟嘗君給馮諼安排了中等食客的待遇，飯菜裡加了魚。

過了五天，他又詢問馮諼的狀況。下人說馮諼還是在舞劍唱歌，唱的是：「長劍啊，咱們還是回去吧，這裡出門沒有車啊！」孟嘗君聽後就按照上等食客的待遇招待馮諼，還給他配了馬車。過了五天，下人又向孟嘗君彙報說：「馮諼現在唱的是『長劍啊，咱們還是回去

吧，在這裡不能養家啊！』」孟嘗君派人調查，原來馮諼家中還有一位老母無人照管，孟嘗君就派人給馮諼的老母提供飲食，使她衣食無憂。此後一整年，馮諼再也沒有彈劍唱歌了。

當時，孟嘗君正任齊國宰相，受封薛城的萬戶食邑。他門下的食客有三千人之多，光是食邑的賦稅收入不足以供養這麼多人，於是他就派人在薛城放貸取利息。雖說有利息可賺，但碰上收成不好時，連本金都收不回來。這一年正是如此。如果沒有足夠的錢，很多食客將會流失，因此孟嘗君焦慮不安。食客的主管人這時向孟嘗君建議說：「馮諼在上等客房裡住了一年，我看他精明穩重，又是個長者，派他去收債應該最合適。」孟嘗君便請來馮諼，向他說明事情的原委，請他幫忙。馮諼爽快地答應下來。

馮諼到達薛邑後，將所有向孟嘗君借過錢的人都召集到一處，讓那些能還錢的都把錢還了，最後收回十萬錢。拿到這筆錢後，馮諼並沒有還給孟嘗君，而是叫人置辦酒席，宰牛燉肉後請來所有的借債人。連本帶利還了錢的，就請他盡情吃喝；沒還錢或者只還了本錢的，馮諼都一一核對，確認能還利息的總人數，並跟他們約定還錢的期限；對於那些實在還不起

---

❶【孟嘗君】名田文，戰國時齊國貴族，因封於薛（今山東滕州市東南），又稱薛公，號孟嘗君。孟嘗君好客養士，門下有食客數千，秦昭王時曾入爲秦相，後爲齊湣王相國。後世將孟嘗君與趙國的平原君、魏國的信陵君和楚國的春申君並稱爲「戰國四公子」。

利息的，馮諼就將他的名字記下，約定還本金的期限，然後把借款契約當眾燒毀。

統計好之後，馮諼對大家說：「孟嘗君貸款給大家，是為了幫助大家解決一時的困難。他收取利息並向大家催債，是因為他需要足夠的資金來養活門下的賓客。現在，我按照孟嘗君的意願和在場有能力的人再約定還債日期，實在無力還錢的，我已經將債務契據作廢。有孟嘗君這樣的封邑主人，大家怎能不擁護他呢？現在，請大家盡情吃喝吧！」在場的人連續跪拜兩次致謝。

聽說馮諼燒毀了契據，孟嘗君大為惱火，趕緊派人召回他質問。孟嘗君說：「我的封邑收入不夠用才放貸，派你去收債，你倒好，用收回的錢請人吃喝，還把契據給毀掉了。你怎麼解釋。」

馮諼回答說：「我辦酒宴是為了把債民全部召集起來，這樣也好了解誰能還錢誰還不了。能還的，我就跟他約定好期限。不能還的，再怎麼逼迫也沒用啊，而且還會讓人以為你貪財好利，可能還會背上腐敗的罪名。燒毀沒用的契據，讓薛城百姓感恩您的大德，這是用要不回來的錢給您買個好名聲啊。有什麼不對呢？」孟嘗君聽後，連聲道謝。

此後，孟嘗君在齊國的名氣果然飛速飆升，以至於齊湣（ㄇㄧㄣˇ）王聽信讒言，認為孟嘗君的名聲壓倒了自己，會威脅他的地位，所以就罷免了孟嘗君的宰相官職。孟嘗君仕途不順，他的食客見無利可圖，都相繼離他而去，只有馮諼仍留下追隨他。

馮諼向孟嘗君要了一輛馬車奔赴秦國，向秦王遊說道：「如今秦國和齊國是兩大強國，重視人才才會使國運強大。齊國的孟嘗君受天下人敬重，如今他遭人誹謗而被齊王罷免，如果您能讓他入秦侍奉您，那齊國的國土都將是您的。您得趕快派使者去迎接孟嘗君啊，否則等到齊王醒悟，您就沒機會了。」秦王於是趕緊派遣十輛馬車，載著百鎰黃金去迎請孟嘗君。

馮諼告別秦王，快馬加鞭趕回齊國，在秦王使者到達前遊說齊王說：「你拋棄了孟嘗君，我聽說秦王已經派遣使者來迎接他了。你好好想吧，孟嘗君在秦國對您有利，還是在齊國對您有利？您為什麼不在秦國使者到達之前趕緊恢復並加封孟嘗君的官職呢？」齊王聽後頓時幡然醒悟，當即恢復了孟嘗君的相位，恢復他原來的封邑，並另贈千戶食邑給他。

秦國使者聽到這個消息後，只好返回秦國了。

# 田單守即墨

## 選自《田單列傳第二十二》

田單是齊國王族田氏的遠房族人。在齊湣王時，田單只是都城臨淄的一名小吏。後來，燕國派大將樂毅攻打齊國，齊湣王被迫逃出都城，退守莒（ㄐㄩˇ）城。

國內動亂，田單隨同逃亡的齊國人來到了安平。不久，燕軍又攻克安平，齊國人繼續逃亡。很多齊國人都因為車軸斷裂而被俘。田單讓他的同族人鋸掉車軸兩端的突出部位，安上鐵箍，才得以逃過燕軍，躲到了即墨。此時，齊國只剩下莒和即墨兩座城池沒有被燕軍攻克。

燕軍聽說齊湣王躲在莒城，就全力攻打莒城。齊國大臣淖（ㄋㄠˋ）齒殺死了齊湣王，自己率軍拼死抵抗燕軍。燕軍久攻不下，於是轉攻即墨。即墨的守將率軍與燕軍作戰，齊軍潰敗，守將被殺。這時，即墨城中的軍民都推舉田單當首領。因為田單從安平逃出時用計甩掉了追兵，人們認為他很會用兵。於是田單成為將軍，率領即墨城的民兵抵抗燕軍。

不久，燕昭王去世。田單聽說繼位的燕惠王與樂毅有矛盾，於是派人離間他們。間諜到了燕國，放出謠言說：「齊湣王已經被殺了，現在齊國只剩兩座城沒被攻破。樂毅現在不發

燕軍看到群鳥在城內上空盤旋，感到非常奇怪。田單就揚言說：「飛鳥是神仙派來援助我們的。」

兵，是在等齊國人歸附他，時機一成熟，他就佔領齊地自己稱王。齊國人不怕樂毅，只怕燕國派其他將領來攻打即墨。」燕惠王聽信了謠言，派大將騎劫取代樂毅。樂毅被免職後逃到了趙國。

騎劫來到即墨後，就下令攻城，但是仍舊攻不下來。田單讓即墨城中的百姓在吃飯前祭祀先祖，於是人們在門外擺放了許多祭祀用的食物。城外的飛鳥發現食物後都飛入城中。燕軍看到群鳥在城內上空盤旋，感到非常奇怪。田單就揚言說：「飛鳥是神仙派來援助我們的。」又對城裡人說：「一定會有神人來指導我打敗燕軍。」一個士兵問：「我可以當您的老師嗎？」田單於是拜他為師，讓他發號施令，並說這是神的指令。田單又放出謠言迷惑燕軍，說：「我最怕燕軍把俘虜的齊國士兵的鼻子割下來，作戰的時候放在軍隊的前面，如果那樣的話，即墨城肯定就會淪陷。」燕軍聽到田單的話，就照此施行。即墨城中的將士知道此消息後，個個恨得咬牙切齒。田單繼續放出謠言，說：「我們的祖墳在城外，真怕燕國人挖出先祖的墳墓，侮辱我們的先祖。」燕軍士兵也照著去做了。即墨城內的齊國百姓看到燕軍挖墳燒屍，人人悲憤不已，爭相請求出城作戰。

人們的情緒憤怒到了極點，田單知道作戰的最好時機已經到了。他親自拿著工具和士兵修築防禦工事，讓自己的妻子帶領婦孺負責給勞作的士兵送飯。他召集了強壯的士兵作為精銳部隊，讓他們做好裝備後埋伏起來。又派老人婦女等弱小力量上城駐守，接著派使者假裝和燕軍商量投降事宜。田單從即墨城內籌集了黃金千鎰，讓城中的一些富人帶上黃金向燕將求饒說：「即墨就要投降了，希望你們攻入即墨後不要傷害我們的妻兒。」燕將聽後信以為真，於是放鬆了戒備。

田單從城中收集了一千多頭牛，給它們披上大紅布匹，布匹上畫有五顏六色的蛟龍圖案，又給每頭牛的牛角綁上鋒利的刀子，把蘸了油脂的蘆葦綁在牛的尾巴上。這天夜間，田單率領士兵把城牆開鑿了幾十個洞，然後點燃牛尾的蘆葦，將牛群趕出洞口。因尾巴燒得發熱，牛瘋狂地衝向燕軍軍營。這一切發生得太突然了，燕軍驚慌失措。受驚的牛群帶著刀和火不斷奔向燕軍，火光把夜照得宛如白晝，燕軍看到牛的身上有蛟龍圖案，更害怕了。火牛

# 秦昭王五跪得范雎

## 選自《范雎蔡澤列傳第十九》

范雎（ㄙㄨㄟ）是魏國人，他曾周遊列國，尋找賞識自己才華的國君，但一直沒有成功。范雎於是回到魏國，通過魏國中大夫須賈得到一個官職。須賈因為嫉妒范雎的才能，在魏國宰相魏齊面前誣告范雎。范雎險些被魏齊的家臣殺死，在看守的幫助下才得以逃脫。

此後，范雎改名為張祿。在魏國人鄭安平的幫助下，范雎結識了秦國使臣王稽。王稽欣賞范雎的才華，將他帶出魏國。進入秦國國境後，他們剛好碰上秦國重臣穰侯魏冉外出視察。范雎對王稽說：「我聽說穰侯討厭說客，如今他獨攬秦國大權，看見我恐怕會羞辱我一頓。我還是在車裡躲一下吧。」不一會兒，穰侯果然來到，他向王稽詢問了關東局勢，接著就問：「使臣先生沒有帶說客回國吧？」王稽說沒有。穰侯於是告辭離去。范雎對王稽說：「穰侯頗有智謀，疑心又重，他那麼討厭說客，剛才必定懷疑你撒謊，但忘了搜查。他肯定會返回來的。」范雎便從馬車上跳下來奔逃躲避。范雎大約奔走了十幾里路時，穰侯果然派騎兵返回搜查王稽的車子，確定無人之後才作罷。隨後范雎與王稽一起進入了咸陽城。

王稽入宮拜見秦昭王，向秦王舉薦張祿。這時秦昭王在位已經三十六年，在這三十六年間，他先後打敗此前稱霸的楚國、齊國，又多次圍攻韓、趙、魏三國，擴張了領土。秦昭王政績顯赫，所以並不看重說客。王稽費了一番口舌，最終沒能說服秦王召見范睢。范睢被安排在一個普通的館舍裡住宿，每天都是粗茶淡飯。

這樣過了一年後，范睢主動上書給秦王，他在奏章中說：「如果您認為我出身卑賤不配侍奉您，但您總該相信舉薦我的人吧，難道他們對大王您不是盡忠盡力的嗎？珍貴的東西若是沒有華麗的外表，人們就容易錯過它們。大王拋棄的人，真的一無是處嗎？我也不想多說了，深刻的道理我想當面講給大王聽，淺薄的話不值得浪費大王的時間。我只想知道，大王是不是因為我的卑賤而拒絕我？如果不是，請求讓我遠遠地見大王一面。到時，如果我說的話沒用，就請大王殺了我。」不久，范睢就得到秦昭王召見。

這時的秦國，昭王的舅舅穰侯魏冉、華陽君羋（ㄇㄧˇ）戎以及昭王的同胞弟弟涇陽君、高陵君都身居高職。穰侯擔任國相，華陽君、涇陽君和高陵君輪流擔任將軍。他們憑藉自己的貴族身分和職權，把征戰奪來的土地佔為己有，以此擴大私人封邑。

范睢入宮時，假裝不認識路，往秦王住的內宮裡走。這時正巧秦王出來。宦官怒叱范睢，驅逐他讓開。宦官說：「大王來了。」范睢提高嗓門說：「秦國有國王嗎？只有太后和穰侯罷了。」秦昭王聽後，上前向范睢道歉，說：「我早該向您學習請教了，但這幾天很忙，要處理義渠❶的戰事，又要向太后稟告。現在事情處理完了，才有機會向您討教。我這又糊塗又愚笨，請允許我向您行禮道歉吧。」范雎向秦王還禮。凡是看見這一幕的秦國官員，都對范雎肅然起敬。

秦王讓左右的人都退下，只剩下他和范雎兩人，他就跪下來向范雎請教。范雎「嗯」了一聲，秦王又跪求賜教，范雎又只說了一聲「嗯」，秦王就再跪兩次，說：「先生難道真的不原諒我先前的無禮嗎？」范雎終於開口說道：「賤民不敢。只是我要陳述的都是匡扶國君的大事，我道出真心，提供建議，但我不知道大王的意思。大王三次問我，我沒有回答，不是因為我不敢，而是擔心今天說的話會成為我明天被殺的理由。我不是貪生怕死，只是如若死得不值，對秦國沒有好處，那我何必要死呢？況且，如果我因為說真話而死，恐怕以後天下賢才都不敢來秦國做事了。如果大王聽從我的建議，我哪怕是被流放餓死，或者變瘋變傻，我也不怕。」

秦昭王跪著聽范雎說完，很是感動，回應說：「先生您為何要這麼說呢？秦地偏遠，先生屈尊而來，這是上天寵幸先王，保我基業啊。我但求先生全力賜教，無論大小事情，也不管涉及什麼人，哪怕是太后，我都聽從先生的教誨。請先生毫無保留地教導我，請您不要再懷疑我了。」范雎聽後趕緊躬身行禮，秦昭王也連忙還禮。

接著，范雎直言說：「秦國佔據地理優勢，士兵眾多，百姓勇敢，是一個強國的氣派。

天時地利人和，憑藉這樣的優勢，秦國征服諸侯，建立帝業，是易如反掌的事。現在唯一不足的是您的某些臣子不稱職啊。秦國雖然強大，卻閉關固守十五年，不敢進攻山東❷各國。這完全是因為穰侯不夠盡忠，當然大王您也有失誤之處。」秦昭王又跪下來說：「我願意聽一聽我的錯誤。」

范雎建議秦王採取遠交近攻的方法，逐步兼併六國。秦昭王採用了范雎的建議，任命他為客卿，主持軍政。范雎日益得到秦王的寵信，終於找機會勸說秦王削弱穰侯、華陽君以及涇陽君、高陵君的勢力。秦王亦不再對太后唯命是從，將那四位貴族重臣驅逐到關外。秦昭王四十一年（前二六六年），范雎被封為侯，得到應城為封地。

此後，秦昭王繼續採用范雎遠交近攻的外交政策，為秦國逐漸吞併六國統一天下奠定了基礎。

---

❶【義渠】秦國西北邊境最大的少數民族勢力。

❷【山東】指崤山以東。

# 白起「該死」

## 選自《白起王翦列傳第十三》

白起是秦國郿（ㄇㄟˊ）地人，他擅長用兵，為秦昭王所重用。從昭王十三年（前二九四年）到昭王四十四年（前二六三年）這三十一年間，白起參與了幾十次戰役，立下赫赫戰功，被封為武安君。

昭王四十三年（前二六四年），白起攻打韓國的陘（ㄒㄧㄥˊ）城，斬敵五萬人，奪取了五個城邑。第二年，白起攻打韓國的南陽太行道，堵死了這條通道。第三年，秦軍攻下韓國的野王城，野王投降，歸附秦國。這樣韓國上黨郡和韓國都城的聯繫就被切斷了，上黨郡守馮亭由此認為上黨郡必遭韓國遺棄，於是打算把上黨歸附給趙國。他對百姓說：「一旦趙國接受我們，秦國必定攻打趙國。趙國就會聯合韓國抗擊秦國，這樣我們就有救了。」於是派人通報趙國。趙王和群臣商議此事，平陽君說：「不可以接受，因為它帶來的禍害比得到的好處更多。」平原君說：「平白得到一個郡，為何不接受？」結果趙王接受了上黨，封馮亭為華陽君。第四年，韓國的緱（ㄍㄡ）氏和藺邑被秦軍攻克。第五年，秦將王齕（ㄏㄜˊ）攻取了

韓國上黨。上黨的百姓紛紛逃往趙國。

趙軍在長平屯兵，接應上黨的百姓。四月，王齕進攻趙國，趙國派廉頗統軍應戰。一開始，秦軍和趙軍只是偶爾交戰。後來，趙軍侵害了秦軍偵察兵，秦軍又斬了趙軍副將，戰事逐步擴大。秦軍加大進攻力度，趙將廉頗加固營壘，採取防禦戰術。趙王多次指責廉頗不出戰。秦國丞相范雎以重金派人到趙國施行離間計，宣揚廉頗準備投降謀反，並說秦軍不怕廉頗，只怕趙括。趙王聽信讒言，派趙括取代廉頗。此時，秦王卻暗中任白起為上將軍，讓王齕擔任尉官副將，並下令不許把白起出任最高指揮官的情報傳出去，否則格殺勿論。

趙括一到任就發兵攻打秦軍，秦軍假裝敗逃，趙軍一路追擊到秦軍營壘。此前，白起早已布置一支兩萬五千人的部隊埋伏在趙軍後方。秦軍營壘堅固無比，趙軍無法攻入，又被秦軍事先埋伏好的部隊阻斷了後路。就在這時另一支五千人的騎兵部隊攻入趙軍中心，將趙軍一分為二。後頭的趙軍被秦軍的埋伏部隊攻擊，前頭的部隊又遭秦軍的精兵襲擊，此外，趙軍的糧食通道也被阻斷了。趙軍作戰不利，於是構築營壘防守，等待援兵。秦王親自到河內，給當地百姓封賜一級爵位，然後徵調十五歲以上的青壯年攔截趙國的救兵。趙軍的糧路徹底被斷絕。

到了九月，趙軍已經被秦軍困了四十六天，士兵們因饑餓難忍，暗中互相殘殺，以人肉為食。趙軍窮途末路，為求一線生機只好全力撲向秦軍營壘，打算突圍逃走。趙軍分成四隊，輪流進攻，四五次輪番進攻，沒有突圍成功。趙括率領精兵強將，親自打頭陣與秦軍拼殺，結果被秦軍射死。四十萬趙軍士兵見將領已死就投降了秦軍。秦將白起說：「先前上黨已經答應歸附秦國，但是不久他們就反悔，轉而投靠了趙國。趙國士兵反覆無常，不將他們全部殺死，恐怕只會留下禍患。」於是他用欺騙的方法將投降的趙國士兵全部活埋了，只留下二百四十名年幼的士兵放回趙國。昭王四十七年（前二六〇年）十月，秦軍再次平定上黨郡。

趙軍和秦軍的長平之戰，秦軍先後殺死趙兵四十五萬人。趙國上下一片譁然。這之後，秦軍一路進發，直逼韓、趙兩國都城。韓、趙兩國十分害怕，就請蘇代❶到秦國遊說秦丞相范雎。蘇代見到范雎後說：「如果白起攻克趙國，他功高顯赫，您甘心屈尊於他嗎？況且，即使秦軍攻克趙國，但秦軍曾困死上黨軍民，趙國百姓都不願做秦國的臣民，到時趙國北邊歸附燕國，東邊歸附齊國，南邊歸附韓國、魏國，秦國也撈不到多少好處啊。所以，您不如趁機勸說秦王，接受韓國、趙國割地投降，這樣武安君就沒有建功的機會了。」范雎於是向秦王勸諫說：「秦國士兵長久作戰，應該修整一下，韓國、趙國請求割地講和，您不如考慮考慮。」秦王聽從了范雎的意見，取得了韓國的垣雍和趙國的六座城邑，秦國就停止了進攻。昭王四十八年（前二五九年）正月，秦軍撤兵。

白起得到停戰命令，知道是范雎從中作梗，從此便對范雎有了意見。

昭王四十八年（前二五九年）九月，秦王又想攻打趙國。當時白起有病在身，不能出戰，秦王就派五大夫王陵攻打趙國邯鄲。王陵作戰不利，秦王派出援兵，但秦軍仍無法攻下邯鄲。到昭王四十九年（前二五八年）正月，王陵部隊共損失了五個軍營。這時，白起的病好了，秦王就想讓他取代王陵統率部隊。白起說：「邯鄲確實不容易攻克，況且諸侯國每天都派出救兵援助趙國，他們對秦國怨恨已久，勢必奮力聯合抵抗。雖說我們在長平消滅了幾十萬趙軍，但秦兵也損失過半。如今國內兵力微弱，如果跋山越水作戰，路途消耗很大，到了趙國又會遭到趙軍和諸侯軍的裡外夾擊，秦軍必敗，這個仗不能打。」秦王親自令白起出征，白起堅決推辭。秦王又讓范雎去請他，白起依舊推脫，後來乾脆稱病在家。

說不動白起，秦王只好改派王齕代替王陵統率部隊。這年八月、九月，王齕接連數次攻打邯鄲，都沒有攻下來。這時，楚國派春申君聯合魏公子信陵君攻打秦軍。秦軍大敗，傷亡慘重。消息傳到秦國後，白起譏諷道：「秦王不聽我的意見，秦軍現在怎麼樣了。」秦王聽後怒火中燒，強令白起趕赴前線。白起仍稱有病不能前往。秦王再派范雎去請，白起依舊不從。秦王將白起免職，將其官爵貶為士兵，讓他離開都城咸陽，遷往陰密。白起因身體不適，未能出發。

過了三個月，秦軍的作戰情勢更加不利了。諸侯聯軍加大進攻強度，多次擊退秦軍。每

---

❶【蘇代】蘇秦的弟弟，戰國時期外交家。

天都有秦軍失利的消息傳回都城。秦王不悅，派人催促白起趕緊離都城。白起啟程這天，范睢對秦王說：「陛下令白起遷出咸陽，白起看來不服氣，一副心有怨言的樣子。」這時，白起已經從咸陽城西門走出了十里路，到了杜郵。秦王派使者賜他一把劍，命令他自殺。白起拔劍仰天長歎道：「我犯下了什麼滔天大罪，竟有如此下場？」過了一會兒又接著說：「我原本就該死。長平之戰，趙國幾十萬士兵已經投降，我卻用欺詐手段將他們活埋，這就足夠治我死罪了。」說罷拔劍自刎。秦國人認為白起無罪而死，各地城鄉都祭祀他。

# 樂毅入燕

## 選自《樂毅列傳第二十》

樂毅很賢能，又有軍事才能，曾被趙國人舉薦做官。趙武靈王死後，樂毅離開趙國，來到魏國。魏昭王派樂毅出使燕國，此時正趕上燕昭王招賢納士。之前，燕國由相國子之執政，燕國內亂，遭齊國乘機攻打。燕國戰敗，燕昭王因此痛恨齊國，一心想著報仇雪恨。燕昭王自知戰勝齊國並不容易，於是禮賢下士，廣招人才。樂毅來到燕國時，燕昭王剛大張旗鼓聘用郭隗❶，以吸引天下賢士。

燕王以賓客禮節接待了樂毅，邀請他輔佐自己，樂毅起初謙讓推辭，最終答應了燕昭

❶【郭隗（ㄨㄟˇ）】戰國時燕國人，本為燕昭王的客卿。燕昭王欲招賢以報齊之仇，向他問計。郭隗說「請先自隗始」，意思是：你要招賢，先從我開始；你把我當賢人重用，那麼比我賢能的人就都會投奔而來了。於是燕昭王給他建了宮室，以師尊之。結果大批有才之士皆來歸附燕國，燕國因此強大起來。

王。燕昭王任命樂毅為亞卿，此後樂毅長期出任這個職位。

此時，齊國的君主是齊湣王。齊湣王聲威很大，他先後打敗楚國、魏國、趙國、秦國、宋國，被尊稱為「東帝」，與「西帝」秦昭王並列稱霸。齊湣王的強大，使得各國諸侯都想背離秦國，投靠齊國。

齊湣王雖然強大，但驕橫跋扈，施行暴政，百姓漸漸無法忍受他。燕昭王認為是時候攻打齊國了，於是詢問樂毅。樂毅說：「齊國稱霸多時，到現在仍有霸主的實力，而且齊國人多勢眾，不容易被攻克。大王如果堅持要發兵，不如聯合趙國、楚國、魏國，一起攻打齊國。」於是燕昭王派樂毅到趙國，勸說趙惠文王與燕國結盟，同時讓趙國以攻打齊國的好處誘勸秦國一同攻齊。此外，另派他人去聯合楚國和魏國。各個諸侯國都痛恨齊湣王的蠻橫，爭相和燕國結盟。燕國三路使臣順利完成出使任務，回來向燕昭王稟報，燕昭王於是出動全國兵力準備討伐齊國。

燕國的大軍以及趙、楚、韓、魏的聯軍一同向齊國進發。樂毅擔任上將軍，趙惠文王將趙國的相國大印授給了樂毅。樂毅率領五國聯軍在濟水西岸與齊軍展開戰鬥，齊軍大敗，齊湣王逃到了莒邑據城固守。取得首戰的勝利後，其他諸侯的軍隊撤軍回國，樂毅則率領燕軍乘勝追擊敗逃的齊軍，一直追到了齊國的都城臨淄。攻克臨淄後，樂毅派人把從齊國奪得的珍寶財物以及宗廟祭祀的器物全部運回燕國。燕昭王非常高興，親自到濟水岸慰勞軍隊，以美酒佳肴犒勞他們，並封樂毅為昌國君。

此後五年，樂毅在齊國巡行作戰，一路攻下了齊國七十多座城邑，都劃為燕國的郡縣，只剩下莒和即墨沒有被攻克。這時，燕昭王的兒子即位，即燕惠王。

燕惠王做太子時就對樂毅有所不滿，據守即墨的齊國人田單派人到燕國造謠，說樂毅故意不攻下齊國剩餘的兩座城池是為了等待時機佔據齊地自己稱王。燕惠王聽信謠言，召回樂毅，另派將軍騎劫去攻打齊國。樂毅知道燕惠王召回自己肯定不懷好意，於是他向西逃到了趙國。騎劫出任將軍後，陷入田單設計的圈套而戰死。燕軍大敗，退出齊國。樂毅攻下的七十多座城池被齊國收復。騎劫戰敗後，燕惠王很後悔自己沒有相信樂毅，致使戰爭功虧一簣。如今樂毅歸附趙國，燕惠王更害怕趙王重用樂毅，趁燕國兵敗之機攻打燕國。

燕惠王派人責備樂毅，並向他道歉說：「先王把整個燕國委託給將軍，將軍打敗齊國，為先王報了深仇大恨。將軍勇猛神武，威震天下。您功高勞苦，我怎能忘記您為燕國做的一切？只是我剛即位，為他人的讒言迷惑，以為將軍常年餐風露宿，非常辛苦，所以才派騎劫代替將軍。我不過想讓將軍暫且休整，也好回來與我共商朝政大計。沒想到將軍誤聽傳言，拋棄燕國。將軍這樣做，怎麼對得起先王對您的信任和器重呢？」

樂毅寫了很長的一封信回覆惠王，結尾處舉出了伍子胥功成被誅的例子，然後說：「先明哲保身，後建功立業，是我的上策。自身遭受誹謗，又牽連使先王受辱，是我最害怕的。

在不可預計的災難面前存有僥倖心理，這不符合常理，所以我也不敢去做。君子即使與人絕交，也不在背後說對方壞話。忠臣離開了一個國家，就不再為名聲自辯黑白。我雖然不才，也曾向君子學習為人之道。我只擔心侍奉您的人只會對您說迎合您的話。斗膽說這些，還請大王留心，謹慎行事。」

此後，燕王重用樂毅的兒子樂間，封他為昌國君。樂毅在趙國做了客卿，但常常在趙國和燕國之間來往，後來也做了燕國的客卿。樂毅最後死在了趙國。

# 毛遂自薦

## 選自《平原君虞卿列傳第十六》

秦國圍攻邯鄲時，楚國為合縱抗秦的盟主國，趙王派平原君❶向楚國求援。平原君從門下眾多食客中挑選二十人一同前往楚國，他號召說：「如果通過談判獲得楚國的救助，那就最好了。如果談判失敗，我們哪怕要脅楚王，也要讓他跟我們訂下盟約。」結果他只選中了十九個人，剩下的，平原君認為沒有什麼才能。這時有個沒被選上的人逕直走到眾人面前，向平原君自我推薦。

這個人名叫毛遂，他說：「我聽說您已經約定與門下食客二十人一同到楚國，現在既然還少一個人，就請讓我充個數吧。」平原君問道：「先生在我門下做食客多久了？」毛遂回答說：「到現在整整三年了。」平原君說：「有才能的賢士活在世上，猶如錐子放在口袋

---

❶【平原君】趙武靈王的兒子趙勝，也就是惠文王的弟弟，初爲趙惠文王之相。趙勝爲人賢明，喜交賓客，門下食客有幾千人。趙惠文王死後，趙勝又做了趙孝成王的宰相。

裡，它的鋒尖會立即顯露出來。先生您寄居我門下三年，我卻未聽左右的侍臣提起過您。看來先生沒有什麼專長啊，您還是留在家裡吧。」毛遂說：「今天我就請求您把我放在口袋裡吧，如果我有幸早被放進口袋，我豈止露出一點尖峰，整個錐子都可以顯露出來。」平原君最終同意讓毛遂跟隨他前往楚國。其餘十九個人表面沒有說什麼，但暗地裡都互相使眼色，嘲笑毛遂。

毛遂到達楚國後，與那十九個人一起勸說楚王攻打秦國。他們一起討論天下局勢，爭議決策智謀。毛遂的發言讓其他十九個人另眼相看，他們都佩服起毛遂來。等到進入談判最後階段時，平原君一行人向楚王陳述利害關係，說服他訂立合縱盟約。然而，談判持續了一上午，楚王仍是沒有答應結盟。那十九個人鼓動毛遂上前威逼楚王，毛遂於是握著劍柄，小步快跑至殿堂上。

毛遂問平原君：「合縱結盟只關係兩個字，一個『利』，一個『害』。你們從早晨談到中午，為什麼還不能得出個結果？」楚王見突然闖上來一個冒失鬼，就質問平原君：「這人是幹什麼的？」平原君說：「這是我的隨從家臣。」楚王怒叱道：「我跟你的主人談判，你來做什麼？還不給我下去！」

毛遂緊握劍柄，走上前說：「大王如此神威，不過是因為楚國強大。現在我與您僅有十步之遙，即使楚國人多勢眾也救不了您。您的性命掌握在我手上，您卻在我主人面前呵斥我，後果不堪設想啊！況且，難道一個強大的賢君是靠士兵和民眾的力量而使諸侯臣服嗎？商湯憑著七十里地方取得天下，周文王僅佔百里大小的土地卻使諸侯臣服，如今楚國領土縱橫五千里，士兵百萬，憑藉這些資本足以稱霸。然而大王卻沒有霸主的雄風，一連敗給秦國的白起。第一戰鄢城、郢都被攻克，第二戰夷陵被燒毀，第三戰秦軍挖掘楚國先王的墳墓，使您的先祖受辱。不僅楚國百姓為此悲痛，就連我們趙王都替您感到羞恥。如今我們來與您合縱，難道只是為了趙國嗎？」

毛遂緊握劍柄，走上前說：「大王如此神威，不過是因為楚國強大。現在我與您僅有十步之遙，即使楚國人多勢眾也救不了您。」

　聽了毛遂這番話，楚王立即改變了態度，連連回應說：「對，對，先生所言極是，我一定竭盡全國之力與趙國合縱。」毛遂追問道：

「這麼說，大王是答應訂立合縱盟約了嗎？」楚王回答說：「完全同意。」毛遂於是用命令的口吻對楚王的左右近臣說：「把雞、狗、馬的血取來。」毛遂捧著銅盤跪到楚王面前說：「請大王先歃血，下一個是我的主人，然後是我。這樣就表示確定盟約了。」楚王照做，在殿堂之上與趙國結下了合縱盟約。接著，毛遂左手托銅盤，右手招呼那十九個人說：「大家也來歃血為盟吧。雖然各位平庸無能，但這麼做也算是完成了任務。這就是所謂借別人的力量來完成自己的使命。」

確定了合縱盟約後，平原君一行人便返回趙國。回到趙國後，平原君說：「我再也不敢說自己能慧眼識人才了。我所識別的人才多說上千，少說幾百，自認為不會遺漏天下賢士，卻沒想到漏掉了毛先生。毛先生的一次楚國之行，就使趙國的地位大大提升。毛先生能言善辯，一張嘴比百萬大軍的威力還要強大。」從此以後，他把毛遂尊為上等賓客。

# 呂不韋慧眼識子楚

## 選自《呂不韋列傳第二十五》

陽翟商人呂不韋[1]很有經商的頭腦，他往來於各地，用賺取商品差價的方式積攢了千金家產。

秦昭王四十年（前二六七年），昭王冊立的太子去世。兩年後，秦昭王立了庶出的兒子安國君為太子。安國君的妃子眾多，兒子也多，但偏偏他最寵愛的正妃華陽夫人沒有生下兒子。安國君二十多個兒子中，排行居中的名叫子楚。子楚的母親夏姬不受安國君寵愛，子楚也因此不被安國君器重，被送到趙國當人質。秦國比趙國強大，多次進攻趙國，趙國人把對秦國的憤恨轉移到子楚身上。子楚在趙國不受待見，生活困窘，出門沒有馬車可乘坐，也沒

---

[1]【呂不韋（？—前二三五年），戰國末期衛國著名商人，秦國丞相，政治家、思想家，衛國濮陽（今河南濮陽）人。他以「奇貨可居」聞名於世，輔佐秦莊襄王登上王位，擔任秦國相國十三年，組織其門客編寫了著名的《呂氏春秋》，又名《呂覽》，是戰國時代雜家思想的代表人物。

有足夠的錢財，完全沒有王族子嗣的尊嚴。

呂不韋到趙國都城邯鄲做生意，遇到了子楚。呂不韋非常喜歡他，並說：「子楚就像一件稀世物品，現在可以藏起來，等到價值高的時候再賣掉。」他去遊說子楚說：「我能讓你富貴。」子楚笑著說：「你先讓自己富貴之後，再來幫我吧。」呂不韋說：「你不明白嗎？只有等你富貴了，我的富貴才能實現。」子楚聽出了呂不韋的意思，於是和他徹夜詳談。呂不韋對子楚說：「你的父親安國君貴為太子，不久他就會繼位為秦王。安國君最寵愛的華陽夫人卻沒有子嗣。你們兄弟二十多人，你排行居中，不受秦王寵幸，又長期在趙國當人質，而其他兄弟日夜留在秦王身邊，即使安國君做了秦王，你也很難與他們爭奪太子的地位。」子楚問：「那我該怎麼辦？」呂不韋說：「你客居於此，生活又很貧困，根本拿不出什麼來結交賓客。我呂不韋雖不是什麼大富之人，但是我願意傾盡所有幫你去秦國遊說，讓安國君和華陽夫人立你為太子。」子楚大喜，叩頭感謝說：「如果我真的當上了太子，一定要和你共用秦國疆土。」

呂不韋送給子楚五百金，作為他日常生活和結交賓客之用，又拿出五百金買了一些珍貴財寶，去秦國拜見了華陽夫人的姐姐，通過她把這些財寶獻給了華陽夫人。呂不韋趁機說起在趙國充當人質的子楚，稱讚他聰慧賢能，結交的賓客遍及天下。他又向華夫人的姐姐謊稱子楚經常提起華陽夫人，說子楚非常想念安國君和華陽夫人。

「你客居於此，生活又很貧困，根本拿不出什麼來結交賓客。我呂不韋雖不是什麼大富之人，但是我願意傾盡所有幫你去秦國遊說，讓安國君和華陽夫人立你為太子。」

做了一番鋪墊後，呂不韋讓華陽夫人的姐姐遊說華陽夫人說：「現在您依靠美色得到太子的寵愛，一旦年老色衰，太子肯定會逐漸疏遠你。您現在雖然備受寵愛，卻沒有子嗣，應該趁早在太子的兒子中找一個有才能又孝順的人，讓他做太子的繼承人，像親生兒子一樣寵愛他，這樣即使太子死了，您立的兒子繼位為王，也不會失去權勢。子楚雖然賢能，但他也知道自己只是排行居中的兒子，按照次序是絕不會被立為繼承人的，夫人要是現在能提拔子楚為繼承人，他自己肯定會主動來侍奉夫人。到時候子楚繼位，夫人您一生都會受到尊崇。」

華陽夫人聽了姐姐的話，覺得很有道理。趁太子安國君閒暇時，她就委婉地提起在趙國做人質的子楚賢能，結交的賓客遍及天下。然後她哭著說：「我承蒙太子寵幸，如今得以立於後宮。我遺憾沒有給您生下兒子，只求您立子楚為繼承人，將來也能讓我有個依靠。」安國君見愛妃掉淚，就答應了華陽夫人的建議，和她刻下玉符，決定立子楚為繼承人，請呂不韋做子楚的老師。

這一天，子楚與呂不韋一起飲酒。呂不韋讓自己非常喜歡的一位侍女跳舞助興，子楚對這名侍女一見傾心，就向呂不韋祝酒，請求把這女子賜給她。呂不韋與這侍女同居了一段時日，此時侍女已經有孕在身。呂不韋對子楚的請求非常生氣，但他轉念一想：自己為了子楚已經散盡千金家財，又何必在乎一名女子呢？於是將侍女獻給子楚。侍女向子楚隱瞞了自己已經懷孕的事，直到十二個月之後生下一名兒子，取名為政。子楚於是將侍女立為夫人。

秦昭王五十年（前二五七年），秦國大將王齮圍攻邯鄲，趙國就想殺了子楚。子楚和呂不韋用六百金賄賂了守城的官吏，逃到了秦軍大營，這才順利回到了秦國。子楚的夫人是趙國權貴的女兒，所以母子二人沒有遭趙國人誅殺。昭王五十六年（西元前二五六年），秦昭王去世，安國君繼位為王，子楚做了太子。趙國將子楚的夫人和兒子政遣送回秦國。

安國君繼位一年之後就去世了，子楚順利登基，也就是莊襄王。莊襄王任命呂不韋為秦國丞相，封他文信侯，賜他洛陽十萬戶作為食邑。

莊襄王即位三年後去世，太子嬴政繼位為王，封呂不韋為相國，尊稱他為「仲父」。

# 秦王政笑王翦「老矣」

## 選自《白起王翦列傳第十三》

王翦是秦國關中頻陽東鄉人，他從小愛好軍事，後來做了秦王政的將領。在秦吞併六國，統一天下的征途中，王翦屢立奇功。

王翦參與平定了趙國、魏國，又率軍攻打燕國，趕跑了燕王喜。王翦率軍攻打楚國，多次大敗楚軍。後來，秦王想對楚國發動致命的一擊。秦國將領李信年輕氣盛，英勇威猛，曾率領幾千士兵追擊燕國太子丹，最後打敗燕軍，活捉太子丹，因此他深受秦王信任。一天，秦王問李信：「我打算攻取楚國，由你率軍的話，估計要多少人？」李信回答說：「最多二十萬人。」秦王又問王翦，王翦回答說：「沒有六十萬人攻不下來。」秦王說：「王將軍真是老了，如此膽怯。李將軍勇敢果斷，他說的是對的。」於是秦王派李信和蒙恬率領二十萬士兵，向南攻打楚國。王翦因為秦王不相信自己，就推託有病，回老家頻陽養老去了。

到達楚國後，李信和蒙恬分兩路進攻，分別在平與和寢邑大敗楚軍。李信接著進攻鄢郢（ㄧㄢ ㄧㄥˇ），又攻克了它，於是帶領軍隊向西進發，準備去城父與蒙恬會師。李信的部隊只

顧前進，沒有注意到楚軍在後面跟蹤他們。楚軍連著追趕秦軍三天三夜，乘對方不備發動突襲，秦軍兩個軍營被攻破，七個都尉被殺，秦軍大敗而逃。

秦王聽說李信戰敗，大為震怒，他親自乘快馬前往頻陽。一見到王翦，秦王就道歉說：「因為不聽取您的計策，李信果然戰敗。如今秦軍受辱，楚軍一天天向西逼近我國。雖說將軍染病，難道就這樣坐視不管了嗎？」王翦推辭說：「老臣年老體弱，愚蠢無能，希望大王另選良將。」秦王再次道歉說：「好啦，將軍不要再推辭了。」王翦說：「大王如果執意讓我帶軍，我還是堅持非有六十萬人不可。」秦王一口答應：「全聽將軍的。」於是調動全國兵力。王翦率領六十萬大軍出發了，秦王親自到霸上送行。

臨近出發時，王翦向秦王請求賜予良田、美宅、園林池苑等。秦王說：「將軍就放心上路吧，為什麼還要擔心家裡的日子不好呢？」王翦說：「替大王帶兵征戰，功勞再大也難以被封侯賜爵，所以趁大王現在特別器重為臣，我就及時請求大王賞賜些田地，給我的後代子孫置份家產。」秦王聽了哈哈大笑起來。王翦出發到了函谷關，又連續五次派使者回去向秦王請求賜予他良田。有人提醒王翦說：「您這樣也太過分了吧。」王翦說：「你錯了。秦王生性粗暴而多疑，如今他把全國的兵力交給了我，我請求賞賜田宅留給子孫，是為了消除他的疑慮，表達我忠誠出征的堅決之心。如果不這麼做，難道秦王不會懷疑我可能謀反嗎？」

王翦到達楚國後，李信退出楚國戰場。得知王翦率大軍而來，楚王就傾盡全國士兵來抵抗秦軍。王翦一開始只守不攻，他築起了堅固的營壘，任憑楚軍多次挑戰，他就是不發一兵一卒。秦軍營內，王翦讓士兵們吃好睡好，自己也與他們同吃同睡。撫慰士兵一段時間過後，王翦派人去調查士兵們在玩什麼。回來報告說：「他們在比賽扔石頭，看誰投得遠。」王翦說：「我們的士兵可以上戰場了。」此時，楚軍見秦軍不肯迎戰，已經向東退兵了。王翦趁機發兵追擊楚軍，讓強壯善戰的士兵充當前鋒一路殺敵，楚軍敗逃。秦軍追到了蘄（ㄑㄧˊ）南，殺死了楚國將軍項燕，楚軍終於潰敗。秦軍乘勝追擊，攻佔並平定了楚國城邑。一天後，楚王負芻被俘，楚國徹底淪陷，各地被設為秦國的郡縣。接著，王翦乘勢向南征伐百越的國王。與此同時，王翦的兒子王賁，與李信一起攻克並平定了燕國和齊國各地。

西元前二二一年，秦國兼併了所有諸侯國，統一了天下。王翦和蒙恬因戰功顯赫，名聲遠揚，流傳後世。

# 李斯不甘貧賤

## 選自《李斯列傳第二十七》

李斯出生於楚國上蔡，他年輕的時候曾在郡裡當過小吏，負責管理糧倉。李斯辦公處附近有個茅廁，他經常看見有老鼠在那裡吃髒東西，每當人或貓狗靠近時，老鼠就驚嚇得四處竄逃。李斯管理的糧倉裡也有老鼠，但它們從不用擔心人或狗來驚擾自己。它們住的地方無風無雨，雞貓狗無法靠近，又專挑沒人看守的時候出來覓食，把自己餵得飽飽的。李斯感慨道：「環境對人是多麼重要啊！一個人就跟一隻老鼠一樣，有沒有出息，就看他處在什麼樣的環境。」從此，他就外出求學，跟隨荀子學習輔佐帝王治國的學問。

從荀子那裡完成學業之後，李斯開始尋找出路。他認為故鄉楚國是沒有發展前途的，其他國家的國勢衰弱，也都沒有可以建功立業的平臺，於是他就打算西行到秦國去。告別荀子時，他說：「我聽說一個人要想取得成功，千萬不能錯失機遇。現在這個世道，諸侯國群起爭霸，各國的政權實則都掌握在有才能的遊說之士手裡。秦國的野心最大，大家都知道它想吞併各國，一統天下，因此秦國是彙聚人才的地方。那些平民出身而志存高遠的政治人才和

說客都投奔秦國，尋求機會。也有一些人，他們出身卑賤，安於現狀，不求發展，只等看到現成的肉才去吃，這跟畜生有什麼區別。他們真是白白長了一副人的面孔。所以說，卑賤是最大的恥辱，貧窮是最大的悲哀。一個人長期處於貧賤地位，卻還要做出憤世嫉俗的樣子，標榜自己與世無爭而怡然自得，這實在是悲哀中的悲哀，虛偽中的虛偽。我不要做這樣的人，我要到西方遊說秦王。」

李斯到達秦國時，正趕上秦莊襄王去世，秦王嬴政即位。李斯先求助於秦相國呂不韋，做了他的舍人。呂不韋十分欣賞李斯的才華，任命他為郎官。李斯獲得了面見秦王的機會。

見到秦王後，李斯說：「平庸的人往往錯失良機，能成大事的人善於抓住機會且下狠心做事。秦國先王秦穆公曾稱霸天下，最終卻沒有吞併各個諸侯國。這是因為當時周王室德望還在，同時相繼興起諸侯五霸，所以時機還未成熟。但是，自秦孝公以來，周朝苟延殘喘，諸侯爭相吞併，以至函谷關以東地區基本只剩了六國。現在的秦國是霸主，各個諸侯都臣服於秦的威望之下。以秦國的強大，趁諸侯恐懼之際收服他們，就如同秋風掃落葉一樣容易，所以現在就是千載難逢的好時機。如若猶豫不決，怠慢不行動，就會讓諸侯得到喘息。一旦他們強盛起來簽訂合縱盟約，即使有黃帝一樣的智謀和賢能，也難以一統天下了。」

聽了李斯的話，秦王政當即任命他為長史，讓他參與政務，然後暗中派謀士帶著金銀珠寶到各國遊說，籠絡各國的賢能之士。能收買的，就多送禮物，讓他們暗中為秦國做事。不能收買的，就殺掉以除後患。利用這個計策離間諸侯國的群臣，隨後派出足智多謀的將領率兵攻打諸侯國。李斯這時已經位居客卿❶。

韓國人鄭國❷曾經遊說秦王，獲得准許後他開始在秦國修築管道發展農業。這時，有情報說鄭國是韓國派出的間諜。秦王大怒，想斬殺鄭國。秦國群臣討論說：「那些外國人，名義上來侍奉大王，實際都是為了他們的國家遊說，他們就是離間秦國的間諜。請求大王把這些外國來的說客全部驅逐出境。」李斯也在被驅逐的名單之中。

李斯上書秦王說：「從前，秦穆公廣尋人才，從西戎得到由餘，從東方宛地用五張黑羊皮換回百里奚，又從宋國迎接蹇叔，從晉國招納丕豹和公孫支。秦穆公重用他們，征服了西戎族，打敗了強大的晉國。所以說，人才就是力量，就是兵器。泰山之高大，是因為它不排斥土壤；江海之深廣，是因為它接納細小的河流。拒絕人才，無異於『借兵器給敵人，送糧食給盜賊』啊！」這就是著名的《諫逐客書》。

秦王聽取了李斯的諫言，廢除了逐客令，並將他的官職升為廷尉。李斯輔佐秦王政二十多年後，秦國統一天下，秦王嬴政稱「始皇帝」，任命李斯為丞相。

---

❶【客卿】其他諸侯國的人到本國做官，官職爲卿，稱客卿。

❷【鄭國】鄭國渠的修築者。

# 秦始皇一統天下

## 選自《秦始皇本紀第六》

秦始皇帝，是戰國時期秦莊襄王的兒子。莊襄王曾以秦昭王孫子的身分在趙國做人質，在那裡見到呂不韋的姬妾趙姬，十分喜愛，便收為己有，後來趙姬生了始皇。

秦始皇於秦昭王四十八年（前五二九年）生於趙國邯鄲，取名政，最初姓趙。

嬴政十三歲時，莊襄王去世，政繼承王位，做了秦王。此時，秦國已吞併巴郡、蜀郡和漢中，跨過宛縣佔據了楚國郢都的土地，在那裡設置了南郡；在北方，秦國收取了上郡以東，佔據了河東、太原和上黨郡；向東到滎陽，滅掉西周、東周❶，設置了三川郡。此時，

---

❶【西周、東周】周天子到顯王時期，已經完全成爲傀儡，僅由兩個貴族分治極小的地域：東周君都鞏（河南鞏縣），西周君都王城（河南洛陽）。前二五六年，秦昭王滅西周君；前二四九年，秦莊襄王滅東周君。

呂不韋為秦國相國，封十萬戶，封號為文信侯。呂不韋招攬賓客遊士，想藉此吞併天下。李斯為其門客。蒙驁、王齮、麃公等人擔任秦國將軍。

大梁人尉繚❷來到秦國，勸說秦王道：「以秦國的強大，諸侯就如同郡縣的小官。我只擔心山東各國合縱，聯合起來，實施出其不意的襲擊，這也是從前智伯、夫差、湣王所以亡國的原因。希望大王不要吝惜金錢，重金賄賂各國權貴，以此擾亂諸侯的計畫，這樣，只不過損失三十萬金而已，卻可以完全消滅諸侯。」秦王採納了他的計策。

秦王十分欣賞尉繚，以平等的禮節對待他，衣服飲食也與尉繚一樣。尉繚說：「秦王這個人，鼻子尖削，眼睛細長，老鷹的胸脯，豺狼的聲音，缺乏仁德而有虎狼之心，未發達時可以禮賢下士，得志之後就會不將吃人當成一回事。我乃一介布衣，他卻對我畢恭畢敬；如果秦王最終能夠奪取天下，天下人就都成為他的奴隸了。我不能與他長久交往啊。」於是他想逃走，秦王發覺後，堅決勸阻挽留他，任命他為秦國最高軍事長官，始終採用他的計謀，而任用李斯執掌國政。

秦國通過二十六年的兼併戰爭，終於統一天下，秦王對丞相、御史說：「從前，韓王向我們交出土地獻上印璽，請求做守衛邊境的臣子，不久又背棄誓約，與趙國、魏國聯合起來反叛秦國，所以我們派兵去討伐他們，俘虜了韓王。這或許就是停止戰爭的最好辦法。趙王派相國李牧來與我們訂立盟約，所以，我們歸還了他們抵押在這裡的質子。可是不久，他們又違背了盟約，在太原挑起戰爭反叛我們，所以，我們再次派兵去討伐他們，又一次俘獲了趙王。趙公子嘉竟然自立為代王，所以我派兵消滅了趙國。魏王起初已約定歸服於秦，不久卻與韓國、趙國合謀襲擊秦國，我們的將領率兵前去討伐，終於打敗了他們。楚王雖然向我們獻出青陽以西的土地，可是不久也背棄誓約，襲擊我國南郡，所以我們也派兵前去討伐，俘獲了楚王，終於平定了楚地。燕王昏庸糊塗，他的太子丹竟然暗中派荊軻前來刺殺我，秦國官兵前去燕國征討，消滅了燕國。齊王採用后勝的計策，與秦國的使臣斷絕來往，想要作亂，秦國官兵前去討伐，俘虜了齊王，平定了齊地。我憑藉著這區區五尺之軀，興兵誅討暴亂，依仗著祖先的神靈，使得六國國君都依各自的罪過受到了應有的懲罰。天下終於安定了。如今，如果不更改名號，便無法彰顯我蓋世之功業，無法將功德傳給後代。請大家商議如何變更帝號吧！」

丞相王綰、御史大夫馮劫、廷尉李斯等人皆附和說：「從前，五帝的土地縱橫千里，外

---

❷【尉繚】生卒年不詳，魏國大梁（今河南開封）人。姓失傳，名繚。秦王政十年（西元前二三七年）入秦遊說，被任爲國尉，因稱尉繚。中國古代著名的軍事理論家，著有兵書《尉繚子》，在古代就被列入軍事學名著，受到歷代兵家推崇，與《孫子》、《吳子》、《司馬法》等在宋代並稱爲《武經七書》。尉繚爲秦王嬴政統一六國立下汗馬功勞。

面還劃分有侯服、夷服等地區，各國諸侯有的前來朝見天子，有的則拒絕前來朝見，這些情況，天子都無法自行掌控。現在陛下以正義之師，討伐四方殘賊之人，平定了天下，在全國設置了郡縣以統一管轄，法令歸於中央，這是亙古以來不曾有過的變革，五帝的功德也不能與陛下的功德相媲美。我們恭謹地和諸位博士❸商議，說：『古時有天皇、有地皇、有泰皇，以泰皇最為尊貴。』我們這些臣子冒死罪獻上尊號，王稱為『泰皇』。發教令稱為『制書』，下命令稱為『詔書』，天子自稱為『朕❹』。」

秦王說：「去掉『泰』字，留下『皇』字，採用上古『帝』的位號，稱為『皇帝』，其餘就按照你們所議論的結果施行。」

於是，秦王便頒布了變更名號的法令。秦王嬴政追尊莊襄王為太上皇，頒布法令說：「朕曾聽聞太古之時國君故去後有封號而沒有諡號，中古之時國君故去後有封號，並且根據生前品行事蹟還會追加諡號。這樣做，事實上便是兒子評價議論父親，臣子評價議論君主了，毫無意義，朕將廢除這種做法。從今以後，取消帝王死後追加諡號的做法。朕為始皇帝，我的後代就以我為始，稱為二世、三世……直到萬世，永遠相傳，沒有窮盡。」

秦始皇依照金、木、水、火、土五行相生相剋、周而復始的原理加以推求，改換紀年。群臣前來朝見拜賀都在十月初一這一天，以為紀年之初。

秦朝衣服、符節和旗幟的裝飾，都以黑色為崇高尊貴之色。執法嚴酷，犯法之人久久不能得到寬赦。

針對一些大臣建議分封天下的進言，李斯說：「當初，周文王、周武王分封了很多子弟和同姓親屬，可是他們的後代逐漸疏遠了，互相攻擊，變得像仇人一樣，諸侯之間彼此征戰，周天子也無法阻止。現在，天下依靠陛下的神威，獲得統一，並劃分郡縣，對於皇子功臣，用公家的賦稅重重賞賜，已經足夠了，這樣就很容易控制。令天下百姓沒有反叛之意，才是使天下安寧的好辦法啊。設置諸侯是沒有什麼好處的。」

於是，秦始皇將天下分為三十六個郡。每郡設置守、尉、監，將人民改稱為「黔首」。大酺天下，下令全國上下聚飲以表示歡慶。統一法令和度量衡標準。統一車輛兩輪間的寬度。書寫使用統一的小篆、隸書。秦朝領土東至大海和朝鮮，西至臨洮、羌中，南至北向戶[5]，北據黃河作為要塞，沿陰山往東一直到達遼東郡。然後，遷徙天下富豪人家十二萬戶到咸陽居

---

❸【博士】古代官名。秦漢時是掌管書籍文典、通曉史事的官職，後成爲學術上專通一經或精通一藝、從事教授生徒的官職。

❹【朕】在先秦時代，「朕」是第一人稱代詞，意爲「我」，不分尊卑貴賤，人人都可以自稱「朕」，如，屈原《離騷》：「朕皇考曰『伯庸』。」那時，諸侯國君主一般自稱「孤」、「不穀」、「寡人」。隨著秦朝建立，秦王政創立皇帝尊號，規定「朕」專作皇帝自稱。這個稱謂從此一直流傳至辛亥革命中國帝制終結。

住。秦國歷代先王的宗廟及章台宮、上林苑都建在渭水南岸。秦國每滅掉一個諸侯，都按照該國宮室的樣子，在咸陽北面的山坡上進行仿造，南邊瀕臨渭水，從雍門往東直到涇、渭二水交會處，殿屋之間有天橋和環行長廊互相連接起來，從諸侯國那裡劫掠的美人、鐘鼓、樂器等，都存放在裡面。

二十七年（前二二〇年），秦始皇巡視隴西、北地，穿過雞頭山，路經回中，在渭水南面建造信宮。不久，將信宮改名為極廟，以象徵處於天極座的北極星。從極廟修建道路，直達驪山，又修建了甘泉前殿。然後，在宮殿兩旁修造築牆的甬道，從咸陽一直連接到驪山。

秦始皇在咸陽宮擺設酒宴，七十位博士上前獻酒頌祝壽辭。

博士齊人淳於越上前說：「我聽說殷朝、周朝統治天下達一千多年，分封子弟功臣，以輔佐自己。如今陛下坐擁天下，而您的子弟卻是平民百姓，一旦出現像齊國田常、晉國六卿之類謀殺君主的臣子，沒有左右輔佐，靠誰來救援呢？自古以來，凡事不師法古人而能長久的，還從未聽說過。」

丞相李斯說：「五帝的制度不是一代重複一代，夏、商、周的制度也不是一代因襲一代，可是都運用各自的制度把國家治理得很好，這並不是他們故意要彼此相反，而是由於時代變了，情況也隨之不同。現在，陛下開創了一統天下的大業，建立起萬世不朽之功德，這本來就不是愚陋的儒生所能理解的。況且，淳於越所說的是夏、商、周三代的事，哪裡值得取法呢？現在天下平定，法令出自陛下一人，百姓在家就應該從事農工勞作，讀書人就應該學習法令規章。現在，儒生不研究今天的情況卻要效法古代，以此來誹謗當世，惑亂民心。」

於是，始皇下令將秦國以外的典籍全部焚毀，除博士官署所掌管之外，天下人私自收藏的《詩》、《書》、諸子百家著作，全都送到地方官那裡一起燒掉。有敢在一起談議《詩》、《書》的民眾，皆處以死刑示眾。無須取締的書籍，包括醫藥、占卜、種植之類。

三十五年（前二一二年），秦朝開始修築道路，經由九原❻一直修到雲陽❼，挖掉山峰填平河谷，筆直貫通。

這時，始皇認為咸陽人口太多，先王的宮廷又小又窄，周文王建都在豐城，武王建都在鎬城，豐、鎬兩城之間，是帝王的都城所在。於是秦始皇就決定在渭水南上林苑內修建朝

❺【北向户】是房屋向北開的窗户。這裡借指秦王朝南面的疆界已達極南，太陽由北照向窗户。實際指北回歸線以南，即今珠江三角洲。珠江三角洲絕大部分在北回歸線以南，即大部分屬於熱帶地區。這裡夏至太陽正照在天頂上，所以古代已稱爲「北向户」的地方即太陽可由北面照入屋内。

❻【九原】秦郡。今内蒙古包頭市西。

❼【雲陽】秦縣。今陝西淳化縣西北，西面即有秦甘泉宮。

宮。先在阿房建前殿，東西長五百步，南北寬五十丈，宮中可以容納一萬人，外面可以樹立五丈高的大旗。宮殿四周都有空中通道與其他殿宇相連接，用以通行，從宮殿之下一直修建延伸至終南山。在終南山的頂峰修建門闕作為宮殿大門的標誌。又修造天橋，從阿房跨過渭水，與咸陽相連，象徵天上的北極星、閣道星跨過銀河抵達營室星。

阿房宮最終沒有建成，原本計畫等竣工之後，再給它取個好聽的命名，因為這座宮殿是在阿房修築的，所以人們就稱它為「阿房宮」。

多年來，始皇派方士出海尋找仙藥，以求長生不老，都沒能找到。晚年時，他一直信任的兩位方士侯生、盧生偷偷逃跑了。

始皇十分惱怒，說：「我徵召了大批博學之士和有各種技藝的方術之士，想靠他們振興國家以圖太平，靠這些方士得到不死之奇藥。今天聽說這些人竟然逃跑，一去不回。徐市等人，花費了無數金銀也沒找到奇藥，卻玩弄手段互相告發，以謀取私利。對這些人，我一向尊重，賞賜十分優厚，如今他們竟然戲弄、誹謗我。」

於是，始皇派御史去一一審查，這些人輾轉告發，互相牽連，始皇親自把他們從名籍上除名，最後一共四百六十多人，全部活埋在咸陽，以此懲戒天下百姓，不許再步其後塵。

這件事中，很多人都受到牽連被發配戍守邊疆。始皇的大兒子扶蘇❽進諫說：「天下剛剛平定，遠方百姓還沒有歸附，諸生們都誦讀詩書，效法孔子，現在皇上一律用重法制裁他們，我擔心天下將會不安定，希望皇上明察。」始皇聽了之後十分生氣，就派扶蘇到北方上郡去做蒙恬的監軍。

三十七年（前二一〇年）十月，始皇外出巡遊。左丞相李斯跟隨，始皇少子胡亥[9]很受寵愛，要求跟隨著一起去，始皇答應了他。到達平原津渡口時，始皇生了病。始皇討厭提到「死」字，因此，群臣之中沒有人敢說關於死的事情。皇帝病重，知道自己將不久於人世，於是親自寫好一封蓋上御印的信給公子扶蘇，囑咐道：「回咸陽來參加我的喪事，將我安葬在咸陽。」信封好後，存放在中東府令趙高處，還未交給使者發出，七月丙寅日，始皇就在沙丘平台[10]去世了。

丞相李斯認為，皇帝在外地去世，恐怕皇子們和各地官員乘機作亂，於是對始皇逝世之

---

❽【扶蘇】（？—前二一〇年），秦始皇長子，嬴姓，名扶蘇，據說其母爲鄭國人，喜歡吟唱鄭風《山有扶蘇》，始皇便爲其子取名「扶蘇」，「扶蘇」意爲樹木枝葉茂盛，出於《詩經》，有香草佳木之意。

❾【胡亥】即秦二世（前二三〇年—前二〇七年），嬴姓，名胡亥，在位時間西元前二一〇年—前二〇七年，是秦始皇第十八子，扶蘇的弟弟。胡亥早年曾從中車府令趙高學習獄法。

❿【沙丘平台】沙丘宮爲戰國時期趙國離宮。趙武靈王困死於此。秦始皇死於沙丘宮平台，年四十九歲。

事嚴守秘密，不向外發布消息。他們將棺材放置在既密閉又能通風的轀涼車中，讓曾經受始皇寵幸的宦官陪乘，每走到適當的地方，就獻上飯食，百官如往常一樣向皇上奏請國事。宦官就在轀涼車中降詔批簽。只有公子胡亥、趙高和五六個受寵幸的宦官知道真相。

趙高過去曾經教授胡亥寫字和獄律、法令等功課，私下與胡亥關係密切。趙高與公子胡亥、丞相李斯秘密商量拆開始皇寫給公子扶蘇的那封信，謊稱李斯在沙丘接受了始皇遺詔，立皇子胡亥為太子，又寫了一封信給公子扶蘇、蒙恬⑪，列舉他們的罪狀，讓他們自殺。一行人繼續往前走，從井陘到達九原。此時正趕上暑天，皇帝的屍體在轀涼車中散發出臭味，趙高等人就下令隨從官員在車裡裝一石有腥臭氣的醃魚，以此掩人耳目。

一路行進，跟隨始皇巡遊的一行人等從直道回到咸陽，這才發布了治喪的公告。偽太子胡亥繼承皇位，即秦朝的二世皇帝。

---

⑪【蒙恬】（？—前二一〇年）：姬姓，蒙氏，名恬，秦朝著名將領。秦王政二十九年（前二二一年），蒙恬被封爲秦國將領，由於戰功卓著，又被秦王封爲內史，成爲始皇的心腹大將。西元前二一五年，秦始皇以蒙恬爲帥，統領三十萬秦軍北擊匈奴，收復河套地區，退匈奴七百餘里，爲中國北方帶來了十多年的安定。西元前二一〇年，蒙恬爲趙高讒害而死。

# 趙高指鹿為馬

## 選自《秦始皇本紀第六》

二世皇帝元年（前二〇九年），胡亥二十一歲，趙高擔任郎中令，執掌朝廷大權。

秦二世按照趙高的建議，向全國申明法令，依法治國。他暗中與趙高商量謀劃說：「大臣們現在都不服從我，官吏們也都擁有強大的權力，還有各位皇子們虎視眈眈，覬覦我的皇位，對這些內患，我該怎麼處理呢？」

趙高說：「這些話，我原本就想和陛下說，卻一直沒有膽量。先帝在位時的大臣，都是幾代傳承的名門望族，跟隨先帝建功立業，爵位世代相傳，已經很久了。如今，為臣趙高生來卑賤，幸蒙陛下抬舉，讓我身居高位，管理宮廷事務。大臣們對這種做法並不滿意，只是在表面上服從，實際上心懷不滿。現在，皇上出巡，何不藉此機會，查辦郡守縣尉中那些一向不服從您的人，把他們殺掉。」秦二世說：「好！」

於是，秦二世開始誅殺大臣及諸位公子，製造罪名，株連牽帶，直至皇帝的近侍之臣，沒有一個得以倖免，六個公子都被殺死在杜縣❶。二世的兄長公子將閭兄弟三人被囚禁在內

宮，等待議定判決他們的罪狀。

秦二世派使者向公子將閭傳令說：「你們不盡臣道，當處死罪，官吏將依法對你們行刑。」

將閭說：「宮廷禮法，我從來不敢不聽從掌管司儀的賓贊；朝廷的位次，我從來不敢有失禮節；奉命對答，我從來不敢說錯話。怎麼能說不盡臣道呢？我希望能知道自己犯了什麼罪。」

使者說：「我不能參與謀議，只是奉命行事。」

將閭仰天大聲呼喊多次：「天啊！我沒有罪。」

隨即，將閭兄弟三人都流淚拔劍自殺。皇族聞聽此事都為之震驚恐慌。大臣們的進諫被認為是誹謗，官員為保住祿位而屈從討好，全國百姓都感到惶恐不安。

二世下令開始繼續修建阿房宮，用刑施法也更加嚴酷。

七月，戍卒陳勝等人在楚地造反，崤山函谷關以東的山東各郡縣，年輕人因受盡秦朝官吏之苦，都紛紛殺掉他們的郡守、郡尉、縣令、縣丞，起來造反，以回應陳勝，人數多得數也數不清。

掌管傳達通報的謁者從山東考察回來，把當地造反的情況報告了二世。二世聽後大怒，將謁者交由法吏查辦治罪。後來，另一名使者回來，皇上問他當地的情況，他回答說：「那

他將一隻鹿獻給二世，說道：「這是一匹馬。」

不過是一群盜匪，郡守、郡尉正在追捕，現在全部都抓獲了，陛下不必擔心。」二世聽後十分高興。

趙高對二世道：「天子應該只聞其聲，不見其面。」

於是，二世便經常居住在深宮之內，只和趙高一個人商議各種事務。從此以後，公卿很少有機會朝見皇上，各地起義的人更多了，只好不停徵調關中軍隊到東邊去攻打起義的軍隊。右丞相馮去疾、左丞相

❶《史記・李斯列傳》寫作：「公子十二人戮死於咸陽，公主十人磔死於杜。」杜，今西安市西南，在當時的阿房宮南面。

李斯、將軍馮劫進諫說：「關東各路盜賊紛紛而起，朝廷派兵前去誅討，剿滅很多盜匪，然而還是不能平息。盜賊作亂，多是因為戍邊、運輸、勞作太苦，賦稅太重。我們請求暫停阿房宮的修建，減少戍邊兵役和運輸徭役。」二世大怒，將馮去疾、李斯、馮劫交給獄吏，審訊追究三人的其他罪過。馮去疾、馮劫說：「將相不能受此侮辱。」便自殺了。李斯被囚，受盡了各種酷刑的折磨，沒有多久，也被趙高殺害。

八月己亥日，趙高想要謀反，恐怕群臣不聽從他，於是先設下計謀進行試探。他將一隻鹿獻給二世，說道：「這是一匹馬。」二世笑著說：「丞相是不是看錯了？把鹿說成是馬。」隨後問左右大臣的意思，左右大臣有的沉默，有的故意迎合趙高說是馬，也有的人說是鹿。沒過多久，趙高在暗中對所有言鹿者強加罪名，予以懲處。這之後，大臣們都更加畏懼趙高。

趙高暗中和他的女婿咸陽縣令閻樂、他的弟弟趙成商量說：「皇上不聽勸諫，如今事態危急，想要把罪禍推到我們家族身上。我打算另立天子，改立公子子嬰❷。子嬰仁愛而謙和，百姓都聽從他的話。」

於是，趙高讓郎中令做內應，謊稱宮中有大盜，命令閻樂召集官吏發兵追捕，又怕閻樂中途變卦，背叛自己，就劫持了閻樂的母親，安置到趙高府中作為人質。趙高派閻樂帶領官兵一千多人在望夷宮殿門前，捆綁了衛令僕射，喝問他們道：「盜賊從這裡進宮去了，你們為什麼不阻止？」衛令回答說：「皇宮周圍警衛哨所都有衛兵防守，十分嚴密，盜賊怎麼能進入宮中？」閻樂斬了衛令，帶領官兵逕直向前闖，一邊前進，一邊開弓射箭，宮中的大臣與宦官都大驚失色，有的逃跑，有的拼死搏鬥，反抗的人全部被殺死，一連殺掉幾十人。郎中令和閻樂一同衝進宮中，用箭射中了二世的所坐的帷帳。二世大怒，召喚左右侍衛，左右的人都慌亂得不敢動手。有一個近身服侍二世的宦官一直不敢離開。二世進入內宮，對他說：「為什麼不早告訴我，事情竟到了現在這種地步。」宦官說：「為臣不敢說，才得以保住性命，如果早說，我們這班人早就都被您殺了，如何能活到今天？」

閻樂走上前去，歷數二世的罪狀，說道：「你驕橫放縱，肆意誅殺，不講道理，天下的人都背叛了你，怎麼辦，請你自己決定吧！」

二世問：「我可以見丞相嗎？」

---

❷【子嬰】（？—前二〇六年），姓嬴，名子嬰，也說名嬰，一說爲扶蘇長子，秦始皇之嫡長孫。也有人認爲是始皇帝弟弟或胡亥的哥哥。秦朝最後一位統治者，初稱皇帝，後來改稱「秦王」，在位四十六天。子嬰性格仁愛，有節制，即位五天後，趙高企圖招引起義軍到咸陽並承諾殺死全部秦朝宗室，子嬰知道後誅殺趙高及其全家。劉邦入關後，勸子嬰投降，得到子嬰的同意。子嬰爲項羽所殺害。

閻樂回答說：「不行。」

二世說：「如果您讓我活著，我願意只做一個郡王。」

閻樂不答應。二世又說：「我僅僅做一名萬戶侯就行。」

閻樂還是不答應。

二世又說：「我願意和妻子兒女做普通百姓，跟諸公子一樣。」

閻樂說：「我奉丞相之命，為天下人來誅殺你，你即使說再多的話，我也不敢替你回報。」於是指揮士兵上前。二世只能自殺。

趙高立二世兄長的兒子子嬰為秦王。按照平民的葬儀把二世埋葬在杜南宜春苑中。子嬰只是個傀儡，任憑擺布。趙高先讓他齋戒，把他送到宗廟去拜祭祖先，接受國王的印璽。齋戒五天後，子嬰與他的兩個兒子私下商議道：「丞相趙高在望夷宮殺害了二世，害怕大臣們誅殺他，就假裝依照道義禮法立我為國王。我聽說趙高已經與楚國約定，滅掉秦宗室後，他將在關中稱王。現在，他讓我齋戒，祭祀宗廟，這是想趁機把我殺掉。如果我推說生病不能前往，丞相一定會親自來催促我，當他來了，我們就把他殺掉。」

果然，趙高派人去請子嬰，前後去了好幾次，子嬰都不肯前去，趙高只好親自去請，指責子嬰說：「國家大事，王為什麼不去呢？」於是，子嬰便在齋宮殺死趙高，誅滅三族，在咸陽巡行示眾。

子嬰做秦王的第四十六天，楚將沛公打敗秦軍，進入武關，接著就到了霸上，派人去招降子嬰。子嬰將絲帶繫在脖子上，駕著白車白馬❸，捧著天子的印璽符節，在軹道亭旁投降。沛公因而得以進入咸陽，封閉宮室府庫，回師駐紮在霸上。

過了一個多月，各路諸侯的軍隊也趕到咸陽，盟主項羽殺死了子嬰，將秦公子宗室所有人消滅殆盡，隨後屠戮咸陽，焚燒宮室，擄掠宮女，沒收秦宮的珍寶財物，與各路諸侯一起瓜分。滅掉秦王朝之後，項羽將原來秦國的土地劃分為三份，領主各自為王，即雍王、塞王、翟王，號稱「三秦」。項羽為西楚霸王，主持分割天下，賜封諸侯王，秦朝終於滅亡了。

五年之後，天下統一於漢朝。

---

❸即「繫頸以組，白馬素車。」中國古代國君向人投降的固定儀式。春秋時代的鄭襄公、蜀後主劉禪、吳主孫皓都曾如此請降。

# 西楚霸王項羽

## 選自《項羽本紀第七》

當初，項羽起義的時候，剛剛年滿二十四歲。項羽的四叔父名叫項梁，項梁的父親就是被秦將王翦所殺的楚國名將項燕。項氏世代在楚國做大將，是名門望族，封地在項城，因而姓項氏。

項羽年少時候，學文字，為文吏，沒有學成；改學劍術，為武吏，又不成。叔父項梁發怒責備他。項羽回答道：「文字不過是記人姓名的工具而已，劍術不過是打敗一個人的方法而已，都不值得學習。值得學的，是可以敵萬人的學問。」項梁覺得他說的很有道理，於是教項羽學習兵法。

項羽對學兵法非常有熱情，但當他只略略學得兵法的大意之後，就不肯繼續深究了。

後來，項梁跟隨項羽渡江遷往吳地，安頓下來。當地人遇到征役和喪葬事宜，常請項梁主持。每當此時，項梁便暗中用兵法之術分配控制賓客和子弟的工作，因此，項梁能夠察知賓客和吳中子弟們每個人的能力如何，為他後來起兵反秦奠定了基礎。

當年，秦始皇帝出遊，項梁和項羽前去旁觀秦始皇的出巡行列。項羽見秦始皇的儀仗行伍，那樣威嚴盛大，感慨地說：「他——我可以取而代之啊！」項梁慌忙掩住項羽的口，說：「不要胡說！這可是要滅族的大罪啊！」因為這件事，項梁認為項羽不是尋常之人。

項羽身長八尺有餘，力大能舉鐵鼎，才氣超過常人。吳地的年輕人都很畏懼項羽。

秦二世元年七月，陳勝等九百餘人，在大澤鄉起義。

九月，項梁、項羽殺死會稽郡郡守殷通，將以前結識的地方豪強官吏召進府中，向他們說明起義的計畫。大家對項梁的知人明察，都極為佩服，於是，推舉項梁做了會稽郡守，項羽做了裨將，安撫所屬各縣民眾。此後，東陽陳嬰的「蒼頭軍」也投奔歸屬了項梁，項梁的軍隊達到六七萬人，在各地打了勝仗，贏得了很大的聲望。

居鄛人范增[1]，當時七十歲，平素隱居在家中，喜好研究奇謀巧計。范增遊說項梁說：「自從楚懷王[2]受騙入秦而不能回歸楚國，楚人無不同情懷念懷王，到如今仍懷念不已。所

---

[1]【范增】（前二七七年—前二〇四年），秦末居鄛（今安徽巢湖市亞父鄉，一說安徽桐城練潭）人，秦末農民戰爭中爲項羽主要謀士，被項羽尊爲「亞父」。楚漢戰爭時期，范增多次建議項羽殺劉邦，未獲成功。漢三年（前二〇三年），劉邦被困滎陽，用陳平計離間楚君臣關係，范增被項羽猜忌，辭官歸里，途中病死。

宋義派他的兒子宋襄去齊國為相，親自為宋襄送行，飲酒大會貴賓。

以楚南公曾說：『楚國即使只餘三家，但滅秦朝的必是楚國人。』現在項君你起事於江東，楚國民眾蜂擁而起回應、歸附於你，只因項君世代為楚將，希望你能夠興復楚國。」

項梁認為范增所言十分有道理，便找到楚懷王一個名叫「心」的孫子。當時王孫心流落在民間，以給人牧羊為生。項梁便立心為楚懷王，以順從眾民的願望。項梁自稱為武信君。

項羽和劉邦的軍隊會合後，在雍丘大敗秦軍，斬殺了秦軍大將李由，項梁流露出驕傲輕敵之意。宋義向項梁進諫說：「凡是用兵打仗，如果戰勝而將領驕傲，士兵怠惰，那就要失敗了。現在士兵已經稍現怠惰之意了，而秦兵卻在增援，日漸兵力加強，我為將軍十分憂懼，希望將軍您多多留意。」項梁沒有聽從他的勸告，卻將宋義趕到了齊國。

宋義在路上遇到齊國使者高陵君顯。

宋義問高陵君：「高陵君是要去見武信君項梁嗎？」

高陵君說：「是的。」

宋義說：「依我推斷，武信君項梁必然兵敗。高陵君您如果慢步緩行，故意耽誤時日，就可以避免被殺的命運；如果爭分奪秒、疾步快行，一定會遇上殺身之禍。」於是，高陵君有意將行程延緩下來。秦軍果然全力起兵增援大將章邯，進擊楚兵，大破楚兵於定陶，項梁戰死。

這時，駐軍在外的劉邦和項羽互相商量道：「現在武信君項梁已被擊破陣亡，一時軍心恐懼，我們務必前去援救。」於是，二人同時領兵東歸。項羽軍駐彭城西，沛公劉邦軍駐紮在碭。

由於宋義曾經推斷項梁必吃敗仗，懷王十分器重他，任命宋義為上將軍，項羽為魯公，為次將，出兵前去援救被秦將大敗的趙國。一切副將都由宋義部屬。宋義號為「卿子冠

---

❷【楚懷王】（前三六〇年—前二九六年），芈姓，熊氏，名槐，戰國時楚國國君。懷王對內任用佞臣令尹子蘭、上官大夫靳尚，寵愛南后鄭袖，排斥左徒大夫屈原；對外誤信秦說客張儀，毀壞齊、楚聯盟，先後敗於秦、齊，失去漢中等地，致使楚國走向沒落。前二九九年，秦昭王約懷王在武關會面，將其扣留，脅迫割地，懷王不肯。前二九六年，懷王在秦國病逝。

軍」。

出兵之後，行到安陽，軍隊在那裡停留四十六天，不再前進。項羽對宋義說：「我聽說秦軍在鉅鹿圍住趙王，我們應該盡快帶兵渡河，楚兵從周邊進攻，趙兵在鉅鹿城中做內應，這樣內外夾攻，必定可以攻破秦兵。」

宋義並不採納他的建議，說：「為今之計，不如先讓秦趙相鬥，我們伺機等待，隨後可以一舉兩得。若論披甲冑，執兵器，衝鋒陷陣，宋義我不如將軍您；但坐下來運用謀略，將軍可就不如宋義了。」接著又號令軍中：「對於那些倔強而不聽指揮的人，都斬首。」這顯然是對項羽而言。

然後，宋義派他的兒子宋襄去齊國為相，親自為宋襄送行，飲酒大會賓客，當時天寒大雨，士卒既冷又餓。項羽對將士說：「現在大家應該做的事，是合力攻秦，但我們卻久久按兵不動，再加上今年收成不好，百姓窮困，我們的士兵吃的都是芋頭和豆子，軍中沒有半點存糧，而宋義還要飲酒大會貴賓，不肯引兵渡河。我們楚軍最近吃了敗仗，楚懷王坐不安席，把境內全部的兵力，全部交屬上將軍一人獨掌指揮。國家的安危，就在此一舉。現在上將軍不顧念國家，不體恤士卒，而竟徇私派自己的兒子去相齊——這不是能夠安定社稷的臣子。」

清晨，項羽拜見上將軍宋義，斬下宋義的頭顱，發布軍令說：「宋義和齊國合謀反楚。

項羽殺了卿子冠軍宋義之後，威名震撼楚國，聲名遍聞於諸侯。

楚懷王有密令，要我項羽殺掉他。」這時候，軍中諸將都畏服項羽，沒有人敢有異議，懷王不得不傳命封項羽為上將軍。當陽君英布和蒲將軍也都歸屬了項羽。

項羽殺了卿子冠軍宋義之後，威名震撼楚國，聲名遍聞於諸侯。

於是，項羽親自率領全部楚軍，渡過漳河，去鉅鹿解圍。過河之後，他命令兵士將船全部擊毀，沉入水中；把做飯用的瓦鍋，全都敲破；駐紮的兵營悉數燒掉，僅僅保留了三天的糧食，以此向屬下的士兵表示：如不能戰勝，就只有死，沒有退還的可能。因此，楚國士卒沒一個人有退卻之心。這就是著名的「破釜沉舟」的典故。

楚國大軍一到達秦境，便勇猛作戰，九戰九勝，斷絕了秦軍的甬道，大破秦軍，殺了秦將蘇角，虜獲了王離。這場大戰令楚國官兵士氣大振，勇武冠於諸侯。

於是，各諸侯國也派軍前來支援趙國，在鉅鹿城下築有十多個大營壘，但都不敢輕易出兵。等到項羽的部隊攻打秦守城時，各諸侯國的將領都躲在壁壘之上觀望。這時，楚國軍隊勇猛無擋，以一當十；楚兵作戰之時，呼喊叱吒，聲震天地。即使是在壁上觀望的諸侯軍，人人無不恐怖畏懼，驚駭萬分。

項羽在攻破秦軍之後，召見各諸侯將領。諸侯將領們進了轅門，都跪倒在地，膝行向前，不敢抬頭仰視。從此，項羽便做了諸侯上將軍，所有諸侯國軍隊都歸項羽部下，項羽成為諸侯統帥。

# 沛公入關

## 選自《高祖本紀第八》

漢高祖是沛縣豐邑中陽里人，姓劉，字季。他的父親被稱作太公，母親稱作劉媼。高祖這個人，長著高鼻梁，額角突起，有一臉很漂亮的鬍鬚，左腿上生有七十二顆黑痣。他仁厚愛人，喜歡施捨，心胸豁達，常常表現出幹一番大事業的志向，不屑於做平常人家生產勞作的事情，後來勉強得了個亭長的職位。

山東單父人呂公與沛縣縣令關係要好，他為了躲避仇人來到沛縣縣令家中客居，並在沛縣安了家。沛縣的豪傑和官吏們聽說縣令有貴客，紛紛前來祝賀。蕭何作為縣令的屬官，負責接受賀禮事宜，他對各位賓客們說：「賀禮不足千錢的人，在堂下就座。」高祖作為亭長，平素就看不起這幫官吏，於是在一張賀單寫「賀錢一萬」，其實一文錢也沒有帶。他入門拜謁，呂公起身在門口迎接他。呂公喜歡給人看面相，看到高祖的相貌後，對他非常尊重，把他領到堂上就座。劉邦乾脆坐到上座上，毫不謙讓。

酒宴進行到盡興處，呂公向高祖示意讓他留下來。呂公說：「我看過很多人的面相，還

沒有哪個人能比得上你。我有一個女兒，願意許配給你。」
酒宴結束後，呂媼對呂公大為惱火，說：「你平時總是覺得這個女兒有不同尋常之處，想把她許給貴人為妻。沛縣縣令和你交好，他來求婚你都沒有把女兒嫁給他，為什麼這麼隨隨便便地就把女兒嫁給了劉季呢？」
呂公說：「這不是你們女人所能了解的事情。」最終把女兒許配給了劉邦。
呂公的女兒日後做了皇后，即呂后[1]，生下漢惠帝劉盈和魯元公主。
秦朝末年，劉邦以亭長的身分為沛縣押送徒役去驪山修建墳墓，很多人在半路上逃走了。劉邦估計，等到了驪山，這些徒役就會逃光，所以走到豐西大澤中時，就停下來飲酒，夜裡把所有的徒役全都放了，對他們說：「你們都逃走吧，從此我也要遠走他鄉了。」徒役中有十幾位壯士願意追隨他。
秦二世元年，即西元前二〇九年秋天，陳勝等人在安徽蘄縣大澤鄉起義，陳勝自稱為王，國號「張楚」。許多百姓回應陳勝。沛縣縣令非常驚恐，也想在沛縣反秦回應陳勝。獄椽曹參和主吏蕭何說：「您作為秦朝的官吏，現在卻要背叛秦朝，率領沛縣的子弟起義，恐怕沒有人會聽從您的命令。希望您召回那些在外逃亡的人，大約可召集到幾百人，用他們來脅迫眾人，眾人一定會聽從命令。」
於是縣令命令樊噲去召回劉邦。這時，劉邦的追隨者已經發展到上百人了。劉邦回到沛縣，縣令又變了卦，關閉城門，不許他進城，並打算殺死曹參、蕭何等人，向朝廷表示忠心。曹參、蕭何十分害怕，連夜逃出城與劉邦會合。沛縣百姓合力殺死了縣令，擁立劉邦為新縣令。

劉邦說：「如今天下大亂，諸侯們紛紛起事，如果首領選擇不當，將會一敗塗地。我並不愛惜自己的生命，只是擔心能力有限，不足以保全沛縣的父老兄弟。這是一件大事，希望你們重新推舉可以擔此大任的人。」

蕭何和曹參都是文官，所以極力推舉劉邦為首領。於是，沛公劉邦收攏了蕭何、曹參、樊噲等少年豪吏在內的沛縣子弟共兩三千人，進攻胡陵、方與，然後退回駐守豐邑。

秦二世二年，即西元前二〇八年，陳勝的將領周章率軍攻打陝西戲水，被章邯擊退。燕、趙、齊、魏等地的豪傑都各自為王。項梁、項羽在江蘇吳縣起兵。劉邦聽說項梁在薛縣，就帶著一百多名隨從騎兵前去見項梁。項梁給了劉邦五千士卒，五大夫級別的將領十人。

❶【呂后】（前二四一年—前一八〇年），名雉，漢朝開國皇帝漢高祖劉邦的正妻。高祖死後，被尊爲皇太后，是中國歷史上有記載的第一位皇后和皇太后。其子爲漢惠帝，惠帝仁弱，實際朝政由呂后掌握。呂后是封建王朝第一個臨朝稱制的女子，掌握漢朝政權長達十六年。呂后統治時期，在政治、法制、經濟和思想文化各個領域爲漢朝「文景之治」奠定了堅實的基礎。

劉邦跟隨項梁一個多月後，項羽攻下河南襄城回來了。項梁把所有率軍在外的將領都召回到薛縣。他聽說陳勝已死，就扶立楚王後代懷王的孫子心做了楚王，將山東盱台定為國都。項梁號稱武信君。幾個月以後，楚軍向北攻打亢父，援救東阿，打敗了秦軍。劉邦和項羽率軍攻打咸陽，楚國軍隊在濮陽東邊駐軍，與秦軍交戰，大敗秦軍。

秦二世三年，項梁的軍隊被秦軍打敗，項梁戰死。楚懷王心中十分恐懼，將都城從盱台遷到彭城，將呂臣和項羽的軍隊合併，親自統率，任命劉邦為碭郡太守，封為武安侯，統率碭郡的部隊，封項羽為長安侯，封號為魯公。

趙國多次請求楚軍救援。於是，懷王任命宋義為上將軍，項羽為次將軍，范增為末將軍，率軍向北救援趙國。命令劉邦向西攻取土地，進入關中地區。懷王和諸將相約：誰先進入關中誰就在關中稱王。

這時候，秦國的軍隊十分強大，經常乘勝追擊諸侯國的軍隊，諸位將領中沒有人認為先進入關中是一件有利的事情。只有項羽惱怒秦軍打敗了項梁的軍隊，很激憤，要和劉邦一起向西進軍攻入關中。

懷王手下的一些老將領們對懷王說：「項羽這個人暴躁凶悍，好興禍端。項羽攻打襄城時，全城的人都被他活埋了。楚軍曾經多次進兵攻奪關中地區，以前陳王和項梁的西進都以失敗而告終。秦地的父老受秦朝殘暴的統治太久了，受了很長時間的苦，如果能派一位寬厚仁義的長者前往，不用暴力征伐的手段也能降服秦地。沛公是一位寬厚仁義的長者，可以派他前往。」

於是，懷王最終沒有答應項羽的要求，而是派遣劉邦向西攻取土地。劉邦一路上收編了不少被秦軍打散了的陳勝、項梁的士兵，取道碭縣到達成陽，與杠里的秦軍對壘相持，擊敗了秦軍的兩支部隊。這時，楚軍在河北出兵攻擊王離，把王離打得大敗。

劉邦繼續西進，經過高陽。高陽人酈食其對把守城門的官吏說：「各路經過這裡的將領很多，我看只有沛公是一位寬厚仁慈的長者。」於是前去求見，遊說劉邦。劉邦正坐在床邊叉開雙腿，讓兩名女子為他洗腳。酈食其見到劉邦後沒有叩頭行禮，只是微微地俯身作了個長揖，說：「如果您想誅滅無道的暴秦，就不應該坐著接見長者。」

劉邦於是起身，整理衣服向他道歉，請他坐到上座。

酈食其勸劉邦先襲擊陳留，以獲取秦軍存儲在那裡的糧食。攻下陳留後，繼續西進，之後又向南進攻潁陽，再藉助張良的幫助佔領了韓國的軒轅險道❷。

---

❷【軒轅山】在河南省偃師縣東南，鞏縣西南，登封縣西北，古稱軒轅道。《管子》記載：「凡兵主必先審知地圖軒轅之險。」軒轅口傳說爲遠古時大禹所鑿，爲歷代兵家必爭和控守要地，也是洛、偃通往汝、潁、襄之捷徑。

劉邦打算率軍繞過宛城繼續西進。張良勸阻說：「沛公您雖然急於進入關中，可是秦兵數量很多，而且還佔據著有利地勢進行抗拒。如果現在不攻克宛城，那麼宛城的敵軍在背後攻擊，強大的秦軍主力又堵在前面，這是一條危險的道路。」

於是，劉邦趁著夜色從另一條道上返回來，更換了旗幟，在黎明時分將宛城團團圍住。郡守想要自殺，他的門客陳恢說：「現在離死還早呢。」於是出城去見劉邦，說：「我聽說您和諸將約定，誰先進入咸陽誰就可以在關中稱王。現在您停下來攻打宛城。宛城是大郡的都城，相連的城池有幾十座，人口眾多，積蓄充足，官吏們認為投降肯定會被殺死，所以都決心據城堅守。現在您整天都留在這裡攻城，士兵傷亡一定很嚴重；如果率軍離去，宛城軍隊一定會在後面追擊，這樣，您向西前進就會錯過先進入咸陽城在那裡稱王的機會，後面又有強大的宛城軍隊的威脅。我為您著想，不如訂立盟約招降宛城，封賞南陽郡守，讓他留下來鎮守南陽，您率領宛城的軍隊一起西進。那些還沒有被佔領的城池在聽到這個消息後，一定會爭著打開城門等著您的大軍到來，這樣您就可以暢通無阻地向咸陽進軍了。」

沛公說：「好。」

此時，項羽率軍打敗了秦將王離的軍隊，收降了章邯，諸侯們都歸附了項羽。趙高殺死秦二世以後，派人前來，想要和劉邦訂立盟約，分割關中的土地各自稱王。劉邦以為其中有詐，就採納了張良的計策，派遣酈生和陸賈去遊說秦將，以利益引誘他們，劉邦趁機攻克武關。劉邦又在藍田南面與秦軍交戰，設置了許多旗幟以示沛公人馬眾多，命令全軍，所經之處不准擄掠，秦人十分高興，秦軍瓦解，劉邦大獲全勝。接著，又在藍田北面與秦軍交戰，打敗了秦軍，乘勝追擊，終於徹底擊敗了秦軍。

漢元年，即西元前二〇六年十月，劉邦的軍隊率先到達霸上。

秦王子嬰駕著白車白馬，把絲繩套在脖子上，封好皇帝的御璽和符節，在軹道旁向沛公劉邦投降。將領中有人提出要誅殺秦王。劉邦說：「當初，懷王派遣我向西進軍入關，就是認為我能夠寬厚待人。人家已經投降了，再殺掉人家，這樣做是不吉利的。」於是，劉邦將秦王子嬰交給官吏們看守，接著向西進入咸陽。

劉邦想要住進秦國的宮殿裡，由於樊噲、張良極力反對，這才封了秦宮中的貴重的珍寶財物和庫府，然後退軍霸上。

沛公劉邦召來各縣的父老和有聲望的人，對他們說：「父老們苦於秦朝的苛政已經很長時間了，從前人們但凡敢對朝政指指點點的，定會遭到滅族之罪，相互間竊竊私語也要被判處死刑。我和諸侯們約定，誰先進入關中誰就在這裡稱王，所以，我應該在這裡稱王。我和各位父老們訂立盟約，法律只有三條：殺人者處死刑，傷人和搶奪他人財物者要依法治罪。其餘的秦朝法律一律廢除。各級官吏要像以前一樣，各司其職。我之所以前來伐秦，就是要替父老們除去禍害，我們的軍隊不會對你們造成任何侵害，請大家不要害怕。再說，我把軍隊駐紮霸上的原因，就是想等諸侯將領們到來之後共同商定一個規約。」

於是，劉邦派人和秦朝官吏一起到各縣鎮鄉村去巡視，了解當地百姓和生活的情況和目前的狀態。秦地的百姓都很高興，爭著把牛羊酒食拿來犒勞沛公的士兵。劉邦推讓不肯接受這些禮物，說道：「倉庫中的糧食多得很，我們並不缺乏，大家不必破費。」大家更加高興，十分擁戴劉邦。

# 鴻門宴

## 選自《項羽本紀第七》

沛公劉邦駐紮霸上，未得與項羽相見。沛公的左司馬曹無傷派了一名使者向項羽密報說：「沛公有意在關中稱王，想任命秦王子嬰為相國，將所有秦朝的珍寶，都據為己有。」

項羽聽後大怒，下令道：「明日一早，犒勞士卒，出兵攻打劉邦的軍隊。」

這個時候，項羽屬下的軍兵有四十萬人，停駐在新豐鴻門。沛公劉邦的兵只有十萬，駐在霸上。范增向項羽獻計說：「沛公從前住在關東時，貪財好色。如今入了關，既不斂財，也不近美色，可見此人志向不在小節。將軍一定要抓緊時間擊敗消滅他，千萬不能失誤啊！」

楚國的左尹項伯，是項羽的叔父，早年和留侯張良是好朋友。張良此時隨沛公入關，正在軍中。項伯便在夜間騎快馬飛馳到沛公大營，私下會見張良，把項羽第二天早進擊沛公的計畫，原原本本告訴了張良。項伯希望張良和他一起逃離沛公軍中。張良說：「沛公有急難，我自己逃走，這是不義。此事我不能不報告沛公。」

劉邦聽到張良報告的消息後，大驚，問道：「這如何是好？」

張良問：「沛公估計一下，我們的軍隊，足夠抵擋項羽的攻擊嗎？」

沛公默然不語，半晌說：「我們當然不如項羽軍力強大。」

張良說：「這事只有請沛公自己向項伯說明，就說沛公不敢背叛項羽。」

沛公問：「你怎麼會和楚國的項伯有交情呢？」

張良說：「從前在秦朝時，項伯和臣有過交往。項伯殺人，臣設法救了他。如今事情危急，幸虧他前來告訴我這個消息。」

於是項伯得以入見沛公。沛公劉邦舉杯向項伯敬酒，與他約為兒女親家。沛公說：「我入關以後，一切都保留原樣，秋毫不曾有所犯，吏民都造冊存籍，府庫公產都加封，專為等待項將軍來接收；之所以派遣將士日夜守住函谷關，是為了防備其他盜賊竄入，或怕有非常的變故。我守在這裡，日夜盼望項將軍到來，怎敢反叛呢？千萬請伯兄向項將軍進言，劉邦絕無二心。」

於是項伯趁夜回至項羽軍中，把沛公的話，詳細地向項羽解釋說明，他說：「假如不是沛公先擊破關中秦軍，將軍怎敢逕直入關呢？現在沛公有入關破秦的大功，而我們出兵攻打他們，是不義的，倒不如因此善待沛公。」項羽認為項伯之言有理，便同意了。

次日早晨，沛公只帶隨從人馬百餘人，來見項羽。

到了鴻門，劉邦向項羽謝罪說：「我和將軍，合力攻秦。將軍戰於河北，我戰於河南。但是我自己也沒想到能先入關攻破秦朝，在這裡與將軍相見。現在，有小人進讒言，從中挑撥，使將軍和我之間的關係有了嫌隙。」

項羽說：「這是沛公你的左司馬曹無傷說的，不然，我何至於此？」

項羽當即留沛公一同飲酒。項羽和項伯東向而坐，亞父范增南向而坐；沛公向北，張良向西侍位。范增屢次使眼色示意項羽殺沛公，又舉起自己所佩帶的玉玦，做殺人狀以示意項羽，連做了三次，項羽默然，沒有任何反應。

范增看情形不對，起身走出營帳，召來項莊。范增對項莊說：「大王為人心腸太軟，不忍親自下手。你進帳去，上前向沛公敬酒，然後請求在座前舞劍。乘舞劍之便，在他的座位上刺殺他。沛公這個人非除掉不可，不然的話，你們這些人都將要被他俘虜。」

項莊於是進入帳中，向沛公劉邦敬酒。敬酒畢，項莊說：「大王和沛公飲酒，軍中沒有什麼可供娛樂的，請准我作劍舞，以娛樂嘉賓。」項羽說：「好。」項莊於是拔劍起舞，項伯看出項莊的心意，也拔劍起舞。在二人同時舞劍的時候，項伯經常用自己身體掩蔽沛公，項莊因此沒有機會刺殺沛公。

張良看情形不對，忙起身出帳，走到軍門，找來樊噲。樊噲問張良：「今天的事情怎樣？」

張良說：「十分緊急！現在項莊拔劍起舞，但項莊的用心非常明顯，時時在想刺殺沛公。」

樊噲說：「這可太危險了。我進去，和沛公同生同死。」

樊噲帶了寶劍，持著盾，進入軍門。軍門守衛的兵士，交戟攔阻樊噲，制止他進帳。樊噲持盾掩著身體，向衛兵撞去，衛兵全都被撞倒在地上。樊噲闖進大帳，分開帳帷，向西而立，瞪圓了眼睛，向項羽怒目而視，因為憤怒，頭髮都豎了起來，眼角都瞪裂了。

項羽大吃一驚，按劍跪起大聲而問：「來客，是什麼人？」

張良說：「這是沛公的隨身護衛樊噲。」

項羽說：「真是壯士！賜他酒。」左右侍從便送過來一大杯酒。樊噲拜謝，起立，一飲而盡。

項羽說：「賜給他豬肘。」侍從將一扇生豬肘賜予樊噲。樊噲把盾覆在地上，將肉放在盾上，拔劍切著大嚼起來。

項羽看著樊噲，大為讚許，說：「真是壯士！你能再喝酒嗎？」

樊噲大聲說：「臣連死都不怕，一杯酒還有什麼可推辭的！現在秦王暴虐狠毒，有虎狼之心，殺人如麻，使用酷刑，天下人苦不堪言，都起來反抗。楚懷王和諸將有約：『先破秦進入咸陽的為王。』如今沛公先破秦，進入咸陽，對咸陽的一切財富，毫毛都不接近，封閉宮室，撤軍霸上，專等待大王前來接管。我們沛公，如此勞苦而功高，不但沒有封侯之賞，而大王竟聽信小人之言，殺有功之人。這樣做法，不過是已亡暴秦的繼續者而已！樊噲愚見，大王實不該如此。」

項羽聽了樊噲一大篇言論，竟沒有應答。只說：「賜坐。」樊噲於是隨張良坐在一起。稍過一會兒，沛公見情勢緊張，便起身說要小解，隨即走出帳外，暗中召喚樊噲也出來，張良便也跟著走出營帳。

沛公出帳以後，和樊噲商議說：「我現在應該走了，但是出來的時候沒有告辭，該怎麼辦？」

樊噲說：「做大事時，不必太顧慮細謹小節，大禮當前，無須拘執細小的謙讓。如今人家正是刀和俎，我們正是魚和肉，正是任人宰割的形勢，還講什麼告辭？」

於是沛公打算抄小路逃走，令張良留下來，向項羽辭謝。沛公對張良說：「從這條小路到我軍駐處，不過二十里而已。你估算著項羽來不及追我，而我已到軍中的時候，就進帳向項羽辭謝。」

沛公走了以後，張良估計好時間，便進帳向項羽告罪。

張良說：「沛公不勝酒力，酒醉不能支持，所以不能進帳向大王告辭。謹使張良，奉白璧一雙，獻給大王。玉斗一雙，獻給大將軍足下。」

項羽問：「沛公現在哪裡？」

張良說：「沛公聽說大王對沛公有不滿的意思，很恐懼，故而自己先走了，此時想已回到軍中了。」項王便接受了白璧，放在座上。范增接過玉斗，放在地上，拔劍一擊，玉斗粉碎。范增又恨又怒，歎息說：「唉！這些年輕無見識之輩，不足以同謀大事。奪項王天下之人，必定是劉邦無疑了，我們這些人將來要做劉邦的俘虜了。」

沛公回到軍中，立刻殺了曹無傷。

# 楚漢爭霸

## 選自《項羽本紀第七》

過了幾天，項羽引兵西進，屠殺咸陽軍民，殺了秦王子嬰，焚燒了秦朝的宮室，大火燃燒了三個月都沒有熄滅。項羽收取了秦宮的財寶，擄了秦宮的婦女，後來都帶回關東。

這時，一個有見識之人向項羽建議說：「關中之地，有山河險阻，四面有關塞之隘，其間土地肥沃，可以建都以成霸業。」

項羽此時見秦的宮室都已經燒毀殘破，心中懷念故鄉，很想東歸彭城，便說：「富貴而不歸故鄉，就像身穿錦繡夜間出遊，誰能知道他已經富貴了呢？」這個遊說的人，見項羽不採納他的意見，私下裡批評項羽說：「人們說：『楚人是沐猴而冠❶。』果然如此！」

項羽聽人向他報告了這些話，大怒，烹殺了那個遊說的人。

❶【沐猴而冠】猴子穿衣戴帽，究竟不是眞人。比喻虛有其表，形同傀儡，常用來諷刺投靠惡勢力竊據權位的人。

彭越屢次出兵攻打楚軍，以斷絕楚軍糧食。

項羽私自廢掉楚懷王，分割天下之地，封諸侯將相為侯王。項羽和范增擔憂沛公劉邦有奪取天下之心，現在雙方已經講和了，如果不加封沛公劉邦，便是背約之舉，恐怕諸侯會不服而背叛自己，因此二人暗中謀劃，他們認為：「巴蜀之地，道路險阻，秦時被遷逐的人都被放逐在蜀地。」又說：「巴蜀也是屬於關中之地。」於是，項羽立沛公劉邦為漢王，掌握巴、蜀、漢中之地，以南鄭為都。項羽自立為西楚霸王，掌握九郡之地，以彭城為都。

漢三年，劉邦伐楚，在彭城大敗。漢軍十餘萬人在睢水被楚軍包圍。漢王劉邦隻身逃脫。楚軍抓住了劉邦的父親太公和妻子呂氏，帶回楚軍營中。

漢王劉邦與九江王黥布會合，收聚殘兵，後來又得到張耳和韓信的支援，引兵渡過黃河，奪回成皋，駐軍在廣武，從秦朝故道敖倉運輸食糧。項羽已平定東海，於是西進，與漢王的軍隊都靠近廣武紮營。兩軍相持數月。

這時，彭越屢次出兵攻打楚軍，以斷絕楚軍糧食，項羽很擔心。於是，項羽做了一個高腿的肉案，把劉邦的父親太公放在肉案之上，架在高空，漢軍遠遠地可以望見。

項羽派人告訴劉邦說：「你現在如果不快快投降，我就烹殺太公。」

劉邦回話說：「吾和項羽，都是楚懷王之臣，同時在懷王面前，北面受命。懷王曾對我們二人說：『你們要約為兄弟。』所以我的父親就是你的父親。你如果一定要烹殺父親，則請你分我一杯羹。」

項羽大怒，要殺太公。項伯說：「天下事還不可預料，不要做得太

劉邦歷數項羽的罪狀……

過。況且爭天下的人是不顧及家人的，即使你殺了他父親，於事無益，只增加禍患而已。」項羽聽項伯所言有理，便沒有殺太公。

楚漢兩軍相持了很長時間也沒有分出勝負，年輕人厭倦了長期的軍旅生活，老弱者疲於運送軍糧。

項羽想要和漢王單獨決鬥。於是劉邦和項羽隔著廣武澗對話。

劉邦歷數項羽的罪狀，說道：「當初，我和你一起受命於懷王，約定誰先進入關中誰就在關中為王，你違背了約定，封我在蜀漢為王，這是你的第一條罪狀；你假傳懷王詔令，殺死了卿子冠軍宋義而自任上將軍，這是你的第二條罪狀；你已經奉命解了趙國之圍，本應回楚地向懷王述職，可你卻擅自強令諸侯的軍隊入關，這是你的第三條罪狀；懷王約定入關後不許施暴肆虐，你卻焚毀秦國的宮室，挖開始皇帝的墳墓，將秦國的財物據為己有，這是你的第四條罪狀；逞強殺死已經投降的秦王子嬰，這是你的第五條罪狀；使用欺詐的手段在新安活埋了二十萬秦兵，卻封賞了他們的將領，這是你的第六條罪狀；你把各諸侯的將領都封在條件好的地方為王，卻把那裡原來的諸侯王遷居別處，使他們的臣下為了爭奪王位成為叛逆之人，這是你的第七條罪狀；你把義帝驅逐出彭城，自己卻在彭城建都，侵奪了韓王的國土，把梁、楚併在一起佔為己有，這是你的第八條罪狀；你派人在江南秘密殺死義帝，這是你的第九條罪狀；你身為人臣卻謀殺君主，誅殺已經投降的人，處事不公、不守信義，為天下所不容，是為大逆不道，這是你的第十條罪狀。如今我率領正義之師來討伐你這個殘暴的賊子，只需讓那些受過刑的罪犯就可以除掉你，我又何苦和你單獨決鬥呢？」

項羽聽後暴跳如雷，命令埋伏好的弓弩手暗中偷襲，射中了劉邦。劉邦胸部受傷，卻用手捂著腳，大喊：「賊人射中了我的腳趾。」

劉邦因受傷臥床養病，張良堅持讓他起床去慰勞士兵，以此穩定軍心，不讓楚軍的威勢壓過漢軍。

# 垓下之戰

## 選自《項羽本紀第七》

漢王五年，劉邦帶領軍隊追擊項王到達陽夏以南，在那裡駐紮，約期會合韓信和彭越的軍隊，以共同攻打楚軍。

漢軍隊到達固陵，而韓信、彭越二人軍隊不能按約期來會。於是楚軍乘勢攻擊漢軍，大破漢軍。劉邦對張良說：「諸侯韓信、彭越，不守約定，這如何是好？」

張良答說：「楚兵將破，韓信、彭越二人，沒有分到土地。他們不來是因為這個原因。大王您要許諾與韓、彭二人共分天下，要他們前來會合商議大事，他們就會立刻趕到。」

於是劉邦派使者告訴韓信和彭越說：「你們發兵來合力攻楚。楚破以後，自陳地以東，到海邊為止，都給齊王韓信；睢陽以北，到穀城為止，都給相國彭越。」

韓信和彭越都回報說：「請求進兵攻楚。」

於是，韓信和彭越各自發兵，一直打到垓下❶。

這時，大司馬周殷叛楚，帶領舒城兵力，屠滅了六城，帶走了全部九江之兵，跟隨劉

賈、彭越，會聚於垓下，合圍項王軍隊。

此時，項羽軍隊駐紮於垓下，兵少糧絕。漢軍和諸侯之兵，重重包圍住項王軍隊。項羽無法突圍。夜間，他忽然聽到四周漢營之中，傳來楚國的歌聲。項羽大驚，說：「難道漢兵已經取得了楚地嗎？為什麼漢營中有這樣多的楚人呢？」項羽甚為憂慮，夜間起來，在帳中飲酒。

項羽有一美人，名叫虞姬，時常伴隨項王左右。項羽有一匹駿馬，名叫騅（ㄓㄨㄟ），項王經常乘騎出征。在四面楚歌的危急情況之下，面對美人虞姬、駿馬騅，項王不禁百感交集，慷慨悲歌，作詩唱道：

力拔山兮氣蓋世，
時不利兮騅不逝。
騅不逝兮可奈何，
虞兮虞兮奈若何！

---

❶【垓下】今安徽省靈璧縣東南。

項羽反覆唱著，虞美人作詩以和：

漢兵已略地，
四方楚歌聲。
大王意氣盡，
賤妾何聊生。

項羽感傷不已，潸然泣下！項羽左右諸將也都默默哭泣，不能抬頭。

於是，項羽帶領二十六名騎士，退到烏江[2]西岸，想要渡江東歸。

烏江亭長把船靠好，等待項王上船。

烏江亭長對項羽說：「大王，江東雖小，地方也足有千里，民眾數十萬，也足以為一方之王，請大王快些上船渡江。現在這裡只有臣有船，漢軍追到也無法渡江。」

項羽笑說：「天要亡我，我渡江過去有什麼用？何況我項羽原來帶了江東子弟八千人，渡江西進，如今江東子弟沒有一人能回去，只剩我一人渡江西歸，即使江東父老兄弟，愛我憐我，仍舊擁我為王，我還有什麼面目再見江東父老？雖然江東父老不會責備於我，我項羽豈能無愧於心？我知道亭長你是一位有德行的長者，我騎這匹馬五年了，所向無敵，曾經一天跋涉千里之遠。我不忍殺這匹馬，就把它賜給你吧！」

項羽將馬交與亭長，命騎士都下馬步行，持短兵器接戰。漢軍這時已追到，雙方衝殺，項王最勇，一人獨殺漢軍數百人，身受創傷十餘處。在奮戰之間，項王回顧發現了漢騎司馬呂馬童❸。項羽說：「你不是我的老朋友呂馬童嗎？」

呂馬童因與項王有故交，不好意思與他面對而視。

項羽說：「我知道漢王以千金和萬戶封邑來懸賞我的項上人頭。呂馬童，我們既是故人，我將這一點好處贈與你吧！」說完，項王便揮劍自刎而死。

項羽已死，楚地歸降劉邦，只有魯地不降，漢王派兵攻打也不能拿下。

於是，漢王劉邦調集了天下的軍隊，要攻打魯地加以屠殺。而魯地之所以不肯降，是為了守禮義：因為項羽原為魯公，魯地為魯主堅守節義，寧死不降。劉邦知悉這個原因，便把項羽的頭舉出來，給魯父老鄉親們看，讓他們知道項羽真的已經死了。魯城父老至此才決定降服。

漢王劉邦以魯公之禮將項羽葬於穀城。劉邦親臨喪祭，痛哭項羽，然後離去。許多項氏

---

❷【烏江】烏江渡口，在今安徽和縣東。

❸【呂馬童】秦末人，少與項羽有舊，歸漢爲郎中騎將。

的支系家族，劉邦都不殺，並加封項伯為射陽侯。除此之外，劉邦還封賞了桃侯、平皋侯、玄武侯，他們都是項氏家人，改賜姓劉。

# 蕭何追韓信

## 選自《蕭相國世家第二十三》

韓信是淮陰人，出身貧賤，又不會做生意，也懶得種田，經常窮得吃不上飯，幾乎頓頓去別人家蹭飯。韓信曾經一連幾個月到南昌亭亭長家吃飯。亭長妻子非常厭惡他，後來乾脆把飯菜端到床上去吃了。韓信便不再去亭長家吃飯。一位大娘對韓信起了憐憫，又給了他十幾天飯吃。韓信對那位大娘說：「等我以後發達了，一定重重報答您。」大娘回答說：「你連自己都養活不了，還能成什麼大事，我不過是可憐你罷了。」

淮陰有個屠夫曾在大街上侮辱韓信說：「你雖然長得高大，又愛帶刀佩劍，但其實是個膽小鬼。如果你不怕死就拿劍刺我，怕死的話就從我胯下鑽過去。」韓信沒說話，看了看屠夫，然後在眾目睽睽之下從屠夫的胯下爬了過去。街上看見的人都笑話韓信果真膽小如鼠。

項梁率軍渡過淮河時，韓信追隨了他。後來項梁戰死，項羽做了楚軍將領，韓信就歸屬了項羽。韓信多次向項羽獻計，以求重用，但項羽最終只讓他做了郎中。韓信的計策也都得不到採用。於是，在劉邦被封漢王入蜀後，韓信便脫離項羽的軍隊，投奔劉邦。韓信剛到劉

邦營中時，因為沒有名聲，所以只是做了接待賓客的小官，還因為犯法差點被處死。當時，同夥的其他十三人都被殺了。輪到韓信時，他對在場的滕公夏侯嬰說：「漢王不是想統一天下嗎？為什麼要殺死壯士？」夏侯嬰因此覺得韓信不一般，見他相貌堂堂，便放了他，把他推薦給了漢王劉邦。韓信得以從迎賓小官升職為治粟都尉❶。

雖然升了官職，但劉邦並沒有真正重視韓信，也沒發現韓信有什麼出眾的才華。蕭何與韓信有過多次交談，認為韓信是個奇才，多次向劉邦舉薦韓信。劉邦仍未把韓信放在心上。等劉邦帶領漢軍到達南鄭時，各路將領逃跑的有十幾人，韓信對劉邦感到失望，也逃走了。蕭何聽說韓信逃走，十分緊張，不等向劉邦彙報便親自去追趕韓信。士兵報告說：「蕭丞相也逃跑了。」劉邦聽了大吃一驚，如同失去了左膀右臂，又心痛又憤恨。

蕭何快馬加鞭，連夜追趕，終於追上了韓信。過了一兩天，劉邦見蕭何回來了，高興得罵他：「我待你不薄，你為什麼也要逃跑？」

蕭何答說：「我不敢，也不會逃跑的，我是去追回逃跑的人。」

「你追誰？」

「韓信。」

劉邦又罵：「我手下各路將領逃跑了幾十個，你一個也沒追，現在卻去追什麼韓信。」

「那些將領失去了不可惜，也容易得到。像韓信這樣的奇才，這世上再沒有第二個。大王如果只想在漢中稱王，就用不上韓信；但如果您要想奪得天下，非得有韓信和您共商大計不可。現在就看大王您怎麼決定了。」蕭何說。

「我當然想奪取天下，怎肯鬱悶地長期守在這裡呢？」

「您既然決意向東發展，韓信就會考慮跟隨您。如果您能夠重用他，他一定會留下來，如果不被重用，他還是要逃跑的。」

劉邦說：「看您的面子，我讓他做個將軍。」

蕭何笑道：「一個將軍而已，韓信是不會留下來的。」

「那難道還讓他做大將軍嗎？」

「如果大王真肯拜韓信為大將軍，那實在太好不過了。」

於是劉邦派人去召韓信前來。蕭何對劉邦說：「大王您一向對人不講禮節而顯得傲慢，你現在任命韓信為大將軍卻像召喚小孩兒一樣待他。這就是韓信不肯待在漢營中的原因啊。大王決心重用韓信，就應該選個良辰吉日，舉行任命儀式，設置廣場和高壇，進行齋戒。這樣才叫任命。」劉邦依照蕭何的建議去做。眾將領聽說要舉行儀式拜大將後都十分高興，人人都以為自己要做大將軍了，等看到被任命為大將軍的是韓信時，他們都非常震驚。

❶【治粟都尉】又被稱爲「搜粟都尉」，主管徵集軍糧等事。

韓信受任的儀式結束後，劉邦與他交談，問他：「丞相在我面前讚賞將軍好多次了。我想奪得天下，請問將軍可以教給我什麼計策呢？」

韓信先謙讓了一番，然後抓住時機問劉邦：「大王要奪天下，難道項王不是最大的敵人嗎？」

劉邦回答：「沒錯。」

韓信接著說：「在勇敢、強悍、仁愛、軍力等方面，大王您認為是項王強還是您強？」

劉邦沉默了好長時間，說：「項王都比我強。」

韓信對劉邦拜了兩拜，贊成地說：「我也認為大王您比不過項王。但是，我曾在項王手下做過事，請讓我說說他的為人處事吧。項王生氣咆哮時，把周圍的人嚇得大氣不敢出。他英勇威猛，但不能放手任用有才華的人做將領，這也只不過是匹夫之勇罷了。項王為人慈愛，平時對人溫和恭敬，但他的軍隊所到之處，百姓無不被屠殺，城市遭毀滅。生活中，他看見人生病都會心疼而流淚，對士兵也周到，把自己的東西分給他們吃。但等到將士們立下戰功，該加封進爵時，項王卻把刻好的印章放在自己手裡把玩，直到印章被磨掉了稜角他還捨不得給人。所以，項王的仁慈也只是我們說的婦人之仁。」

「現在，項王雖然稱霸了天下，但他放棄了關中的有利地形，卻在彭城建都。這樣一來，即使他能使諸侯臣服，也失去了戰爭的優勢。項王又把義帝遷移到江南僻遠的地方，諸侯們都效仿他，回到自己的封地驅逐自己的國君。如此，天下又大亂，項王也就失去了民心。項王原有的優勢也轉為了劣勢。如今，大王如果能夠反其道而行之，任用天下人才，還有什麼是無法征服的？用天下的土地封給所有功臣，還有誰不信服您？順從將士東歸的心願，率領正義的軍隊向東攻進，還有誰可以抵擋我們的腳步？」

「再說，項羽把秦朝的將領章邯、司馬欣、董翳這三人封王，實在是失策。這三位秦將率領秦地的子弟打了好幾年仗，最後卻欺騙他們的部下向項羽投降，使得秦軍二十多萬人被活埋在新安。您想，秦地的父老鄉親能不對這三個人恨得咬牙切齒嗎？但是現在項羽卻憑恃自己的威勢，不顧秦地父老的反對而強行封立這三個人為王。這麼做，秦地人不僅痛恨三位秦將，也不會擁戴項羽。相反，大王您進入武關後，不僅廢除了秦朝的苛酷法令，還與秦地百姓約法三章，使他們毫髮無損。秦地的鄉親父老，人人都想讓大王您在秦地為王。按照約定，大王本就該是關中王。但項王卻違背約定，讓您做漢王，秦地百姓沒有不怨恨的。如今，大王如果發動軍隊向東挺進，只要一道文書就可以平定三秦封地。」

漢王聽完韓信這一席話，心裡又高興又慚愧，後悔自己沒有早點重用韓信。

# 韓信求教李左車

## 選自《淮陰侯列傳第三十二》

漢二年（前二〇五年），楚漢爭霸進入了漢軍反擊的階段。八月，韓信被劉邦任命為左丞相，俘虜了被收服後又反叛的魏王豹，平定了魏地。攻克魏國後，韓信又摧毀了代國，緊接著再奉劉邦之命進軍趙國，抵禦往滎陽進發的楚軍。

韓信和張耳率領漢軍人馬到達井陘口後，被趙軍的二十萬大軍阻攔。韓信本想以井陘口作為突破口，如今看到趙軍聚集重兵在此，只得暫時停止行軍。

趙軍的廣武君李左車向趙將陳餘獻計說：「聽說漢將韓信威猛，他渡過西河俘虜了魏王豹，又生擒代國夏說，最近還將閼與（ㄩˋㄩˇ）攻克了下來。如今他攻打趙國，還有張耳作輔助。此外，漢軍遠離國土作戰，他們的將士必定奮戰到底，敵方氣勢銳不可當。所以，我們不能硬拼，要智取。雖然說漢軍氣勢強大，但他們遠離本土，運輸軍糧要奔走千里，士兵們難免有不能吃飽飯的時候。眼下，我們就以他們的弱點為突破口。井陘的道路狹窄，無法容納兩輛戰車並行。漢軍騎兵不能排成行列，他們的軍隊一定拉長成數百里。這樣一來，作為

後方的運糧隊伍一定會被遠遠地落到後面。請將軍您撥給我三萬騎兵，讓我率軍從隱蔽小路攔截他們的軍糧。您只要高築營壘，挖深戰壕堅守不戰。如此一來，漢軍前進不得，後退無路，又被我截斷糧食來源，他們只能在荒野找糧食。不到十天，漢軍必定虛弱，到那時，韓信、張耳的頸上人頭自然被我送到將軍帳下。請將軍深思採用我的建議，否則，被俘虜的就會是我們了。」

陳餘雖然是個將軍，但他同時是個有些迂腐的書生，認為正義的戰爭不該用詭詐的計謀。他對李左車說：「兵書上講，軍隊力量是敵人的一倍就可以作戰，如果兵力十倍於敵人，就可以包圍它。韓信的軍隊說的有數萬，實際上也就數千。他們跋涉千里，軍隊疲憊，如果我們不抓住機會攻打，等他們的後援來了更不好對付。況且，如果不作戰，其他諸侯們會認為我膽小，也會來攻打我們。」

李左車獻計，陳餘沒有採用李左車的計策。韓信派出的探子把這些都告訴了韓信，韓信慶幸李左車獻計失敗，接著他才敢領兵繼續前進，進入了井陘的狹道。離井陘口還有三十里時，韓信令軍隊停下來宿營。到了半夜十分，他選派了兩千名輕裝騎兵，讓他們每人手拿一面紅旗，到山上隱藏起來，並對他們說：「一會我軍與趙軍交戰，我軍假裝敗逃，趙軍一定傾巢出動追趕。那時你們就火速衝進趙軍的營壘，拔了他們的旗幟，豎起漢軍的紅旗。」這麼安排後，韓信就在軍中傳令說：「今天打敗趙軍後我們要好好慶祝一番。」然後他就

李左車被送到韓信的營帳內。韓信親自給他解開綁繩，請他同坐。

派出萬人作為先頭部隊，讓他們出了井陘口後，到河水邊背靠河水擺開陣列。趙軍遠遠看見漢軍的陣法後，大笑不止。天亮後，韓信就豎起大將的旗幟和儀仗，假裝率領全軍開出井陘口。趙軍出兵迎戰，韓信率軍抗擊，不久就詐敗，逃回河邊的陣地。趙軍果然傾巢出動。兩軍激烈交戰的時候，韓信原先派出去的兩千輕騎兵火速衝進趙軍空無一人的軍營內，拔了趙軍旗幟，豎起漢軍兩千面紅旗。此時，趙軍因無法打敗漢軍，準備返回營內，卻見營內漢軍旗幟飄紅一片，趙軍將士震驚，以為趙王已被俘虜，軍隊因此頓時亂作一團。趙軍士兵倉皇逃命，趙將陳餘孤軍作戰。漢軍前後夾擊趙軍，趙軍潰敗，陳餘被斬殺於水邊，趙王歇也被生擒。

此前，韓信曾傳令全軍，要生擒廣武君李左車，還說，能活捉的賞給千金。趙軍潰敗後，李左車被送到韓信的營帳內。韓信親自給他解開綁繩，請他同坐。此時，漢軍中有人問韓信：「兵法說，打仗布陣應該右邊和背後靠山，前邊和左邊靠水。這次作戰，戰前將軍對我們說打垮了趙軍吃慶功宴，作戰時卻令我們背水列陣，奇怪的是最後我們卻勝利了。這是什麼道理呢？」韓信回答說：「我這一招在兵法上也有，叫做『置之死地而後生』。」將領們都佩服得五體投地：「將軍的謀略不是我們所能想得到的。」韓信卻不得意，而是像學生請教老師一樣請教身旁的廣武君李左車說：「如果我要向北攻打燕國，向東討伐齊國，怎麼做才能成功呢？」

廣武君回答：「人們說，『打敗仗的將領沒資格談論謀略，亡了國的大夫還憑什麼謀劃國家的生存』。我趙軍潰敗，趙國滅亡，不敢談論國家謀略。」

「百里奚在虞國，虞國滅亡了，他在秦國卻使得秦國稱霸。所以，一個聰明的人，如果國君不能任用他，他對國家就沒用。如果成安君陳餘採用了你的計謀，我韓信早被俘虜了。幸虧他沒採納，我才能夠得到你啊。」韓信堅持向廣武君請教，並說：「我真心拜你為師，希望你不要推辭。」

廣武君說：「我聽說，『智者千慮，必有一失；愚者千慮，必有一得』。即使是狂人，他說的話也有可信的時候。我的計謀也許不足以高明，但我願為您傾盡全力，奉獻忠誠。成安君本來可以戰勝，但他失掉了機會，落得個軍敗己亡的下場。將軍您橫渡西河，俘獲了魏王，在閼與生擒夏說，現在又擊垮二十萬趙軍，一舉攻克井陘，殺了成安君。您的名聲更加威懾四方了，但對百姓也造成了恐懼。他們有的乾脆停止耕作，吃好穿好了等待您的軍隊的到來，跟等死差不多了。這樣，將軍在戰術上的優勢就變成了劣勢。因為沒有百姓的支持，將軍的軍隊糧食供應也會成為問題。百姓勞苦，士兵疲憊，將軍很難長久作戰。如果將軍您繼續發動軍隊，攻打燕國和齊國就不會順利了。即使是弱小的燕國，恐怕也得用長時間來攻克，時間一長，將軍的弱勢暴露，更難以取勝。齊國也同樣不會降服。所以我認為您接著攻燕伐齊不是個好方法，這等於您是拿自己的短處去攻擊敵人的長處。」韓信問：「那麼我應該怎麼辦呢？」

廣武君回答：「現在將軍已經把趙國攻下了，不如按兵不動，先把趙國的社會秩序恢復了，同時安撫百姓，慰勞陣亡將士的遺孤。您要是這麼做的話，周圍百姓就會給您送來糧食美酒。這個時候，您再擺出攻打燕國的姿態，讓使者拿著書信先敬告燕國，顯示自己的各種優勢，燕國就會不戰而降。燕國歸順後，您再派說客去勸降齊國。這時候，再具有智慧的人也不知道該如何拯救齊國了，齊國也會跟著投降。這樣的話，奪得天下就不是什麼難事了。這就是兵法上說的『虛張聲勢後再採取行動』的計謀，也是我向您提供的計策。」

韓信採用了李左車的建議，派出使者到燕國去勸降，燕國聽說了韓信的情況後果真立刻投降。後來，劉邦命令韓信攻打在齊國分散的楚軍兵力，同時他也採用了酈食其提出的與李左車一樣的建議，讓酈食其勸降齊國，齊國也果真投降。韓信因為沒有收到停止進攻的命令，所以仍舊發兵，突襲齊國，同樣取得了勝利。

# 韓信叛變

## 選自《淮陰侯列傳第三十二》

漢四年（前二〇三），韓信平定了整個齊國，殺死了項羽派來救援齊國的將領龍且。韓信派人向劉邦轉告說：「齊國人狡詐且又多變，齊國又與楚國臨界，請求讓我作為暫時代理王來統治齊國，否則恐怕局勢不穩定。」

當時，劉邦與項羽對峙於廣武，收到韓信的來信後，勃然大怒，說：「我被圍困這裡，日夜盼著你來救我，你倒好，立了點功就想自立為王。」

一旁的張良、陳平悄悄踩了劉邦的腳趾頭，在他耳邊說：「目前漢軍處於劣勢，立韓信為齊王，正好可以讓他駐守齊國，抗擊楚軍。」

劉邦於是改口罵道：「大丈夫要做就做真王，做什麼代理之王。」然後派遣張良去冊立韓信為齊王，並徵調他的軍隊攻打楚軍。

韓信做齊王後，項羽派武涉勸說他反漢聯楚。武涉見到韓信後說：「如果項王今天被消滅，下一個被消滅的就輪到您了。您和項王也有舊交情，如果您反叛漢軍，項王答應與你及

漢王三分天下。這樣的好時機，錯失了就沒有了。」

韓信回絕了武涉，說：「跟隨項王時，我最高只能做到郎中，項王對我言不聽計不從，我才跟隨了漢王。現在漢王封我做齊王，是對我的信賴，我不能背叛他。」

武涉遊說失敗後，齊國人蒯通也來遊說韓信。他給韓信看相後說：「依您的面相，高貴不過封侯，還伴有危險。」韓信追問下文，蒯通繼續說：「當初，天下英雄舉兵起事，都只想著滅掉秦朝。現在，楚漢相爭，都是為了奪得天下。連年戰亂，使百姓慘遭戰爭禍害。如今，無論是漢軍還是楚軍，都已筋疲力竭，唯有聖賢的人才能結束這場鬥爭。劉邦、項羽的命運都掌握在你手裡。你助漢，則漢贏，助楚，則楚勝。如果您聽從我的計策，和楚、漢三分天下，鼎足而立，那麼對誰都沒有傷害。憑您的賢能，養精蓄銳後，楚漢最終也會被您收服。這樣，天下蒼生也有福了。我聽說，天賜良機如果不接受，會被受到懲罰，失去時機就會遭殃。希望您慎重考慮。」

韓信以無法做到不仁不義為由，否決了蒯通的建議。蒯通又說：「當初常山王張耳、成安君陳餘也曾是生死之交，但後來兩人都想把對方置於死地，最終張耳在泜水殺死成安君，這說明什麼呢？要說交情，你和漢王的交情還比不上張耳、陳餘二人，更無法跟文種、范蠡與越王勾踐相比了。從他們的事例你還不足以斷定是非嗎？我提醒您，您攻克代國，生擒夏說，攻佔了趙國，殺死成安君，又以聲威鎮服燕國，平定齊國後接著摧毀楚國二十萬軍隊，殺死楚將龍且。這樣的功績和聲威，歸附楚國，楚國人不信任；歸附漢國，漢國人容不下你。我替你擔心啊！」

韓信說：「我考慮考慮吧。」

幾天之後，蒯通見韓信仍舊沒有行動，又去告誡他做事要當機立斷，不要錯失良機。韓信最終謝絕了蒯通的建議。

漢五年（前二〇二年），劉邦被困在固陵時，採用張良戰後封賞的建議，說服了韓信、彭越等將領率軍前來垓下會師。最後，劉邦採用了韓信的作戰計策，打敗了楚軍。項羽自殺，楚漢爭戰結束。之後，劉邦改封齊王韓信為楚王，建都下邳。

韓信到達下邳後，賞賜黃金千斤給那位曾經在他潦倒時給他飯吃的洗衣老娘，又去到曾經蹭飯的亭長家，只給了他們一百錢。韓信對亭長說：「你是個小人，好事沒能做到底。」而對於那位曾經讓自己忍受胯下之辱的人，韓信沒有殺他，還對隨從將士說：「沒有他，就沒有今天的我。」後來，從項羽部隊逃亡回鄉的鍾離昧來投奔韓信，韓信收留了他。

漢六年（前二〇一年），有人向劉邦告發韓信謀反。告發人說，韓信外出時都帶著武裝軍隊，又收留了楚軍的敗將。劉邦想要捉拿韓信，陳平建議劉邦以巡視並會見各諸侯為由出發前往楚國。韓信聽到消息，想發動叛變，但他認為自己沒有罪，因此遲遲按兵不動。這時，有人建議他帶上鍾離昧的人頭去向劉邦謝罪。鍾離昧對韓信說：「逮捕我取悅漢王不是長久之策，今天我要是死了，您的性命也不會長久。」說完拔劍自殺，死前罵道：「你不是個可靠的人。」韓信帶著鍾離眛的人頭去見劉邦，卻立刻被劉邦捆綁起來。韓信說：「人們說，『狡兔死，走狗烹；鳥獸盡，良弓藏。』如今敵國被消滅，功臣也該死了。」劉邦聽韓信這麼說，最終不忍心殺他，到了洛陽就赦免他，改封他為淮陰侯。

做了淮陰侯後，韓信非常鬱悶。他知道劉邦畏忌他的才能，才把他降為跟絳侯、灌嬰同等的地位。有一天，韓信出門拜訪將軍樊噲。離去時，儘管樊噲自稱臣子跪拜相送，韓信還是笑著自嘲：「我居然和樊噲淪為一個等級了。」

有一次劉邦問韓信：「我能統率多少兵馬？」

韓信說：「陛下最多統率十萬。」

「你呢？」

韓信把陳豨引到四下無人的地方後，歎了口氣，問：「您可以聽聽我的心聲嗎？」

「越多越好。」

劉邦笑著問：「您越多越好，為什麼反倒被我俘虜了？」

韓信說：「陛下帶兵不如我，卻善於駕馭將領，這就是我被陛下俘虜的原因。況且天子的地位是上天賜予的，不是人力能做到的。」

陳豨被任命為鉅鹿郡守，出發去鉅鹿之前，他來與韓信辭行。韓信把陳豨引到四下無人的地方後，歎了口氣，問：「您可以聽聽我的心聲嗎？」陳豨說：「一切聽任將軍派遣。」韓信說道：「您是陛下寵幸的臣子，陛下讓你管轄了精兵聚集的重地。如果有人告發你叛亂，第一次皇上不會相信，但第二次他會懷疑，第三次就會率兵到鉅鹿圍剿你。到時，我在京城做內應，我們就可以奪取天下了。」陳豨一向敬仰韓信的智謀，非常信任他，就聽從了韓信的建議。

漢十年（前一九七年），陳豨反叛，劉邦親自率兵討伐，韓信以病為藉口沒有跟從出兵。當夜，韓信假傳詔書赦免各官府服役的罪犯和奴隸，打算利用他們攻擊京城的呂后和太子。韓信部署完畢後，韓信的一位家臣將韓信叛亂的消息報告給呂后。呂后和丞相蕭何密謀，讓蕭何欺騙韓信說皇上已經誅殺了陳豨，各位大臣正在宮中祝賀，令韓信也前來。韓信以病為由推脫，蕭何堅持讓韓信進宮。蕭何是韓信的恩人，韓信推脫不過。韓信一進宮，呂后就命令埋伏的武士捆綁了韓信，在長樂宮的鐘室將他殺害。韓信死前說：「我後悔沒有採納蒯通的計謀，要不然現在就不會被婦人欺騙。這是上天要亡我啊！」韓信死後，呂后誅殺了韓信三族。

劉邦平叛陳豨後回到京城，得知韓信已經死了，他既高興又悲哀。劉邦問當時在場的人：「韓信死前說了什麼？」

呂后回答：「他說悔恨沒有採納蒯通的計謀。」

於是劉邦詔令捉拿蒯通。

劉邦問蒯通：「是你唆使淮陰侯反叛的嗎？」

蒯通回答：「沒錯，我的確讓他反叛，但他沒有採用我的計策，才自取滅亡。如果韓信聽信了我的話，陛下怎能消滅他？」

劉邦當即暴怒，令人處死蒯通。蒯通反抗道：「實在是冤枉啊！」

劉邦反問：「你都承認自己唆使韓信造反了，還有什麼冤枉？」

蒯通說：「秦朝施行暴政，天下諸侯才反叛它。當時，各路英雄豪傑紛紛起事。天下紛爭不斷，聖賢的人會奪得勝利。如果一隻狗對堯帝狂吠，並不是因為堯帝不是賢人，而是因為他不是狗的主人。我當時只知道有個韓信，不知道還有陛下您。再說了，現在手中持利劍長刀想幹大事業的人多了去了，但他們力不從心，無法成事。難道陛下您能把他們都殺了嗎？」聽了這番話，劉邦便讓人把蒯通放了。

# 留侯張良傳奇

## 選自《留侯世家第二十五》

留侯張良，字子房。張良的祖先是韓國人，世代都在韓國為官，做了五代韓國相國。

張良很小的時候，家裡很富有，光是使喚侍候的家童就有三百名。後來，韓國被秦所滅，這時他的弟弟因病亡故，可是他卻拿出全部家財來招募刺客，要謀刺秦始皇替韓國報仇，顧不上處理他弟弟的喪葬。

張良曾經到淮陽去學禮，又到東夷去拜訪倉海君，在那裡招募到一位大力士，特地訂做了一百二十斤重的大鐵椎，準備一椎要了秦始皇的命。

這時，恰逢秦始皇東巡，張良與大力士預先算好皇帝東行的路線，埋伏在博浪沙❶，秦始皇的車駕到來時，力士將大鐵椎猛力向車擲去，可惜一個偏差，只打中了副車。秦始皇大

---

❶【博浪沙】古地名，位於河南省原陽縣城東郊，北臨黃河，南臨官渡河，處於古咸陽到東方的馳道上。因張良在此地刺殺秦始皇未遂而名揚天下。

為震怒，大事搜索刺客，攪得天下不安，於是，張良改名換姓，躲藏在下邳一帶。

有一天，張良信步閒遊，經過下邳的一座橋上，一位穿著粗布短衣的老翁走到張良身邊，故意將自己的一隻鞋掉到橋下，回過頭來對他說道：「小夥子，下去替我把鞋拾上來。」

張良一呆，真想揮拳揍他，但轉念一想：這老骨頭怎經得起一拳？忍一忍，別惹事。於是跑到橋下，把鞋撿了上來。老翁說：「替我把鞋穿上。」

張良心想：就好人做到底吧！於是彎下腰來，屈膝跪在橋上，替老翁穿鞋。老翁也就毫不客氣地伸出腳來，讓他把鞋穿好，穿好後也不道謝，笑著就走了。張良十分吃驚，望著老人的背影愣在那兒。老翁走了一里多路，轉身回來，對他說道：「小夥子可以調教。五天後天亮時，在這裡等我。」

張良十分納悶，跪在地上回說：「好！」

第五天天一亮，張良就去橋頭赴約。等他到達時，老翁已經先到了。他生氣地對張良說：「跟老人家約會，你卻遲到，什麼道理？」說完掉頭就走，邊走邊說：「五天後早點來。」

又過了五天，五鼓雞鳴，張良就起身前去，老翁還是比他先到，生氣地說：「你又遲到。五天後，再早點來。」

第三次，張良半夜就提前去赴約，心想：這一回夠早了吧！他才到了沒多久，老翁就來了，一看張良已經在橋上，高興地說：「應該這樣。」於是從懷中取出一卷竹簡，對他說：「好好研究這本書，就可以做帝王之師，十年後，時局一定有變動。十三年後，到濟北來見我，你找到穀城山下的黃石公❷，那就是我了。」說完便走了。張良細看那本書，原來是《太公兵法》。

十年後，陳勝起兵抗秦，張良也招聚了百多名青年壯士，準備起義。這時沛公已經在下邳以西一帶擴張地盤，準備推翻暴秦的統治，於是張良便追隨了沛公。

沛公請張良作廄將，負責軍中兵馬事宜，而張良好幾次拿《太公兵法》來講給沛公聽，沛公十分欣賞，常常聽從他的計策。張良也曾將《太公兵法》講給別人聽，那些人都不能懂得。張良說：「沛公大概是天賜的聰明人。」從此，張良一直忠心跟隨沛公。

張良體弱多病，從未能單獨掛帥出征，獨當一面，但他時時跟隨在漢王劉邦左右，為他籌謀策劃。

漢王三年，項羽把劉邦圍困在滎陽，情況非常危急，劉邦十分憂懼，和酈食其研究如何

❷【黃石公】下邳（今江蘇睢寧古邳鎮）人，又稱「圯上老人」、「下邳神人」，秦末漢初五大隱士之一，傳說黃石公後來得道成仙，被道教納入神譜。

這時沛公已經在下邳以西一帶擴張地盤，準備推翻暴秦的統治，於是張良便追隨了沛公。

削弱楚的勢力。

酈食其說：「從前商湯伐夏桀，封夏的後代於杞地；武王伐殷紂，封殷人的後代於宋國。而今秦人蔑棄道德仁義，侵佔了各國天下，消滅了六國的後代，使他們無立錐之地。大王您如果真能恢復六國後人的王位，給予他們印信，他們的君臣百姓，必定都會感戴大王您的恩德，仰慕您的義行，願做您的部屬來聽您支配。您如果要南面稱霸，楚一定會整飭衣襟朝拜您。」

劉邦說：「好極了！快快去刻印，帶著它們出發吧。」

酈食其還沒出發，張良前來拜見，劉邦正在吃飯，高興地對他說：「子房，你來，有人替我策劃削弱楚國勢力的辦法。」於是就將酈食其的話原原本本地告訴張良，並問：「子房，你的看法如何？」

張良說：「大王，您的大業可完了！」

劉邦問：「為什麼呢？」

張良回答說：「臣請大王准許我用您面前的筷子，替您籌算這件事。從前商湯討伐夏而又敢於分封他的後代在杞，是因為他算準了能夠置夏桀於死地，不會東山再起。今天你能置項羽於死地嗎？」

劉邦說：「還不能。」

「這是行不通的第一條。武王伐殷紂，又封殷的後人於宋，也是預料到能得到殷紂的頭顱，現在大王能得到項籍的頭顱嗎？」

劉邦說：「還不行。」

「這是行不通的第二條。武王攻入殷，馬上用特殊的標誌把商容的里門標示出來，以示對賢者的尊敬，把箕子從囚徒隊裡放出來，整修比干的墳墓。現在大王能夠去整修聖人的墳墓，標出賢者的里門，到智者的門前去致敬嗎？」

劉邦說：「還不能夠。」

「這是行不通的第三條。武王把紂王存積在巨橋倉的糧食、儲積在鹿台庫的錢貨，拿出來賜給貧窮的百姓。現在大王能把您府庫裡糧食錢財，散給窮人嗎？」

劉邦說：「不行。」

「這是行不通的第四條了。伐殷的戰事結束，把戰車改為普通車，把兵器倒轉頭來，放在倉中，蓋上虎皮，告示天下，不再動干戈打仗了。現在大王可以放棄武裝去從事文教，不再戰爭了嗎？」

劉邦說：「還不行。」

「這是行不通的第五條了。把戰馬放到華山的南坡下，告訴天下人再不乘馬打仗了。現在大王能解下馬鞍，放到山坡上而不再用馬打仗了嗎？」

劉邦說：「還不行。」

「這是行不通的第六條了。把牽運輸車的牛，放到桃林塞的北邊，告訴天下人不再運輸軍需，屯聚糧草了，現在大王能夠解散牛群，不再駝糧運草了嗎？」

劉邦說：「還不行。」

「這是行不通的第七條了。天下的謀臣說客，拋棄妻兒，離開祖墳，告別朋友，來追隨您的原因，不過是早晚想獲得一小塊兒土地立足。現在您恢復六國的舊秩序，立韓、魏、燕、趙、齊、楚六國的後人為王，而各方來的謀士說客，一定各自回國去侍奉他們自己的王子，跟他們親戚家人團聚，回到他們的老家，還有誰來幫大王取天下呢？這是不可以的第八條了。而且楚國目前是無敵於天下的，您立的六國必然被楚國削弱而去附庸它，大王，如何能使楚國來臣服您呢？假如您真用了那人的計謀，您的大事就完了！」

劉邦吐出了口中的食物，大聲罵道：「這小子，幾乎把老子的大事給搞糟了。」於是即刻下令把那些印信銷毀掉。

漢王六年（前二〇一年）正月，劉邦大封功臣，張良從未上過戰場，沒有衝鋒陷陣的戰功，劉邦說：「運籌帷幄之中，決勝千里之外，這是子房的功勞。請你自己選擇齊國境內三萬戶的地方，作為自己的封邑吧！」

張良說：「當初，臣從下邳起兵，跟陛下在留地相會，這是上天將臣送給陛下。陛下採用了臣的計策，僥倖地竟然能夠常常發揮效用，臣願意封於留就夠了。不敢接受三萬戶的大地方。」於是，張良被封作留侯，與蕭何等人一起受封。

劉邦打敗項羽，建立漢朝之後，張良排除眾議，勸劉邦不要定都洛陽，而是要建都關中。他說：「洛陽雖然有這些天然的險要，但它的腹地太小，方圓不過幾百里，地小田薄，如果四面被圍，不是可以用武打仗的地方。而關中左面有崤、函的險要，右面有隴、蜀的大山區，土壤肥美的平原，廣闊千里，加上南面有巴蜀的富饒農產，北邊有牛馬牧畜的大草原，有北、西、南三面的險要可以固守，只需東向一面來控制諸侯。諸侯安定，那麼黃河、渭水可以開通漕運，運輸天下的糧食，西供京師所需；如果諸侯有叛變，則循著漕河而下，足以維持出征軍隊的補給。這正是我們常說的金城千里、天府之國呀！」

於是高帝離開洛陽，立即起程向西定都關中。

留侯曾說：「我家幾代在韓國做宰相，當韓國被秦所滅，我不惜萬金，為了要替韓國報仇而對付強秦，天下都震動了。現在，我用這三寸不爛之舌，做帝王的師保，封賞萬戶，位列諸侯，這已是老百姓的最高願望了，對我張良來說，已經足夠了。現在，我願意放棄世間一切雜事，跟隨仙人赤松子去四處雲遊。」於是，他開始不食五穀，道引輕身，學習仙術。高祖駕崩，呂后感激留侯的恩德，極力勸他吃飯，說道：「人生活了一輩子，正如白駒過隙，何必自尋煩惱到如此地步。」留侯執拗不過，勉強聽太后的吩咐，進而飲食。

八年之後，留侯張良去世，謚號為文成侯。他的兒子名叫不疑，承襲了他的爵位。

張良當初曾在下邳圯上接受那位老翁送他的《太公兵書》，十三年後，他隨從高祖經過濟北，果然看到穀城山下有塊黃石，他就搬回來珍重地供奉它。留侯去世後，黃石跟隨他一起下葬。每年夏季冬季兩次祭祀張良之時，也同時一併祭祀黃石。

# 忠貞的丞相蕭何

## 選自《蕭相國世家第二十三》

蕭何跟劉邦一樣，都是沛縣豐邑人。蕭何精通法律，曾經在沛縣縣令手下做事。秦朝政府進行官吏考核時，蕭何在同級中名列第一，被晉升為泗水郡的卒吏。秦朝的御史想把蕭何調走，蕭何一再推謝，才得以繼續留在沛縣。

蕭何在沛縣府衙內做事時，劉邦還是個平民。劉邦曾經多次犯錯，蕭何經常憑藉自己的職權保護他。後來，劉邦當了亭長，蕭何仍然對他多有照顧。劉邦負責押送犯人到驪山服役，出發前，官員們給他送錢集資。當時給的最多的不過三百錢，蕭何卻給他五百錢。劉邦殺死沛縣縣令後，當地的百姓都推薦他做首領，蕭何就此跟隨了劉邦，做他的助手幫助他管理後勤事務。

蕭何跟隨劉邦入關。攻入咸陽後，將士們爭先恐後地搶奪秦皇室的財物，蕭何卻首先進入儲藏文獻資料的圖書室。他把秦朝丞相及御史掌管整理的法律條文、國家地理圖冊、居民戶籍檔案等文案一一收集，做了整理。因此，在被封漢王後，劉邦比項羽了解更多國家機

蕭何卻首先進入儲藏文獻資料的圖書室，他把秦朝丞相及御史掌管整理的法律條文、國家地理圖冊、居民戶籍檔案等文案一一收集，做了整理。

密，包括軍事重地、險要關塞、人口多少、戶籍管理、各地民生狀況等。劉邦從南鄭領兵東進攻打項羽時，任命蕭何為丞相留守本營，負責巴蜀地區的民生管理，包括發布政令、維持社會穩定以及為前方收集運送軍糧等。楚漢兩軍的前期交戰階段，漢軍作戰不利，劉邦曾多次棄軍敗逃，多虧了蕭何常常在後方徵發關中士卒，才補充了漢軍的實力。蕭何因此深得劉邦信任，掌管了關中的一切政事。

漢二年（前二〇五年），當劉邦聯合各路諸侯攻打楚軍時，蕭何就在關中負責制定法律、規劃縣邑、建立宗廟、管理社稷、輔佐皇室、侍奉太子等諸項事務。

蕭何對漢室的貢獻，還在於他向劉邦推薦了韓信，並堅持讓韓信做統率漢軍的大將軍。此外，蕭何還把自己家族中能打仗的人都派去了前線，為劉邦奪取天下立下了戰功。漢三年（前二〇四年），劉邦與項羽在京縣、索城間對峙時，他多次派人回關中慰問丞相蕭何。當時，有個叫鮑生的人對蕭何說：「漢王在前線披風帶雨作戰，卻多次派人回來慰勞您，這是在提防您呀。為了讓漢王更加信任您，您不如把您家人中能打仗的都派到戰場上效力。」蕭何聽從了這個建議，劉邦非常滿意。

漢五年（前二〇二年），漢軍打敗楚軍，項羽滅亡，劉邦奪取了天下。論功行賞時，漢高祖劉邦想把蕭何排在第一位，封賜最多的食邑。群臣中有些人不滿，說：「我們披甲帶鎧，持刀拿劍與敵人拼死拼活，不說身經百戰，起碼也跟死亡交鋒十幾回。我們為您攻下城池，奪取天下，難道這些功勞比不過一個舞文弄筆的蕭何嗎？」

劉邦問：「各位懂打獵嗎？」

「當然。」

高邦又問：「見過獵狗吧？」

「沒錯。」

劉邦說：「打獵時，獵狗負責追逐野獸，但發現野獸行蹤的人是獵狗嗎？不是，是獵人。打仗就如捕捉野獸，我們就如獵狗，蕭何就是發現野獸的獵人。沒有他，我們就沒有目標。獵狗的功勞怎能跟獵人比？再說，諸位大多是個人跟隨我，多的也不過一家幾口，但蕭何卻讓自己家族幾十人來跟隨我。他的功勞我不能忘。」眾人無話可說了，於是劉邦賞賜了蕭何最多的食邑，並封他為酇（ㄗㄢˋ）侯。

評定功臣排名時，劉邦還是想把蕭何派在第一位。大臣們不同意，他們說平陽侯曹參作戰勇猛，攻奪城池立下了汗馬功勞，以至身上因作戰受傷的地方就有七十處，所以應該排在第一。劉邦因為已經對蕭何賞賜最多，所以這回沒有反駁大臣。後來，關內侯鄂千秋看出了劉邦的心思，站出來替蕭何和劉邦說話，並建議蕭何第一，曹參居次。得到一個支持者後，劉邦就又給了蕭何功勞第一的排名，並規定，蕭何朝見時可以穿鞋帶劍，也不用小步快走，此外，劉邦還給蕭何的父子兄弟等十多人封邑，又給蕭何加封兩千戶，感謝他當年集資多送的二百錢。從此，蕭何仍舊作為劉邦的丞相，打理國民事務。

漢朝建立後，淮陰侯韓信在關中造反。呂后採用蕭何計策，聯合殺死了韓信。劉邦聽說後，加封蕭何五千戶，還派了五百名士兵和一名都尉去做他的護衛隊。很多人來祝賀他，唯獨召平露出一副弔喪的表情，說著不吉利的話。召平對蕭何說：「你的禍患來了。皇上統軍在外，生活艱辛，生命危險，您留守後方，人身安全不用擔憂。如今皇上加封你還給你派護衛隊，這是因為淮陰侯謀反後皇上擔心你也反叛，而非寵信你啊。」召平建議蕭何捐出家產給軍隊以打消皇帝的顧慮，蕭何照做了。第二年，劉邦又不安了。漢十二年（前一九五年）秋天，劉邦率軍征討反叛的英布時，三番五次派人回關中慰問蕭何。他問使者：「蕭相國在做什麼？」使者彙報說，蕭相國在後方打理政務，安撫百姓，仍像去年一樣捐出了家產給軍隊。

蕭何的一位門客勸告蕭何說：「恐怕相國您被滅族的日子不遠了。自進入關中至今，您操勞十年，為百姓任勞任怨，深受民眾愛戴。如今你位居相國，功勞之大，不能再加官。皇上害怕您的名聲蓋過他，才派人來打探情況。要想皇上心安，您只得敗壞自己的名聲了。您可以多購置田地低價借貸給百姓，以詆毀自己的名譽。」蕭何聽了他的建議，果然消除了高祖的疑慮。後來，高祖征討英布回來的路上，被上訪的民眾攔住。他們痛斥相國逼迫老百姓賤賣田宅。

高祖到了京城後，召來蕭何，笑問：「相國您是這樣『利民』的呀？」然後把民眾的上訪書交給蕭何，並說：「你向百姓們謝罪去吧。」蕭何不慌不亂，趁機為百姓請求：「長安的土地不夠百姓用啊，上林苑有很多荒地，希望皇上准許百姓用來耕種，收割後的禾稈可以作為禽獸的飼料。」高祖大怒：「相國你拿了商人的財物，卻讓我拿出上林苑給他們！」於是令人用鐐銬拘禁了蕭何，交給廷尉。過了幾天，一個姓王的衛尉侍奉高祖時詢問蕭相國犯了什麼罪。高祖說：「我聽說，秦始皇的丞相李斯，把做出的成績歸於主上，把錯誤攬到自己身上。如今他卻想用我的上林苑彌補他犯下的過錯，以此討好民眾。不把他銬起來我不爽。」王衛尉說：「蕭相國要是想奪取錢財的話，在你攻打楚軍，平反陳豨、英布時，他動一動手腳，函谷關以西就都是他的了。他那時不為自己謀利，現在卻貪圖商人錢財，這可能嗎？如今，在職責範圍內為百姓請求有利的事情，這是他的本分。再說，李斯為秦始皇分擔過錯有什麼值得效仿的？秦始皇因為不知錯改正才失去了天下，陛下怎麼能用膚淺的眼光懷疑相國呢？」

高祖無話可說，當天就讓人把蕭相國放了。蕭何年紀大了，又被困多日，走路都不順暢了。他赤腳慢行來到高祖前，謙恭謹慎地謝罪。高祖說：「算了別說了。相國為百姓才請求上林苑，我如不答應，就跟桀、紂沒什麼區別，你才是為民福利的賢能相國。我給你加上鐐銬，就是要讓百姓知道我的過錯。」

高祖劉邦去世後的第二年，即漢惠帝二年（前一九三年），蕭何病重，漢惠帝劉盈去探望他，並詢問：「您如果故去了，有誰可以接替您呢？」

蕭何回答說：「有誰能比君主了解臣下呢？」

劉盈問：「曹參怎樣？」

蕭何一向與曹參不和睦，卻叩頭說：「陛下得到合適的人了，我死而無憾了。」同年，相國蕭何去世，諡號為「文終侯」。

蕭何在世時，購置的田地住宅都處於貧苦偏僻的地方，他的宅院從不修築圍牆。他說：「如果我的後代賢能，就學習我的儉樸；如果後代不賢能，這些薄產也不會被有權勢的人家奪走。」蕭何的後世子孫，雖然也有犯罪被削奪官爵的，但漢朝天子仍然會找到蕭何的其他後代重新封侯。在漢初的功臣中，沒有誰能夠和蕭何相比。

# 曹參「蕭規曹隨」

## 選自《曹相國世家第二十四》

曹參，沛縣人。秦朝時，蕭何是沛縣的獄掾，是曹參的上司，這兩人都是當時的有名官吏。沛公劉邦起事時，曹參追隨劉邦，任職中涓。劉邦能攻取天下，曹參立下了汗馬功勞。最初，曹參一直獨自率軍作戰，他拿下薛縣，攻取胡陵，接著又攻打方與和豐邑。因為作戰威猛，劉邦賜給他七大夫的爵位。後來，曹參又打敗了碭縣的秦軍，奪取碭縣、狐父和祁縣的驛站，然後從下邑向西，一直打到虞縣，和章邯的軍隊作戰。

曹參作戰時，勇猛直衝，經常最先登上城樓。攻打爰戚和亢父時，曹參率先登上城樓，因此被升為五大夫。之後，曹參北救東阿，攻陷陳縣，追擊秦軍到濮陽，再攻打定陶，奪取臨濟，然後往南救援雍丘，殺掉秦將李由。這時，項梁戰死，沛公與項羽率軍東歸，楚懷王任命沛公為碭郡長，曹參升為執帛，號建成君。這以後，曹參就跟隨劉邦作戰。期間，他曾把秦將王離打得毫無還手之力，又圍困趙賁，擊敗楊熊，俘虜了呂齮。劉邦西進到武關、嶢關時，曹參也都參與了戰鬥，最終奪取了這兩個關口，在藍田大敗秦軍，使得劉邦最先入關

到達咸陽。

劉邦被封為漢王後，曹參繼續跟隨他，並再次升職任將軍。後來劉邦領兵東進攻打項羽，曹參又屢次率軍。他幫助劉邦平定三秦，同劉邦一同攻入彭城。漢軍戰敗彭城後，多軍反叛，都是曹參率軍前去平定叛亂，為劉邦重新奪回地盤。曹參曾多次與大將軍韓信聯合作戰，為劉邦打敗項羽立下了赫赫戰功。

漢王劉邦奪得天下，做了皇帝，封曹參為齊國的相國❶，輔佐劉邦的長子齊王劉肥。曹參戰功卓著，總共打下了兩個諸侯國、一百二十二個縣，俘獲諸侯王二人、諸侯國丞相三人、將軍六人，郡守、司馬、軍候、御史各一人，得到平陽一萬零六百三十戶作為食邑，封號平陽侯。

高祖去世後，漢惠帝元年（前一九四年），漢朝廷廢除了諸侯國設相國的法令，於是曹參做了齊國的丞相。當時，天下剛平定，齊悼惠王劉肥年紀還小，齊國七十座城邑交給了曹參來管理。曹參把有知識的人無論年老年少都召集來討論治國安邦的方法，結果，眾說紛紜，難以定奪。大夥說膠西有位名叫蓋（ㄍㄜˇ）公的人，精研黃老學說。曹參便派人帶上重金厚禮把蓋公請來。蓋公見到曹參後，告訴他，治理國家最好的辦法就是政府和官員清靜無為，讓百姓的生活自行安定。於是，曹參將自己辦公的正堂騰出來，請蓋公住進去。此後九年，曹參在做齊國丞相期間就推行蓋公所說的清靜無為的管治方法。齊國果然得到安定，人們都稱他為賢能的丞相。

惠帝二年（前一九三年），漢朝丞相蕭何去世。曹參聽到這個消息後派人整理行裝，他說：「我就要入朝當相國了。」過了不久，朝廷的使臣就到曹府請他入朝。離開齊國時，曹參一再叮囑接替他職位的齊國繼任丞相：「齊國的獄市❷無論如何不能撤，它們一個是威懾百姓的手段，一個是百姓生活的寄託。」繼任者問：「這是治理國家最重要的嗎？」曹參說：「並非如此。但有了獄市就能使一個國家善惡並容，如果您加以干涉，壞人在哪裡容身呢？所以我把這件事情擺在首要位置。」

曹參在沛縣時，身分卑微，那時他和蕭何的關係很好，如同兄弟。後來兩人追隨高祖劉邦，蕭何做了相國，曹參做將軍，兩人便有了隔閡。蕭何臨終前，漢惠帝問他有誰能接任相國之位，蕭何當時說唯有曹參。曹參做了漢朝的相國後，對蕭何制定的一切法律制度，不加任何變動，而是按照他遺留的規章制度辦事。他從各地區中篩選一些忠厚質樸、不善文辭的人做自己的下屬。對於那些一味追求聲譽，或者過於講究言辭的下屬，他就把他們辭掉。

---

❶【相國】相國跟丞相的職位等同，相國又叫「相邦」，劉邦即位後，忌諱「邦」字，所以只稱相國。後來廢除諸侯設置相國令，就漸漸只有丞相了。

❷【獄市】獄指百姓訴訟的地方，也包括監獄，市指市場。

曹參仍舊像在齊國做丞相時一樣，施行黃老學說的無為之道。他整天暢飲美酒，不理政事。官吏和賓客們看見曹參如此為相，常常好言勸他要努力工作，以致曹參一見到這些人就拿出美酒來讓他們喝，用美酒堵住他們的嘴巴。這些人自始至終都沒勸諫成功。曹參住宅的後園挨著官吏的宿舍，但凡走在後園的小道上，總能聽見官員們開懷暢飲、喧嚷呼叫的聲音。曹參的隨從建議他對此加以管束，曹參非但沒有制止，反而讓人拿酒，就近喝了起來，並且放開喉嚨高歌應和隔壁的官吏們。曹參不苛刻對待下人，相國府中，即使有人了犯了小錯，他也隱瞞不追究。

漢惠帝發現曹相國沒有相國的樣子，以為他看不起自己，才不理政事，就讓曹參做中大夫的兒子曹窋（ㄓㄨˊ）去試探曹參。曹窋休假回到家後，按照惠帝所教的問他父親：「先帝才駕崩，皇上又很年輕，您身為相國，整天喝酒，遇事也不向皇上請示報告，這麼做怎麼治理國家大事呢？」曹窋一說完，就被曹參打了二百板子。曹參說：「國家大事不是你應該說的，你還是快點兒進宮侍奉皇上去。」

惠帝聽說曹窋因為自己被揍，就責問曹參：「為什麼要打曹窋？其實是我讓他規勸您的。」

曹參脫帽謝罪說：「請陛下自己好好想想，論聖明英武，您和高帝誰強？」

惠帝說：「我怎麼敢和先帝相比。」

曹參說：「論為相治國，我和蕭何誰更賢能？」
惠帝說：「您應該不如蕭何。」
曹參說：「這就對啦！高帝與蕭何平定了天下，制定了法律，如今一切明確，陛下和我就各守其責，按照法規辦事不就好了嗎？何必更改？」
惠帝說：「是啊！您去休息吧。」
曹參擔任漢朝相國，前後共三年時間。百姓們編了歌謠，讚頌他：「蕭何為法，斠（ㄐㄧㄠˋ）若劃一；曹參代之，守而勿失。載其清淨，民以寧一。」❸

❸原意爲：「蕭何制定法令，清楚明白；曹參接受職責，謹遵交代。丞相清靜無爲，百姓安寧愉快。」

# 夏侯嬰撿棄兒

## 選自《樊酈滕灌列傳第三十五》

汝陰侯夏侯嬰是沛縣人，原本在沛縣縣府的馬房裡掌管養馬駕車。劉邦當時做了沛縣泗水亭亭長。夏侯嬰每次外出送使者或客人，返回經過泗水亭時，都要找劉邦聊天，兩人一聊就一下午。夏侯嬰後來升職為試用縣吏，從此與劉邦的關係更加親密了。

有一次，劉邦誤傷到夏侯嬰。按照當時的法規，劉邦理應受到懲處。夏侯嬰卻為他辯護，最後自己反受牽連，被關押了一年多，還挨了幾百板子。劉邦卻因此得以免於刑罰。劉邦起事做了沛公後，就賜給夏侯嬰七大夫的爵位，並任命他為太僕。

劉邦剛起事時，夏侯嬰曾和蕭何一起招降了泗水郡的監察官，不費一兵一卒就得到了胡陵縣，劉邦因此升夏侯嬰為五大夫。後來，夏侯嬰跟隨劉邦作戰，因屢立戰功，又得以不斷升職，先為執帛，後為執珪，然後封爵。等項羽入關，把劉邦封為漢王後，劉邦就賜予夏侯嬰列侯的爵位，號為昭平侯。此後，夏侯嬰仍以太僕之職跟隨漢王左右。

夏侯嬰為人忠厚善良，對漢王十分忠誠，有時候甚至不惜冒犯漢王。劉邦彭城戰敗後，

為了加快速度，劉邦三番五次把兩個孩子扔下車。劉邦扔一次，夏侯嬰就下車撿一次……

棄軍逃跑，途中返回沛縣接家人。楚軍先劉邦到了沛縣，並將他的家人抓走，劉邦後來在路上碰巧遇到了兒子劉盈和女兒，把他們帶上車。楚軍在後面緊追不放，而此時劉邦車馬疲憊，行動緩慢。為了加快速度，劉邦三番五次把兩個孩子扔下車。劉邦扔一次，夏侯嬰就下車撿一次，使得劉邦十分惱怒。夏侯嬰看出劉邦氣惱，就親自駕車，把兩個孩子放在自己身後，讓他們抓緊自己的脖子。夏侯嬰駕車飛馳，最後帶劉邦一家三口逃出了險境，把後來的漢惠帝、魯元公主安然無恙地送到了豐邑。

劉邦到了滎陽重整隊伍之後，將祈陽賜給夏侯嬰作為答謝。劉邦奪得天下稱帝後，夏侯嬰跟隨劉邦平定了多次叛亂。攻打匈奴時，劉邦和夏侯嬰被敵軍圍困了七天七夜，最後終於逃脫。在逃命的路上，劉邦想快馬加鞭，夏侯嬰卻不同意，而是讓車馬慢行，並命令弓箭手都拉滿弓對著周邊做好防禦準備。就這樣，夏侯嬰又幫劉邦逃過一劫，因此得到加封一千戶作為食邑。後來，夏侯嬰仍多次以太僕之職率軍攻打匈奴，之後又參與平定陳豨、英布的叛軍，功勳卓著。

自沛縣跟隨劉邦始，夏侯嬰長期擔任太僕。因其忠誠有功，在劉邦在世時，夏侯嬰一共得到六千九百戶的食邑，被封汝陰侯，定都汝陰。劉邦去世後，夏侯嬰又作為太僕侍奉漢惠帝。為了感謝當年夏侯嬰對漢惠帝和魯元公主的救命之恩，呂后還把緊靠皇宮北面的一等宅第賜給他，以此表示對夏侯嬰的寵信。

漢惠帝去世後，呂后掌權，夏侯嬰仍以太僕之職侍奉呂后。呂后去世，呂氏家族被誅殺，代王劉恆被大臣推為皇帝。劉恆到達京城後，夏侯嬰和東牟侯劉興居為他清理宮室。劉恆即位，就是漢文帝，夏侯嬰仍擔任太僕。八年後，夏侯嬰去世，謚號為文侯。

# 英布刑後稱王

## 選自《黥布列傳第三十一》

英布，六縣人，出身於平民家庭。英布小時候，有位客人給他看了相後說：「你會在受刑之後稱王。」英布長到了壯年時犯了法，被判黥刑（在臉上刺字）。英布還很高興，笑說：「算命的說我在受刑後稱王，說的就是現在這個時候吧。」別人都嘲笑他。英布被判黥刑後，有人又稱他黥布。

英布定罪後就被押送到驪山服勞役。當時押送隊伍中的刑徒有幾十萬人，英布專門和那些犯罪頭目來往，也結交他認為是英雄豪傑的人。最後，他竟帶著這夥人逃離，到長江一帶做群盜。陳勝起義時，英布就與番縣縣令吳芮結合，聚集幾千人的隊伍反秦。後來，英布還娶了吳芮的女兒。陳勝、呂臣的軍隊被秦將章邯打敗，英布聽說項梁已經在會稽起兵，後來在陳嬰的帶領下他就和蒲將軍一起歸附了項梁。

項梁死後不久，項羽接任為大將軍。章邯率軍圍攻趙國於鉅鹿城內，項羽救趙時，就先派了英布渡過黃河攻打秦軍。當時，來到鉅鹿城外的各路軍隊有好幾支，但他們都不敢率軍

出擊。只有英布屢次率軍截斷章邯運輸糧食的甬道，並接連取得勝利。因此，項羽才率領全軍渡過黃河協同英布作戰，並最終打敗秦軍。英布指揮軍隊，以少勝多，各路諸侯都十分佩服他，這也是他們軍隊降服項羽的原因之一。之後，英布就跟隨項羽入關，一直打到咸陽。

西進過程中，項羽收服章邯後，擔心章邯的部下反叛，於是讓英布和蒲將軍活埋了章邯手下二十多萬秦軍。英布聽從項羽的命令，項羽稱霸後，封英布為九江王。同年，又暗中命令英布殺了義帝。英布又聽了項羽的命令，追擊義帝到郴縣，把他殺死。在這之後，齊王田榮背叛楚國。項王再次命令英布出兵攻打時，英布就不聽命了。他說自己有病在身不能前往，只派將領帶上幾千人去幫助項羽。之後，劉邦回兵，打到了項羽的都城彭城，英布仍舊不出兵。項羽多次派人去徵召，英布也不動身，但他心裡越來越害怕。此時，項羽對英布怨恨至極，但因為自己樹敵太多，而英布又是剩下的唯一知交，而且英布又有才幹，所以項羽就沒對英布發兵。

漢三年，劉邦在彭城敗給項羽後，原本歸附他的諸侯也相繼叛亂。張良對他建議說，九江王英布與項王正在鬧矛盾，可以利用。張良還說，英布與韓信、彭越是劉邦奪得天下的關鍵。

負責傳達稟報消息的隨何自告奮勇去說服英布。隨何見到英布說：「大王您甘願以臣子的身分侍奉項王，一定是因為心中覺得楚國是可以依附的國家。但項王攻打齊國時，作為臣子的您卻只派四千人援助楚國。項王在彭城與漢王作戰時，您更是一個兵力都不出。我看您是掛著依附楚國的虛名，實則想自己稱王吧？我認為大王您這樣做很危險。現在楚漢相爭，楚軍明顯處於劣勢，大王您還把自己託付給微弱的楚國。又或者您想以自己的淮南軍隊抗擊楚國？好像您的軍力也不夠吧？現在，只要大王您出兵牽制楚王，不過幾個月，天下必定是漢王的。到時漢王封賜土地給大王您，您就不只有淮南了。漢王派我來招收您，請您深思啊。」英布被說動了，答應歸附漢王劉邦，但他又要求不要把這個消息透露出去。這時，項羽派來催促英布出兵的使者也在淮南。隨何抓住使者和英布談論事情的時機，當著使者面說：「九江王已經歸附漢王，憑什麼要幫助楚國？」隨何這麼一說，使者和英布都吃驚了。使者見勢不妙，準備離開。隨何勸說英布殺了使者。英布眼見生米煮成了熟飯，於是殺了使者，隨後出兵攻打楚軍。

項羽聽聞英布叛變，派龍且到淮南攻打英布。英布戰敗後跟著隨何逃到了漢軍的軍營。英布進入劉邦的營帳時，劉邦正在床上洗腳，也不起來接見他。英布看見劉邦如此傲慢，羞憤難當。回到劉邦讓人為他準備好的住處時，英布看見住所富麗堂皇，不僅器具齊全，還有侍從官員，他才高興起來。英布派人回九江收集士兵，得到了幾千人馬，但是自己的家人都被項羽殺了。後來，劉邦給了英布一些兵力，讓他到成皋招兵買馬，不久又封他為淮南王。英布得到這些後，就與劉邦一同攻打項羽。漢六年，英布和劉賈進入九江，誘導大司馬周殷反楚成功，得到了九江的全部兵力。同年，英布率軍聯合劉邦、韓信、彭越等，於垓下擊敗項羽大軍。

劉邦奪得天下後，說服英布歸附漢的隨何為自己表功，得到了護軍中尉的職位，英布則拿著剖符回到封地，做了淮南王，管轄九江、廬江、衡山、豫章等郡，建都在六縣。此後每年英布都去朝見高祖。其間不斷有諸侯謀反的事情，且謀反的諸侯都被劉邦誅殺了。漢十一年（前一九六年），淮陰侯韓信被呂后誅殺。這時，英布內心開始恐懼了。同年夏天，梁王彭越被剁成肉醬，劉邦還讓人把肉醬分好賜給各位諸侯。肉醬送到淮南時，英布正在打獵。看到送來的肉醬後，他害怕得馬上派人暗中部署軍隊防範，又派人偵查周邊地區的情況並隨時彙報。英布雖然做了防範，但並沒有反叛之心。

這年，英布寵幸的妾病了。因醫生的家不遠，所以她就親自去醫生家治療。英布的中大夫[1]賁（ㄅㄣ）赫就在醫生家對面，賁赫看見英布的病妾後就邀請她到家裡飲酒聊天。次數多了，那愛妾就想在英布面前說些賁赫的好話。一次，在侍奉英布時，她就不經意地稱讚賁赫是個忠厚之人。英布問她為何這麼說，愛妾就把她與賁赫的結交告訴了英布，英布聽了後懷疑自己的女人和賁赫有染，就要逮捕他。賁赫坐上馬車直奔長安，說要告發英布謀反。英布派人追趕沒追上。高祖劉邦聽賁赫說英布要叛變後，找來相國蕭何商議。蕭何說：「英布不會謀反，估計是私人恩怨。請先把賁赫關押起來，派人暗中觀察淮南王。」英布料想自己暗中部署的情況肯定被誣告了，又見皇上派來使者，覺得自己完了，於是殺了賁赫全家，起兵造反。英布造反的消息傳到長安後，高祖釋放了賁赫，封他為將軍，又召集將領來討論誅殺英布的辦法。

原楚國令尹薛公對汝陰侯夏侯嬰說：「英布本應造反。彭越、韓信跟他有同樣的功勞，他們三人如同一體。彭越、韓信被殺，英布自然會懷疑自己也沒有好下場，也就造反了。」夏侯嬰覺得薛公有韜略，於是把他推薦給高祖。薛公見了高祖後說：「英布造反並不奇怪，現在他的應對之策有三個。上策：東奪吳國，西取楚國，吞併齊國，佔領魯國，傳一紙檄文，讓燕國、趙國固守他們的本土。這樣的話，山東地區就不再歸漢王所有了。中策：東攻吳國，西佔楚國，吞併韓國和魏國，佔據敖庾的糧食，封鎖成皋的要道。這樣的話，不定誰勝誰敗。下策：東取吳國，西奪下蔡，運輸輜重財寶到越國，自己跑到長沙。英布採取這個策略的話，陛下就可以安枕無憂了。」高祖問：「你認為英布會選擇哪種計策？」令尹回答說：「下策。」「為什麼？」「英布原本只是驪山的刑徒，他奮戰拼命，都是為了自身的榮華富貴。如今做到萬乘之主，他已經很滿足了，他不是那種考慮百姓或者子孫的人，所以會選用下策。」「說得好。」於是高祖賜封薛公為千戶侯，冊封皇子劉長為淮南王，接著就調動軍隊，親自率兵向東攻打英布。

---

❶【大夫】戰國時期的諸侯國爵位從高到低分爲卿、大夫、士三個等級。大夫又分爲上、中、下三等。

起兵前，英布對他的將領說：「皇上年老了，他肯定不會親自帶兵。淮陰侯和彭越又死了，皇上派遣的將領沒什麼可怕的。」後來，果然如薛公所料，英布採取了下策，先向東攻打荊國。荊王劉賈逃到福陵後死在了那裡。英布奪取了劉賈的所有部隊後就率軍渡過黃河攻打楚國，楚國調動軍隊後，兵分三路抗擊英布。英布主攻一路楚軍，將其打敗，其他兩路楚軍士兵見勢不妙，又因為在本土大戰便都逃散了。英布率軍向西，到達蘄縣以西的會甀（ㄓㄨㄟˋ）後和漢高祖劉邦的軍隊相遇。英布的軍隊精銳無比，高祖堅守不出。高祖見英布如同項羽一樣列陣，心生厭惡。和英布遠遠相望時，高祖就問英布：「你為什麼要造反呢？」英布回答：「我也想當皇帝啊！」皇上怒罵英布，然後發動攻擊。兩軍交戰，英布的軍隊敗下陣來，英布率領一百多人逃到了長江以南。

英布原本和番縣縣令吳芮的女兒結婚，於是想投奔妻子家族的人。英布的小舅子長沙成王吳臣聽從他的丞相利倉的建議，讓他的兒子——長沙哀王吳回誘騙英布說要和英布一同逃亡，把英布誘引到了鄱陽。最後，鄱陽的鄉民殺死了英布。英布死後，高祖就正式冊立兒子劉長為淮南王，升賁赫為期思侯。參與平定英布的將領也都受到封賞。

# 彭越本不該死

## 選自《魏豹彭越列傳第三十》

昌邑人彭越，別名彭仲，原本以捕魚為生，後來夥同一幫人做起了強盜。陳勝、項梁相繼起義反秦之後，有人就勸彭越說：「現在很多人都揭竿而起，自立名號集兵反秦，不如我們也反了吧？」彭越說：「現在陳、項二龍相鬥，我們先等一等。」

一年多之後，聚集在一起的一百多位年輕人找到彭越，希望彭越做他們的首領，彭越仍想拒絕。這些年輕人執意請求，彭越才終於答應，並要求他們明天日出之時集合，遲到者處死。第二天早上太陽出來的時候，有十多個人遲到了，最晚的一個直到中午才來。彭越說：「我已經老了，你們還要我當首領。我們昨天約好了日出之時集合，遲者定罪。現在遲到了這麼多人，我當然不能全部處死，只好殺了最晚到的那個人。」大家都不以為然，笑著說：「不必如此吧，以後不再遲到就好了。」可彭越二話沒說，揮刀將最晚來的那人斬首。眾人極為震驚，都嚇得低頭跪拜，無人敢與彭越對視。彭越令人設置封土祭壇，用遲到者的人頭祭祀，確立了首領的威信。

彭越率領這一百多人一邊攻城掠地，一邊收編逃散的士卒，軍隊迅速擴充到了一千多人，不久就遇到了沛縣起兵的劉邦。當時劉邦正在攻打昌邑，彭越出兵援助他。兩人率軍從碭（ㄉㄤˋ）山北上進攻昌邑，卻未能攻下。後來，劉邦帶著軍隊一路向西，彭越則駐紮在巨野澤中，收編從魏國逃散的兵卒。當劉邦和項羽先後進入關中時，彭越雖然沒有入關，但他的部眾已經發展到一萬多人。項羽自立為西楚霸王，將劉邦封為漢王，其他諸侯也都得到了分封，彭越卻被項羽遺忘了，沒有得到封賜。

漢元年秋天，齊王田榮反叛項羽，派人賜給彭越將軍之位，讓他率軍攻打楚軍。項羽派蕭公角迎戰，結果被彭越打敗。

漢二年春，漢王劉邦和魏豹等各諸侯軍隊向東進攻楚國，彭越三萬多人的部隊通通歸附於劉邦麾下。劉邦說：「彭將軍手握魏國十幾座城池，應該擁立魏王後裔。魏豹是魏王咎的堂弟，是真正的魏王繼承人。」劉邦讓魏豹做了魏王，又任命彭越做了獨攬兵權的魏國國相。

劉邦在彭城打了敗仗，退守西邊。此時，彭越把佔領的城池又給丟了，自己帶著軍隊駐守在黃河沿岸。漢三年，當楚漢長期對峙之時，彭越在梁地屢次攻擊楚軍，截斷了楚軍的輜重補給。漢四年冬，劉邦和項羽仍在滎陽相持，楚軍後方被彭越擾亂得虛弱無力後，彭越趁機攻下楚國十七座城邑。項羽得到消息後，讓曹咎駐守滎陽軍陣，自己率軍向東又收復了彭越攻佔的城池。

彭越對呂后聲淚俱下地哭訴自己並無謀反之心，
現在只想回故鄉昌邑，請呂后為自己作主。

漢五年秋，項羽向南撤退到夏陽，彭越攻佔了昌邑附近二十多座城邑，收繳了眾多軍糧，大大補給了劉邦的漢軍。不久，劉邦又打了敗仗，張良建議他聯合彭越、英布、韓信一同攻打項羽。於是劉邦去找彭越，彭越對使者搪塞說：「我剛剛收復魏國土地，怕楚軍再打回來，所以不能答應。」劉邦只好自己帶兵去追楚軍，在固陵又敗給了項羽。劉邦問張良：「現在諸侯的軍隊都不願意繼續跟隨我攻打楚軍，這可怎麼辦？」張良說：「韓信自立為齊王的事，應該不是您的本意，其實韓信自己也知道這點。彭越收復了那麼多城邑，戰功顯赫，而您只因為魏豹是魏國的正統，就白白讓魏豹稱王，只讓彭越做魏國的國相。現在魏豹去世，沒有了繼承人，您早應該讓彭越稱王。這樣，您就可以和韓信、彭越約定，如果合力擊敗楚國，就把睢陽以北的土地都分給彭越，封他為王；韓信的家鄉在楚國，就把陳地以東的沿海地區分給齊王韓信。我想如果您這麼做，這兩人很快就會答應出兵的。」劉邦採納了張良的計策。果然不久，彭越就把所有部隊帶到垓下跟劉邦的軍隊會合，之後大敗楚軍。同年春天，漢帝劉邦封彭越為梁王，建都定陶。

漢十年秋天，陳豨在代國屬地起兵反漢，漢帝劉邦御駕親征，途經邯鄲的時候，向梁王彭越徵兵。彭越藉口生病，只讓手下將領帶著軍隊去了邯鄲。劉邦十分生氣。彭越心裡有些害怕了，想親自去謝罪。他的部將扈輒（ㄏㄨˋ ㄓㄜˊ）說：「當初皇上讓大王帶兵去邯鄲，大王推說生病沒去。現在皇上生氣了，你如果再去肯定會治你罪。倒不如我們乾脆舉兵反了。」彭越未置可否。這時，彭越的太僕背叛了彭越，他跑到劉邦那裡，告發說梁王彭越和屬將扈輒打算謀反。劉邦當即派人抓捕彭越，囚禁在洛陽。經過一番審訊，彭越被判謀反之罪，然而劉邦並沒有殺他，而是把他流放到蜀國青衣縣，貶為布衣。

彭越一路向西，走到鄭縣，正巧遇到從長安去洛陽的呂后。彭越對呂后聲淚俱下地哭訴自己並無謀反之心，現在只想回故鄉昌邑，請呂后為自己作主。呂后答應下來，帶著他返回洛陽見劉邦。見了劉邦後，呂后說：「彭越這等豪傑之人，陛下將他流放到蜀地做庶民，這不等於放虎歸山自留禍患嗎？不如殺了他。您看，我已經把他帶回來了。」

隨後，彭越再次被誣告謀反，劉邦終於下令誅殺了彭越，將其斬首示眾並株連九族，取消封國。

# 美男陳平

## 選自《陳丞相世家第二十六》

陳平是陽武縣戶牖鄉人，出身於農民家庭，年輕時與哥哥陳伯住在一起。陳伯在家務農，家境貧困。陳平自幼喜愛讀書，陳伯就讓他外出求學。成年後的陳平身材高大，長得一表人才，有人問他：「你家裡明明很窮，你吃了什麼長得這麼牛高馬大的？」陳平的嫂子一直埋怨陳平不務正業。她說：「也不過吃粗糠嚥野菜罷了。有這樣好吃懶做的小叔子，還不如沒有。」陳伯聽到這些話，就把妻子休掉，將妻子趕出了陳家。

陳平長到成家的年齡，卻不想娶窮人家的女兒，無奈也沒有富人肯把女兒嫁給自己。不過，機會還是來了。陳平因為貧窮，常給鄉里辦喪事的人家幫忙。就這樣，他結識了一個叫張負的富人。張負看到陳平身材魁梧，相貌堂堂，便想把自己孫女嫁給他。張負留意到陳平家雖然處於偏僻的貧民巷子，家門也不過是張破席子，門口的車輪印子卻很多。這更增加了張負將孫女嫁給陳平的決心。他的兒子張仲說：「陳平又窮又懶，當地人都恥笑他沒有作為，我為何要把女兒嫁給他呢？」張負說：「陳平儀表堂堂，這樣的人怎會長久貧賤下去呢？」在把孫女送到陳家前，張負還告誡孫女說：「不要因為陳家窮就傲慢無禮，要恪守婦道，侍奉他的哥嫂如同侍奉父親和母親一樣。」陳平娶了張家女子以後，憑藉張家的資助，社交和眼界更加開闊了。

鄉里祭祀社神，陳平擔任主持者。陳平分割祭肉，從不偏頗。父老鄉親都稱讚他公正。陳平說：「如果讓我主宰天下，也會像分肉一樣公平。」後來，陳勝起兵反秦，陳平也加入起義隊伍，隨一些年輕人去了臨濟。

起初陳平在魏王咎手下做事，任職太僕，但不受重用。後來陳平離開魏王，投奔了項羽，並一路跟隨他入關。陳平發現項王是個易怒好殺之人，便打算離開他。當時，項王已經東歸，在彭城稱王。陳平因率軍平定殷王叛亂有功，項王賜黃金二十鎰給他，並任他做都尉。陳平封好項王賞給他的黃金和官印，派人送還項王，自己帶上寶劍，從小路逃走。橫渡黃河時，船夫看見他一人獨行，懷疑他是攜帶黃金寶物從軍中逃出來的將領，就想殺人劫財。陳平被船夫盯得毛骨悚然，於是脫掉衣服，赤裸著身體幫船夫撐船。船夫發現陳平身上一無所有，便沒有對他下手。

陳平渡過黃河之後，來到修武，通過魏無知見到了漢王劉邦。劉邦認為他是個人才，又在項羽手下做過都尉，於是立即任命陳平為都尉。漢王戰敗於彭城後，一路收集散兵到達滎陽，此時陳平被任命為副將，隸屬於韓王信，駐紮在廣武。

漢王的老臣子周勃、灌嬰等在漢王面前詆毀陳平說：「陳平不過如裝飾在帽子上的美玉罷了，他肚子裡未必有墨水。我們聽說陳平之前曾和嫂嫂私通，他在魏王手下做事也被人排擠，無法容身才投奔楚王。與楚王合不來，才又歸附漢王。我們又聽說他收取將領們的賄賂，依照得到好處的多少給他們安排職位。這樣一個反覆無常又腐敗的奸臣，希望大王切實明察。」漢王聽了也很懷疑，就找來推薦陳平的魏無知質問。

魏無知說：「楚漢相爭，要靠有才能的人出謀劃策，大王才可得以成功。即使一個人癡情如尾生❶、忠孝如孝己❷，但他不能幫助大王決定勝負，大王能任用這樣的人嗎？所以，我是以才能薦人。但是現在您問的卻是品行。」

漢王又召來陳平質問，說：「先生從魏王到楚王，從楚王到我這裡。大家都說先生你是三心二意的人，又說你受賄。難道講信義的人是這樣的嗎？」

陳平說：「魏王不重用我，我就投奔項王。項王不信任我，專用他的族人，我無用武之地，是個奇才也沒用。聽說漢王善於用人，我才來歸附大王您。至於受賄之事，我空手

---

❶【尾生】《莊子》中記載的一個為情而死的青年。尾生與心愛的女子約好在橋下見面，女子遲遲未至，卻來了洪水，尾生為信守約定，不肯離去，抱柱而亡。

❷【孝己】傳說為殷王武丁之子，以孝著稱。

陳平被船夫盯得毛骨悚然，於是脫掉衣服，赤裸著身體幫船夫撐船。

前來投奔大王，沒有錢就沒有辦事的費用。錢到了我手上，如果我的計謀得到採用，錢財也自有用處。如果我的計謀不被大王採用，錢財也都還在。如果大王不信任我，我就將錢財全部歸還，並請求允許我辭職歸田。」於是漢王向陳平道歉，並給他豐厚的賞賜，任命他為護軍中尉。此後，將領們和其他臣子都不再說陳平任何壞話了。

之後楚軍加緊進攻漢軍，漢軍通道被截，漢王被圍困在滎陽城。漢王憂慮萬分，向陳平詢問計策。陳平說：「項王驕傲暴戾，封功行賞又不公正。如今，他手下的剛直有用之臣不過亞父范增、鍾離眛、龍且、周殷這幾個人罷了。我們可以施行反間計，離間他們。

項王多疑且容易聽信讒言，楚軍一定會發生內亂。到時我軍趁機發兵進攻，楚軍必敗無疑。只是，這需要大王捨得拿出幾萬黃金賄賂項王的手下。」

漢王採用了陳平的計策，拿出四萬黃金給他，任由他使用，並且毫不過問。陳平首先用黃金賄賂項王手下的鍾離昧等人，唆使他們反楚。項王發現鍾離昧等人有叛變之心，就派使者到漢軍軍營中打探軍情。使者到了漢王營帳後，漢王依照陳平的謀劃，叫人安排了上好酒菜，等到使者剛剛舉筷，端飯的人就說：「哎呀，我們以為是亞父的使者，沒想到原來是項王的使者。」說完就撤了席，另外端來劣質的飯菜給使者。使者回去後向項王如實稟報，項羽果真中計，不再信任亞父范增。范增含恨返回故鄉，途中病亡。

陳平的離間計為漢王大大削弱了項王的實力。此後，漢王逃出滎陽，重整兵力，最終打敗了項羽，奪得了天下。劉邦稱帝後，韓信、陳豨和英布先後叛變，陳平幫助漢王智擒韓信，又隨同漢王討伐陳豨和英布。燕王盧綰反叛時，漢高祖劉邦先派樊噲前去討伐叛軍。樊噲走後，有人說他壞話。高祖聽信謠言，讓周勃和陳平去殺樊噲。當時高祖已經病重，呂后即將掌權。樊噲是呂后的妹夫，陳平害怕誅殺樊噲將來會為自己帶來災禍，於是便將樊噲帶回長安。此時，高祖去世了。陳平在高祖的靈堂前痛哭流涕，然後向呂后稟告處理樊噲的事情經過。呂后哀憐陳平，讓他回家休息。陳平害怕讒言上身，於是請求留宿宮中擔任警衛。呂后就讓他做了郎中令，輔佐漢惠帝。

在呂后掌權期間，陳平任右丞相。呂太后去世後，陳平與太尉周勃合謀，誅滅呂氏宗族，擁立孝順賢能的劉恆即位，也就是漢文帝。

陳平因誅滅呂氏宗族有功，被漢文帝任命為左丞相。有一次，漢文帝問右丞相周勃：「全國一年中判決的案件有多少例？」

周勃回答：「臣下不清楚。」

皇帝又問：「全國一年中錢糧的開支和收入分別是多少？」

周勃嚇得汗流浹背，謝罪說不知道。皇上於是改問左丞相陳平。陳平回答說：「這些事情各有主管的人。」

皇上說：「主管的人都是誰？」

陳平說：「陛下如要了解刑罰案件數目，可詢問廷尉；若要了解錢糧收支的情況，可詢問治粟內史。」

皇上說：「既然各自有主管的人，那麼您所主管的是哪類事務呢？」

陳平謝罪說：「為臣不才，承蒙陛下恩寵，勉強做宰相。宰相一職，理應對上輔佐天子，對下養育萬物，對外安撫四方諸侯，對內管理好百姓。總之，臣的職責就是使公卿大夫各盡其職，萬物各盡其事。」

漢文帝稱讚陳平答得好，右丞相周勃更為慚愧。退朝後，周勃埋怨陳平說：「您平時怎

# 貫高拼死護主

## 選自《張耳陳餘列傳第二十九》

漢帝劉邦平定天下之後，封常山王張耳為趙王。漢五年（前二〇二年），張耳去世，謚號景王。漢帝就讓張耳的兒子張敖繼承趙王的名號，並且把大女兒魯元公主嫁給了張敖。

漢七年（前二〇〇年），劉邦從平城途經趙國，並在此暫駐。趙王張敖前去侍奉岳父，他脫下王服外套，雙手帶上袖套，像個賢婿一樣，日夜謙卑地侍奉在劉邦前後。劉邦對張敖的恭敬卻毫不領情，他坐在地上享受吃喝，還時不時抬起腿來指著張敖大罵。趙國國相貫高、趙午原來是張耳的座上賓，兩人年逾六旬，生性豪爽，如今見漢帝對趙王如此，都十分憤怒。又見趙王唯唯諾諾，他們就更替趙國羞憤了。等高祖劉邦離去後，兩人就勸說趙王：「當年反秦，有才能的豪傑自立為王。現在您那麼謙卑地侍奉漢帝，他對您卻如此輕慢，我們想替您殺了他。」張敖一聽，心裡又憤又羞，將手指都咬出了血，對貫高、趙午說：「先王丟了國土之後，是漢帝幫助我們復國[1]，這份恩情，千秋萬代也無法還清。希望你們以後不要再說這樣的錯話了。」貫高、趙午等人只好私下互相商議說：「我們趙王宅心仁厚，不

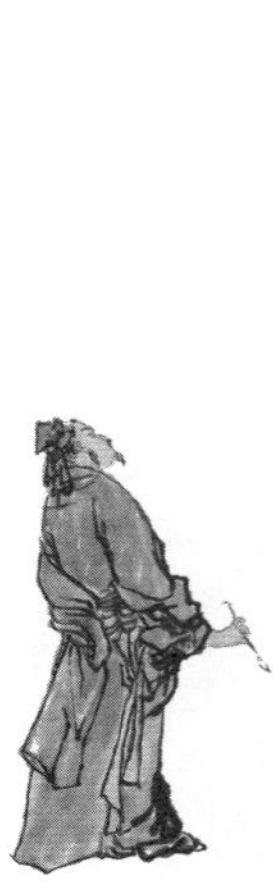

貫高的仇人得知他曾想謀害漢帝，就秘密報告給劉邦。

肯背信棄義。他受了漢帝侮辱，我們卻還要侮辱他，是我們做錯了呀。但是，漢帝令我們趙王受辱，連同我們做臣子也被侮辱了，趙王仁德，但我們能坐視不管嗎？我們自己去殺了漢帝，如果刺殺成功，功勞歸趙王，如果失敗，一切後果由我們承擔。」

漢八年，劉邦從東垣回來路過趙國。貫高等人得知後，就讓刺客藏在柏人縣驛館的壁牆之間等候機會。劉邦經過這裡的時候本來想要在驛館休息，但總是覺得哪裡不對，就問道：「此地何名？」侍從回道：「柏人縣。」劉邦心頭一動：「柏人？被人迫害？」劉邦於是匆匆離開，躲過一劫。

❶【張耳復國】滅掉秦朝後，項羽把張敖的父親張耳封在原趙國土地，做趙王。陳餘怨恨張耳，聯合田榮的兵力趕走了張耳，把原趙王歇接回趙國，重新立他爲王。張耳投奔劉邦，劉邦打敗項羽，張耳得以重新回到原封地。

漢九年，貫高的仇人得知他曾想謀害漢帝，就秘密報告給劉邦。漢帝立刻將趙王張敖、國相貫高等人全部逮捕，參與計畫的十多個人爭相自殺。貫高見此光景，憤怒地大罵：「是誰讓你們自殺的？謀害漢帝這事情跟大王沒有任何關係，現在大王跟我們一起被捕，你們都死了，還有誰能還大王清白？」於是保全性命，讓漢文帝的手下將自己和趙王一起押往長安。漢帝下旨，凡有追隨張敖的大臣及賓客全部滅族。貫高和賓客孟舒等人剃了頭髮，脖子套著鐵圈，一路跟隨著趙王。貫高受審時說：「謀反之事都是我們策劃的，跟趙王沒有一點關係。」

之後無論是被獄吏鞭抽棒打還是烙鐵刺身，甚至體無完膚之時，貫高也始終閉口不言趙王有半點罪過。呂后屢次替張敖求情，說張敖是自己的女婿，不可能會謀反。劉邦不聽，憤怒地說：「要是張敖篡取了天下，你還考慮你的女兒？」這時廷尉將審理貫高的供詞和過程稟告漢帝。劉邦說：「貫高真是個壯士。誰認識他，私下問問他到底是怎麼回事。」中大夫泄公說：「我和他是同鄉。貫高一向對趙國盡心盡力、鞠躬盡瘁。」於是劉邦就讓泄公帶著符節去見貫高。泄公見了貫高，像往常一樣和他寒暄交談，並詢問張敖到底有沒有謀反。貫高說：「我的父親妻子乃至全族都因為這件事被判了死罪，你以為我想用全族人的性命去換趙王一人嗎？我都說了，趙王確實毫不知情，所有事情都是我們謀劃的。」之後，貫高把為什麼要殺漢帝的原因說了出來，也講清楚了為什麼趙王毫不知情。

# 四隱士保太子

## 選自《高祖本紀第八》

漢帝劉邦晚年想廢掉太子劉盈，讓戚夫人的兒子趙王如意做繼承人。很多人進諫勸阻，呂后聽說後十分驚恐，一時間不知所措。有人對呂后說：「皇上非常信任留侯張良，或許他能幫你想想辦法。」

這時張良體弱多病，已經閉關修道一年多沒有出門。呂后就讓建成侯呂澤去逼迫張良說：「您為皇上出謀劃策這麼多年，現在皇上執意要換太子，您怎麼能坐視不管呢？」張良說：「當年皇上是在危急之下才用了我的計策。現在天下都安定了，皇上因為個人的原因想換太子，這是家事，不要說我，就算有很多人都進諫勸阻，又能有什麼用呢？」呂澤再次請求。張良只好說：「這事不能用道理去勸皇上，要想解決的話只能靠四個人。這四個人都是隱居的老者，他們以修道為義，不願做官。皇上聽說他們賢能，一直想招攬他們。這四個人都認為皇上對人傲慢無禮，所以都不願見他。如果能讓太子用恭敬謙虛的言辭給他們寫封信，鄭重地請他們前來，他們或許會答應。然後將他們敬如貴賓，讓他們時常跟隨太子左

「這四個人都是隱居的老者，他們以修道為義，不願做官。……如果能讓太子用恭敬謙虛的言辭給他們寫封信，鄭重地請他們前來，他們或許會答應。」

右，太子的位子也許就保住了。」

於是呂后就讓呂澤依張良的建議去請這四個人。四個人來了之後被安置在呂澤的府邸中。

漢十一年（前一九六年），淮南王英布見漢帝劉邦連續誅殺陳豨、韓信、彭越等建國功臣，因害怕同樣被殺，他就部署防備，後來被人告發後就乾脆起兵叛亂。這時劉邦已經身患重病，打算讓太子劉盈率兵前去討伐。在呂澤府邸作客的這四個人商議說：「我們當初是為保全太子才來的，如果現在太子帶兵去平亂，那事情就不好辦了。」他們對呂澤說：「這次太子要是率兵平叛成功，那之後的封賞肯定不會比太子之位還高；可若無功而返，就只會遭到責備。而且太子率領的將領都是原來和皇上打天下的名將，太子要統領這些人，跟讓羊指揮狼沒有區別，這些人肯定不會聽命於太子，要太子平定叛亂根本不可能。這件事之後太子肯定會遭受禍患。現在看來皇上決意要讓趙王如意取代太子了。看來您還是讓呂皇后趕快找機會向皇上哭訴，讓她這樣對皇上說：『讓太子統率的這些將領都是跟隨皇上打過天下的同輩，根本不會聽命於太子。英布是名滿天下的名將，要是讓他知道這個情況，肯定會大張旗鼓向我們進軍。皇上雖然有病在身，但應該還能乘坐輜車躺著指揮軍隊，這樣眾將才能盡全力平叛。希望皇上受些辛苦，為了妻兒御駕親征吧。』」

呂澤當夜就告訴呂后這個辦法。呂后隨即找機會向皇上哭訴，說了那四個人授意的話。劉邦只好親自帶兵去討伐叛軍，滿朝文武皆出戰相送。這時張良身染疾病，勉強支撐身體去到曲郵，朝見皇上說：「本來我也要跟著去的，但無奈實在病重。英布的人馬迅捷凶猛，皇上您還是不要執意爭鬥太久。」張良又趁機勸皇上讓太子做了監守關中軍隊的將軍。

漢十二年（前一九五年），劉邦打敗了英布的叛軍，班師回朝。劉邦的病越來越重，也越來越想立趙王如意為太子。張良勸劉邦，劉邦不聽，張良也沒辦法，便藉口生病就不再管了。太傅叔孫通也極力勸阻劉邦，劉邦只好假意答應。到了閒暇時，劉邦一家人聚餐，他發現太子劉盈帶來了四個眉髮如雪、衣裝華麗的八旬老人。劉邦覺得奇怪，便問：「這四位是什麼人？」四人分別介紹曰：東園公、夏黃公、綺里季、甪里先生。劉邦聽聞後大驚，說：「我找尋各位很久了，可你們都躲避我，為什麼你們現在都跟隨在我兒左右呢？」四人說：

「傳陛下為人傲世，喜歡罵人，我們年歲已高，不想受辱，所以才一直躲避您。而我們願意跟隨太子左右，是因為聽聞太子謙虛有禮，善待士人，仁義孝順，天下有很多人都想追隨太子為其效力。」

酒宴結束後，四個人就離去了。劉邦召喚戚夫人到身旁，指著漸行漸遠的四人背影說：「這四個人是賢士，他們已經決定輔佐太子，看來劉盈的羽翼已經豐滿，改立太子的事情，就此作罷吧。」戚夫人聽了只得哭泣。劉邦則高歌道：「天鵝振翅，高飛千里。羽翼已成，翱翔四海。翱翔四海，當可奈何！雖有短箭，何用之有！」

劉盈能即位成為漢惠帝，正是因為張良出主意找來了這四個人，打消了高祖改立太子的心思。

# 呂后篡漢

## 選自《呂太后本紀第九》

呂后是劉邦還未起兵前就娶的妻子，也就是漢惠帝劉盈和魯元公主的生母。

劉邦做了漢王後，又娶了定陶人戚氏，並生下一子，取名如意。劉如意出生後，劉邦拿他和劉盈一比，就覺得劉盈仁慈柔弱，無法繼承王位。此時，戚姬又仗著寵愛對劉邦哭喊嚷求，讓他改立劉如意為太子。劉邦於是讓劉如意先做了趙王。呂后聽說此事後，求助張良出謀劃策，最終保住了劉盈的太子之位。

劉邦稱帝的七年裡，為了討伐各地的反叛勢力，常常帶兵打仗。在此期間，呂后為劉邦做了不少事。劉邦誅殺韓信、英布、彭越等大臣時就曾得到了呂后的幫助。呂后有兩個哥哥，名為呂澤的為高祖戰死。呂澤的兩個兒子呂台和呂產，以及呂后的另一個哥哥呂釋之都仍在為高祖效命。呂台被封為酈（ㄌㄧˋ）侯，呂產被封為交侯，呂釋之被封為建成侯。

在討伐英布時，高祖被箭射中，從此一病不起。高祖生病時，呂后曾直言問他：「陛下升天後，如果蕭相國也死了，那該由誰來接任相國之位呢？」高祖說：「曹參可以。」呂后

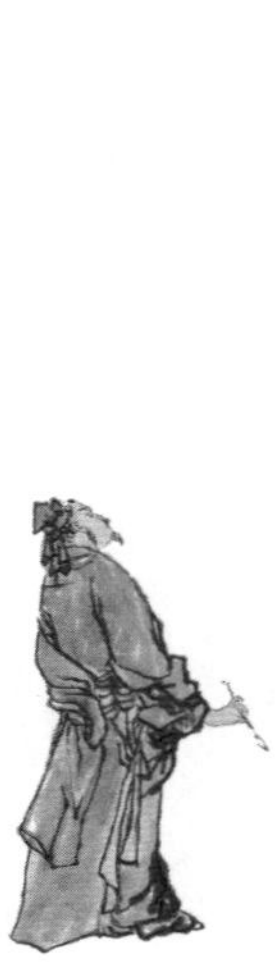

又問曹參之後呢，高祖說王陵可以，並說：「王陵剛直不阿，陳平處事遊刃有餘，可以幫助王陵。周勃雖然沒有文才，但他沉穩厚道，可以幫助劉氏安定天下。」呂后又接著問再之後的事，高祖說：「再以後的事，你我都無法得知了。」四個月後，高祖便死在了長樂宮。

高祖去世後四天，呂后仍不敢對外發布消息。她和審食其商量說：「如果要立新皇帝，那些駐守各地的諸侯王一定不服氣，只有滅了他們全族，天下才能安定。」這句話傳到將軍酈商那裡，酈商趕緊去見審食其，並對他說：「皇帝駕崩四天了，還沒有發布消息，現在我又聽說要殺了所有的將領。如果傳聞是真的，那麻煩就大了。滎陽城內，陳平、灌嬰率領的大軍就有十萬，正在平定燕地和代地的樊噲、周勃兩人也有二十萬大軍。如果在皇帝死後就要殺這些將領，他們必定會聯合起來攻打漢廷。那時候朝內群臣造反，朝外諸侯叛變，我們就只能等死了。」審食其將這意思告訴了呂后，呂后聽了才發布了高祖駕崩的消息，並大赦天下。

此時，呂后的兒子劉盈做了皇帝，是為漢惠帝。高祖另外還有八個兒子：劉肥是惠帝的異母兄長，被封為齊王，其餘都是惠帝的弟弟。劉如意被封為趙王，薄夫人的兒子劉恆被封為代王。其他妃嬪的兒子劉恢、劉友、劉長、劉建，分別被封為梁王、淮陽王、淮南王、燕王。高祖的弟弟劉交被封為楚王，高祖兄長的兒子劉濞（ㄆㄧˋ）被封為吳王。

漢惠帝雖然做了皇帝，但呂后仍舊怨恨之前跟她兒子搶王位的戚夫人及其兒子，於是下令把戚夫人囚禁起來，又派人召趙王劉如意進京。使者去召了幾次，仍然無功而返。趙國的丞相周昌對使者說：「趙王年紀小，先前高祖皇帝把他託付給了我。我聽說呂后怨恨戚夫人，想連同趙王也殺了，我怎能讓他去送死呢？況且現在趙王有病在身，恕我不能接受詔命。」使者把這話告訴了呂后，呂后非常憤怒，讓人把周昌先召入京，然後又召來了趙王。惠帝聽說呂后召見趙王，知道她要誅殺趙王，就在趙王來京的路上迎接他。把趙王接回宮中後，惠帝又與他同吃同睡，使呂后無法下手。

惠帝元年（前一九四年）十二月，惠帝外出打獵，因趙王年幼，便將他留在宮中。呂后得知趙王獨自一人在宮中後，就讓人拿了毒酒去給他喝。等惠帝回來時，趙王劉如意已經死了。呂后又派人抓來戚夫人，砍斷了戚夫人手腳，挖掉她的雙眼，把她的耳朵弄聾，最後把她扔進豬圈裡，並對人說：「這就是『人彘（ㄓˋ）』。」過了幾天，呂后叫人去請惠帝來觀看自己的「成果」。惠帝看了後不知道是什麼，於是問旁人，旁人說這是戚夫人。惠帝聽後悲痛不已，大哭起來，從此就病倒了。後來，惠帝派人去轉告呂后說：「你做的事情傷天害理，作為你的兒子，我無法再治理天下了。」此後一年，惠帝不再管理朝政，整天飲酒解悶，放縱自己，他的病也越來越重。

惠帝二年（前一九三年），呂后擺宴接待了前來朝見的楚元王劉交、齊悼惠王劉肥。這天，惠帝請兄長齊王上座，說這是兄弟之間的禮儀。齊王推辭不過，坐到了上位。呂后見此情景，非常惱火，暗中令人拿了兩杯毒酒來放到齊王前面。齊王不知，拿了酒杯就站起來給呂后敬酒，惠帝也跟著拿酒杯站起來。呂后緊張了，趕緊起身倒掉惠帝手裡的酒。齊王就起了疑心，沒敢喝下手中那一杯，不久他就裝醉離開了宴席。後來齊王知道了真相，心想自己十有八九要死在都城了。齊國的內侍向齊王獻策，建議他從自己擁有的封地中拿出一個郡獻給魯元公主。齊王照做了，還當著呂后的面尊稱魯元公主為王太后，呂后這才放過了齊王。

劉恭即位時只有兩歲，呂后行使皇帝大權處理政事。

　　惠帝七年（前一八八年）八月戊寅日，惠帝逝世。發喪時，呂后乾哭了一通，沒有流一滴眼淚。張良的兒子張辟彊此時任侍中，看見呂后的哭狀後就問一旁的丞相陳平：「呂后唯一的兒子惠帝去世了，她卻沒有流淚，您知道這是為什麼嗎？」陳平反問為什麼。張辟彊說：「惠帝死了，留下的兒子都還沒有成年。呂后害怕你們這班老臣反叛，哪還有時間為兒子悲痛？如果丞相您請求拜呂台、呂產、呂祿**（呂后哥哥呂釋之的兒子）**為將軍，統領兩宮衛隊南北二軍，並讓呂后將家人都接入宮中，呂后才會安心，你們也能倖免於難。」丞相便照張辟彊所說的在呂后耳邊耳語了一番。呂后聽後，才放聲大哭起來。由此開始，呂氏家族便掌握了漢廷的政權。

自九月辛丑日安葬惠帝後，呂后便讓太子劉恭做了皇帝。惠帝的正妻是張敖的女兒張嫣，惠帝去世前，皇后張嫣並沒有給他生下一兒半女，他的一個妃子倒是給他生下了一個兒子，這就是劉恭。呂后讓張嫣假裝懷孕，「生下」劉恭，然後殺了劉恭的親生母親。

劉恭即位時只有兩歲，呂后行使皇帝大權處理政事。呂后與大臣們商議要立呂家的子弟為諸侯王，右丞相王陵說：「高帝在世時曾殺了白馬向大臣們發誓說：『不是劉氏子弟而稱王的，天下人當共同誅討他』。現在你要封呂氏為王，就是違背了高帝的誓約。」左丞相陳平以及絳侯周勃支持呂后，說這是為了保全大漢天下。右丞相王陵因反對呂后被貶為皇帝的太傅，之後王陵稱病回鄉。左丞相陳平後來做了右丞相。辟陽侯審食其因為做過呂后的舍人，曾跟隨呂后在項羽的營中共患難，改任左丞相。審食其深得呂后寵幸，常參與決斷朝政大事。之後，呂后追封自己戰死的大哥呂澤為悼武王。由此之後，她逐漸封各個呂氏家人為王。為了安穩劉氏子弟及其他諸侯的情緒，她又在呂氏和劉氏間建立聯姻關係。

少帝❶元年（前一八七年）四月，嫁給張敖的魯元公主去世，她的兒子張偃被封為魯王。同年，呂后把呂祿的女兒嫁給劉肥的兒子劉章，然後封劉章為朱虛侯。接著呂后封完各個劉氏子弟後，就封呂台為呂王。建成侯呂釋之去世，封他的兒子呂祿為胡陵侯。第二年，呂台去世，他的兒子呂嘉接任為呂王。

這一年，少帝劉恭六歲，已略微懂事。劉恭偶然聽別人說自己並非皇后的親生兒子，而自己的親生母親已被呂后殺死，他就說：「我現在還小，但我長大後我一定要報仇。」呂后聽說後就把劉恭囚禁起來，對大臣們謊稱皇上得了重病，又對他們說：「只有寬容如大地，能夠容納天下萬物的人，才能掌握蒼生的命運。現在皇帝病重，神經錯亂，恐怕不能繼承帝位了，得找個人替代他才行。」大臣們都說：「皇太后您深謀遠慮，為天下百姓操心，我們沒有理由不聽從您的安排。」於是呂后就廢了劉恭，後又派人暗殺了他。之後，呂后讓常山王劉義做了皇帝，改名為劉弘。

劉弘即位後，呂后仍然大權在握。

---

❽【少帝】少帝後來專指被廢的皇帝，司馬遷用此稱呼也有皇帝年少之意。所以劉恭被廢之後再立的劉弘，也用少帝年號。

# 呂氏遭誅

## 選自《呂太后本紀第九》

漢高祖劉邦去世後，呂后掌握了生殺大權。文弱的漢惠帝抑鬱早逝後，呂后立了少帝劉恭，四年後又將少帝殺死，讓常山王劉義做了皇帝，並改其名為劉弘。此時是少帝四年（前一八四年），在這之後的四年裡，呂后依舊行使皇帝職權，封賜呂氏族人，打壓反對她的劉氏及其他臣子。

少帝五年（前一八三年）八月，淮陽王劉強（惠帝妃子生的兒子）去世，呂后封他的弟弟壺關侯劉武為淮陽王。六年（前一八二年）十月，呂后廢掉驕橫跋扈的呂王呂嘉，改封肅王呂台的弟弟呂產為呂王。

七年（前一八一年）正月，趙王劉友的妻子因不得寵幸而誣衊趙王反呂。呂后下令將劉友囚禁。劉友活活被餓死，死前還曾作詩詛咒呂氏。劉友死後，呂后想改封原梁王劉恢為趙王，劉恢不願意。呂后就把呂產的女兒嫁給他做王后，藉以監視趙王。劉恢不喜歡呂產的女兒，而寵愛另一名姬妾，呂產的女兒就把這個姬妾毒死了，劉恢最終抑鬱自殺。呂氏看不起

劉恢為一個女人就這樣棄世，因此也剝奪了他後代繼承王位的權利。隨後，呂氏派人召代王劉恆遷作趙王。劉恆辭謝，說自己願意鎮守邊疆。

這一年，宣平侯張敖去世，他的兒子張偃做了魯王。呂后改呂國為濟川國，改梁國為呂國，讓惠帝的兒子劉太做呂王，原呂王呂產留在宮中擔任皇帝的太傅，又改封呂祿為趙王。高祖劉邦的幼子燕靈王劉建去世後，留有一子，呂后派人殺了他，廢除了燕國這一封國。

八年（前一八〇年）三月，呂后外出祭祀，回程中，一隻黑狗一樣的動物從她腋下竄逃。回到宮後，呂后就得了腋下疼痛的疾病。呂后讓人占卜，占卜者說這是趙王劉如意的亡魂在作怪。

七月中旬，呂后病情加重，任命趙王呂祿為上將軍，統領北軍，同時讓呂王呂產統領南軍。呂后對他們說：「高帝曾說過，『不是劉氏子弟卻稱王的，天下當共同誅討他。』我封呂家的人做王，大臣們早已心存怨恨。現在皇帝年輕，我死了恐怕他們會作亂。你們手握兵權，一定要保衛皇宮。萬萬不可為我送喪，以免被人牽制。」

過了三四個月，呂后去世。死前她還立了呂台的兒子呂通為燕王，封呂通的弟弟呂莊為東平侯，讓呂產做相國，以呂祿的女兒為皇后，又留遺詔賜給每個諸侯王黃金千斤，將、相、列侯、郎、吏等也都按官位賜給黃金，且下令大赦天下。呂后死後，原左丞相審食其改任太傅。

呂后一死，劉氏子弟立即發動叛亂……

呂后一死，劉氏子弟立即發動叛亂，原齊悼惠王劉肥的子孫最先叛變。這時劉肥的兒子劉襄已經繼任齊王，劉襄有兩個弟弟，一個是朱虛侯劉章，一個是東牟侯劉興居。劉章的妻子是呂祿的女兒，他因此得以最先了解到諸呂對劉氏的鎮壓計畫，於是聯合兄弟劉襄、劉興居起兵。劉興居發兵西進，劉章在讓宮內大臣做內應，同時，劉襄寫信給諸侯王中的劉氏族人發動他們一同造反。劉襄在信中說：「我父親齊悼惠王去世後，如果不是惠帝派留侯張良立我為齊王，我恐怕也沒有今天。惠帝駕崩後，呂后擅自廢立皇帝，從此執掌大權，又連殺劉如意、劉友、劉恢三個趙王。梁、趙、燕三個劉氏封國也被她廢除，呂后還把齊國一分為四，封呂家人為王。如今，昏庸的呂后已經死了，皇帝又還年輕，我們應該率兵入京，誅殺呂氏。」

八月，齊王叛變，他的丞相召平❶因不支持主子而被殺死。接著，齊王發兵詐奪了琅邪王劉澤❷的軍隊，準備攻入咸陽。相國呂產派潁陰侯灌嬰率軍迎擊齊王。灌嬰到了滎陽後就反叛呂氏，並派人告訴齊王，等各國諸侯聯合起來後再一同攻打呂氏。齊王被灌嬰說服，帶兵返回了齊國的西部邊界。

此時，呂祿、呂產也想在關中作亂，但他們害怕朝廷中的周勃、劉章等人，又擔心外面的齊、楚二國軍隊，還擔心灌嬰反叛。太尉周勃和丞相陳平看到局勢大亂，認為反呂的時機已到。兩人知道酈商的兒子酈寄跟呂祿要好，就讓酈寄說服呂祿交出兵權。

酈寄見到呂祿後，按周勃、陳平叮囑的對呂祿說：「您佩戴著趙王的印卻不回趙國駐守國土，卻率軍留駐此地，讓大臣諸侯們懷疑。您為什麼不把兵權交給太尉呢？如果您和大臣

---

❶【召（ㄕㄠˋ）平】就是《項梁重建楚國》一文中的召平。曾謊用陳勝之命，任項梁爲上柱國，讓他率軍渡江西向攻秦。後來跟隨漢王，曾奉勸蕭何割捨劉邦封賜的土地，並捐出家產，以防止稱帝後的劉邦懷疑誅殺。蕭何依計採納了他的建議，劉邦果然很高興。

❷【琅邪王劉澤】據說是劉邦的遠親。呂后把妹妹呂嬃的女兒嫁給他，並封他爲琅邪王，以防他在自己死後也會叛亂。

們訂立盟約，返回封國。那麼齊國就會罷兵，大臣心裡也踏實了。到時您在封國高枕無憂地做王，這才是有利於子孫後代的好事呀！」

呂祿覺得有理，想交出兵權，但又不敢擅自決定，就將此事告訴了呂氏的族人。呂氏族中有的認為應該交出兵權，有的認為行不通，他的姑姑呂嬃則大發雷霆說：「身為將軍卻放棄軍隊，你讓我們呂家沒有容身之地了。」接著她把所有的珠玉寶器摔了，邊摔邊吼道：「用不著替別人保管這些玩意兒了。」

從齊國出使回來的郎中令賈壽告訴呂產，灌嬰已經叛變，並準備與齊、楚聯合誅殺呂氏。賈壽建議呂產趕緊進宮，與呂祿一起做好準備。曹參的兒子平陽侯曹窋此時代理御史大夫職務，正與相國呂產議事。他從一旁聽到了呂產要叛亂的計畫，就將消息轉告陳平和周勃。周勃想入宮奪取北軍軍權，但北軍的駐地長樂宮是諸呂的聚集之地，守軍力量強大，難以進入。主管符節的襄平侯紀通把符節交給了周勃，周勃假傳皇帝詔令進入了北軍。同時，周勃又派酈寄繼續勸說呂祿，告訴他：「皇帝已經讓太尉主管北軍，你要是不趕快交出將軍印，大禍就要臨頭了。」呂祿非常害怕，便交出了兵權，離開了軍營。周勃得到將印後向軍中發令：「擁護呂氏的舉右手，擁護劉氏的舉左手。」軍中將士紛紛舉起了左手。

在周勃進入北軍軍營的同時，陳平召來了朱虛侯劉章，讓他監守軍門，防備還握有南軍軍權的呂產，同時讓曹窋守在殿門，阻止呂產入宮。呂產不知道呂祿已經交出了兵權並且離開了皇宮，他率軍前來要和呂祿商議。當他到達長樂宮殿門時，被曹窋攔住。呂產不停地來回踱步，但不敢輕舉妄動。曹窋擔心鬥不過呂產，也沒有動手，而是讓人驅馬告知周勃。周勃讓人假意迎接呂產，讓他入宮保護皇帝。周勃暗中派給劉章一千多士兵。到了晚飯時，劉章就來到長樂宮中向呂產發起了進攻，呂產倉皇而逃。這時狂風大作，呂產的隨從們陷入了混亂，又見呂產已經逃竄，他們就不再抵抗。劉章率兵追趕呂產，在郎中令官府的廁所中殺死了他。

劉章殺死呂產後，皇帝派謁（ㄧㄝˋ）者手持符節來慰勞他。劉章就讓謁者跟他乘坐同一輛車，然後在宮中驅馬奔跑，憑藉謁者手中的符節，斬了長樂宮中的呂更始，最後來到太尉周勃前彙報戰況。周勃向劉章拜賀說：「呂產身為相國，又掌握著南軍，是我們最大的勁敵。現在把他殺了，劉氏天下就安定了。」後來，周勃等人把宮中的呂氏族人全部召來，無論男女老少一律斬殺。不久，呂祿被抓獲斬首，呂嬃被鞭杖打死，燕王呂通被殺，呂后的外孫魯王張偃也被廢掉。

劉章把誅殺諸呂的事情告知了齊王，齊王收兵，灌嬰也從滎陽收兵回京。後來，群臣商議後立代王劉恆為皇帝。他們說：「代王是高帝在世的皇子中最大的，他為人仁孝寬厚，他的母親薄夫人娘家也很善良。代王仁愛孝順聞名天下，是最適合的人選。況且，擁立最大的兒子本來就名正言順。」大臣們暗中派使者去召劉恆進京。劉恆推辭不受，大臣們就派使者

# 張釋之判案

## 選自《張釋之馮唐列傳第四十二》

張釋之，字季，堵陽人。張釋之年輕時，和他的哥哥一起湊了些家產，討得一份騎郎的官職。張釋之做官，哥哥在家經營生意。做了十年的官，張釋之仍沒沒無名，也沒有升遷，就想辭官回家。中郎袁盎知道張釋之有才德，於是向漢文帝舉薦，請求調任他做謁者。文帝召見了張釋之，也認為他有才華，便同意了袁盎的請求。

一次，張釋之隨同文帝出行，來到養虎的園林中。文帝向主管園林的上林尉詢問了幾個問題，他都答不上來，而看管老虎的嗇夫卻在一旁對答如流。文帝說上林尉不可靠，打算讓嗇夫做上林令。過了一會兒，張釋之對文帝說：「穩重而有才幹的人不一定能說會道，皇上您這樣做，不是讓人們都效仿這個嗇夫嗎？那就等於向天下說，只要你能言善辯就能有權有勢。秦朝官員多善於舞文弄筆，他們爭相展示自己的口才，卻沒有闡述國家的真正問題。秦始皇因此聽不到自己的過失，秦朝才因此而滅亡。陛下用人要三思啊！」文帝聽後覺得有理，便打消了升任嗇夫為上林令的念頭。

文帝向主管園林的上林尉詢問了幾個問題，他都答不上來，而看管老虎的嗇夫卻在一旁對答如流。

返程時，文帝向張釋之請教國家政務的弊端，張釋之闡述了自己的見解。回到宮中後，文帝就讓張釋之做了公車令❶。

一天，太子與梁王同乘一輛車入宮，到達司馬門❷時他們沒有下車。張釋之於是上前阻止，並向文帝檢舉他們，說他們犯了不敬之罪。之後，文帝和薄太后都依照禮法，請求張釋之寬恕太子和梁王。此事過後，文帝便更加器重張釋之，又升任他為中大夫，不久又升為廷尉。

有一天，漢文帝出巡，路過長安城北邊的中渭橋。突然從橋下跑出一個人，把皇帝專車的馬匹驚到了，導致皇帝險些受傷。那人被抓住交給廷尉張釋之來審訊。那人說：「我本是長安縣的鄉民，路過此處時聽到要清道不讓通行，就只好在橋下躲著。過了很長時間，我以為皇帝的車隊已經過去了，就從橋下面出來，哪知正巧遇到皇帝的車隊。」

張釋之審完後，向皇帝報告說此人觸犯了清道禁令，按照法律應該處以罰金。皇帝一聽，發怒說：「多虧我的馬溫順，我才沒有受傷。這個人驚嚇到我的馬，你只判他罰金？」張釋之說：「我只是按照法律規定的判決，不分高低貴賤。此人只是觸犯清道禁令，理應罰款。如果隨意加重處罰，老百姓還如何遵守信任法律？如果當時皇上立刻殺了他也就算了。現在既然讓廷尉審訊，那就要按照公正執法的規定執行，不然天下執法者都會效仿隨意判罪。到那時百姓都會惶恐。請皇上三思。」皇帝想了很久，最終認可了張釋之的判決。

後來，文帝抓到了偷竊高祖廟神座前一隻玉環的盜賊，交給了張釋之。張釋之按照法律規定的偷盜宗廟器皿之罪，判處此人死刑。皇帝又怒道：「我要廷尉審訊的目的就是想判他滅族，這人膽大包天，竟敢偷盜先帝廟中的東西，實在罪不可赦。」張釋之跪地謝罪說：「此人偷盜先帝廟裡的器物，您就要滅他一族。如果有人挖了長陵的土，皇上要怎麼處置他呢？罪名相同，也有不同輕重的程度。依照法律判處死罪已經足夠了。」文帝和薄太后一起討論了張釋之的判決意見，最後認同了他的判決。張釋之秉公執法、論事公平的態度得到了天下的認可，使他揚名天下。

文帝死後，太子即位，也就是景帝。張釋之曾得罪過太子，他害怕景帝記仇，本想稱病

---

❶【公車令】掌宮門警衛、接待、傳達之事。

❷【司馬門】皇宮的外門。

辭職，又擔心反被誅殺。他左右為難，最後還是向景帝道歉。景帝起初並沒有責怪他，仍然讓他做廷尉，但一年後便調任他為淮南王的丞相。

# 真將軍周亞夫

## 選自《絳侯周勃世家第二十七》

周亞夫的父親是西漢開國功臣周勃，曾被漢高祖劉邦封為絳侯，在漢文帝時期官拜右丞相。周勃死後，他的兒子周勝之繼承爵位，周亞夫則做了河內郡守。

周亞夫做河內郡守時，雌亭侯許負曾為他看相說：「您三年後將被封侯，八年後會做將軍丞相，執掌國家大權，地位尊貴，無人能比。可是再過九年，您就會餓死。」周亞夫笑著說：「我的兄長已經繼承了父親的爵位了，即使他以後去世，接替他爵位的也是他的兒子，不會讓我繼承的。再說，如果我以後會像您說的那麼富貴，最後又怎麼會餓死呢？」許負指著周亞夫的嘴說：「您的嘴角有縱向紋路切入口中，這是餓死的徵兆。」

三年之後，周亞夫的兄長周勝之因為和貴為公主的夫人感情不和，又犯下殺人之罪，被剝奪了絳侯爵位，封地也被廢除。漢文帝想重新從周勃的兒子中挑選能力卓越的人，近侍重臣都向皇上推薦周亞夫，文帝決定封周亞夫為條侯。

文帝後六年（一五八年），匈奴舉兵入侵漢朝邊境。漢文帝任命劉禮為將軍，讓他率

先導高喊：『皇上駕到，快開營門！』守門都尉回道：『將軍有令：「士兵在軍中只聽將軍的命令，不聽皇帝詔令！」』

兵鎮守霸上，同時命祝茲侯徐厲鎮守棘門，任命周亞夫為將軍鎮守細柳。為激勵士氣，漢文帝親赴營地慰問三軍。前往霸上和棘門的軍營時，皇帝的車隊一路奔馳進入營中，兩個軍營的將領都率領著士兵騎馬列隊，歡迎又恭送皇上。而當文帝到達周亞夫的軍營時，只見他的將士們全副戒備，拉弓的仍舊拉弓，持劍的依舊持劍，無人迎接皇上。給天子做先導的官員跑到軍營前，卻無法進入營內。先導高喊：「皇上駕到，快開營門！」守門都尉回道：「將軍有令：『士兵在軍中只聽將軍的命令，不聽皇帝詔令！』」不久，文帝也到了軍營面前，同樣被阻攔住了。

漢文帝只好讓使官拿符節去對將軍下令，周亞夫這才命守門都尉開門。為皇帝駕車的隨從本想策馬快跑，守門都尉提醒他說：「將軍有令，軍營裡不許車馬奔馳。」車隊只好慢慢前行來到軍中大營前。文帝到達營中後，周亞夫手持兵器拱手向皇帝行禮說：「披甲戴盔的將士不能跪拜，請准我行軍禮參見皇上。」漢文帝心裡十分震動，向周圍的將士致意。慰勞結束後，皇帝就離開了軍營。文帝的車隊剛走出軍營大門，隨從官員就紛紛議論起周亞夫來，他們都對周亞夫的不敬大為震驚。漢文帝卻連連稱讚說：「周亞夫才是真正的將軍。去視察霸上和棘門軍營勞軍時，兩軍的態度簡直如同兒戲，這樣的將士軍隊很容易遭到襲擊。周亞夫的軍隊軍紀嚴明，匈奴人怎麼敢招惹他呢！」一個多月後，鎮守邊境的三支軍隊都撤營了，不久，周亞夫就被升為中尉。

此後不久，漢文帝去世。漢文帝在臨死前叮囑太子說：「如果出現危急情況，只有周亞夫能擔當重任。」文帝去世後，即位的漢景帝封周亞夫為車騎將軍。

漢景帝三年（前一五四年），吳、楚等七個諸侯國起兵發動叛亂。漢景帝讓周亞夫代行太尉一職，率兵討伐吳、楚叛軍。周亞夫向景帝建議說：「吳、楚叛軍驍勇善戰，直接跟他們交戰勝算很小。如今叛軍正攻打梁國，我建議暫時不救助梁國，也就是不直面進攻叛軍，而是截斷他們的糧道，這樣才有取勝的把握。」景帝隨即決定採用周亞夫的計策。

周亞夫把大軍隊彙集到滎陽附近駐守，另派出弓高侯率領輕騎兵截斷吳、楚叛軍的後路。梁國危急，梁孝王（**景帝的弟弟劉武**）派使者求援，請求周亞夫發兵，周亞夫拒不出兵。後來，周亞夫把兵帶到了東北的昌邑，仍堅守不出。梁國又三番四次請求周亞夫出兵，周亞夫仍舊按兵不動。梁王上報漢景帝，漢景帝無奈，就派使臣傳詔，令周亞夫出兵救梁。周亞夫不聽詔令，仍堅守營地，讓弓高侯繼續阻斷叛軍的糧路。吳國軍隊後路被斷，士兵因缺乏糧草而困乏，就幾次挑釁周亞夫的軍營。周亞夫仍不出兵。

一天晚上，軍營中突發內亂，一度鬧到周亞夫營帳面前，可周亞夫仍然鎮定自若。沒過多久，軍營的騷亂停止了。後來，吳國軍隊向漢軍的東南角襲來，周亞夫擋回叛軍後下令士兵戒備軍營西北側。不久，吳軍派精英士兵強攻西北側，但漢軍早已有所戒備。吳軍強攻失敗，軍中糧草又接近枯竭，只好撤退。這時周亞夫命精兵一路追擊，大破吳軍。吳王劉濞見敗局已定，只好帶著幾千精兵逃到了江南的丹徒。漢軍乘勝追擊，徹底擊潰了叛軍。之後，周亞夫下令懸賞千金追殺吳王濞，不到兩個月，就有人帶著吳王的頭來領賞。這次討伐一共只用了三個月，吳、楚叛軍就被平定了。其他將領這才明白周亞夫的方法是正確的，但梁孝王卻因周亞夫多次拒絕他的求援而暗暗記恨周亞夫。

周亞夫凱旋而歸，更被漢景帝器重。五年後，景帝任命周亞夫為丞相。周亞夫做丞相後，更遭梁孝王忌恨。梁孝王每次進京朝見時，就在竇太后面前說周亞夫的壞話。漢景帝和周亞夫的關係漸漸開始疏遠。

某天，竇太后對漢景帝提議，說可以封皇后的兄長王信為侯。漢景帝認為不妥，竇太后卻執意要封王信，漢景帝很為難，只好說：「這事我要和丞相商量一下。」周亞夫得知原委，便對景帝說：「當初高祖規定『非劉氏之人不能封王封侯，不遵守者，天下當群而攻之』。王信雖然貴為皇后兄長，但沒有實際功勞可言，怎麼能違背先祖遺命封他為侯呢？」漢景帝聽了啞口無言，只好放棄此事。

後來匈奴王唯徐盧等五人歸順漢朝，漢景帝想封他們侯位以平天下。周亞夫勸說：「陛下想封這幾個背叛自己君主的叛徒為侯，以後還怎麼懲罰沒有操守的臣子呢？」景帝沒有聽周亞夫的勸告，執意將唯徐盧等人封侯。周亞夫心灰意冷，告病回家。漢景帝中三年（前一四七年），周亞夫丞相職位被免。

不久之後，周亞夫的兒子為父親購買了五百件殉葬用的盔甲兵盾。貨物又多又重，搬運的工人們都很累，偏偏他的兒子又賴帳不給工錢。雇工們得知他買的都是給皇家專用的器物，就上告說周亞夫的兒子偷買軍備要造反。雇工的上書一直呈報到了漢景帝那裡，景帝讓官吏查辦此事。兒子惹事自然會牽連到父親，官吏按照狀紙責問周亞夫，廷尉問：「你買這麼多盔甲，是想造反嗎？」周亞夫說：「這些器物都是殉葬用的東西，怎麼用來造反？」廷尉怒斥說：「我看你是想在地下造反吧！」然後就逮捕了周亞夫。

周亞夫剛被捕時就想自殺以表清白，但他的夫人制止了他，他才沒有尋死。如今自己遭廷尉如此威逼誘問，又被押進監牢，周亞夫不堪受辱，最終絕食五天而死。

# 東方朔隱居宮殿內

## 選自《滑稽列傳第六十六》

東方朔是漢武帝時齊地人，他博學多才，精通儒家經典，通讀諸子之書。東方朔到長安向皇帝上書時，奏章共用了三千卷木簡，要兩個人才能抬起來。漢武帝讀東方朔的奏章讀了兩個月，偶爾還得停下來做筆記。後來，東方朔就做了武帝身邊的侍郎。

武帝經常和東方朔談話，每一次都談得非常盡興，因此武帝還時常下詔賜他御前用飯。吃完飯東方朔總是把剩下的飯菜揣在懷裡打包帶走，武帝也不介意。看到他的衣服被飯菜弄髒，武帝還賜給他綢絹。後來東方朔乾脆不揣不藏了，直接肩挑手提地拿走。武帝賜給東方朔的財物，他存起來後用來娶了長安城的美女做妻子。東方朔娶妻不是娶一兩個就甘休，而是一年半載就換一個人。他幾乎把武帝賞賜的錢財全花在娶妻上了，宮裡的侍臣都笑話他，說他是「瘋子」。武帝卻說：「如果東方朔循規蹈矩，沒有這些荒唐行為，你們又怎能比得過他呢？」

東方朔喜歡參加宴飲，他經常在酒席上喝得大醉，興起時就坐在地上唱歌：「在世俗中

隱居啊，在金馬門[1]避世。宮殿裡可以保全自身，何必在深山野林的茅舍裡求全？」

一天，東方朔和郎官們在殿中相遇，郎官們對他說：「現在人人都認為先生您是位狂人。」東方朔回答說：「古時候的人都選擇在深山野林裡隱居，像我嘛，就是所謂隱居於朝廷中的人。」

當時正值朝廷召集學府裡的文人先生們參與議事。大家都諷刺東方朔說：「蘇秦、張儀兩位賢才遇到大國的君主就能充分發揮自己的才幹，最後位居卿相，所做出的成就恩澤後世。您老先生熟讀詩書和諸子百家，研究先王的治國方術，效仿聖人立身處世，又有文章著作，可以稱得上見多識廣、聰敏有才了。可是，您忠心耿耿地全力侍奉聖明的皇帝已有十年，可官銜還不過是個侍郎，職位不過是個衛士。這是為什麼呢？看來您還是有不夠檢點的行為吧？」

東方朔說：「這你們就不懂了吧，這是因為時代不同了呀。張儀、蘇秦的時代，天下諸侯群起爭霸，人才就是力量，士人都是利器，得到他們就能得到天下。所以君王給士人的待遇好，對他們也言聽計從。但現在諸侯歸順，一個帝王執掌天下政務，普天之下莫非王土，來京城遊說的能人志士數不勝數，聖明的君王對天下之事瞭若指掌。在這樣的情況下，能與不能，賢與不賢，又如何分辨呢？假使張儀、蘇秦生活在現今這個時代，恐怕他們連一個掌

---

❶【金馬門】宦者府舍的大門，之所以稱它爲「金馬門」，是因爲大門旁邊有銅鑄造的馬。

管禮儀的小官都得不到。古書上說：『天下太平無災，即使有聖人，也沒有施展才華的機會。君臣同心，百姓和睦，即使有賢人，也沒有地方讓他建立功業。』所以說，事情隨著時代的不同而變化。即便這樣，我們難道就可以放棄修養自身嗎？《詩經》裡面說『宮內敲鐘，鐘聲可以傳到外面。』『鶴在峽谷深處鳴叫，聲音可以傳到天上。』只要自身有修養德行，還會計較是否獲得榮耀嗎？真正的賢才不放棄自己推行的主張，真正的隱士不怕一時不被任用，而是孑然自立，遠觀近看紛擾的世事。他們有范蠡的智謀，伍子胥的忠誠，雖然朋友少卻修身自持。這不是很平常嗎？你們為什麼對我心存疑惑呢？」東方朔一席話說得那些先生們無言以對。

一天，有人發現建章宮的後園裡有一隻形似麋鹿的動物，於是向武帝稟告。武帝聽說後親自

「我知道它是什麼，
但請先賜我美酒好飯
讓我飽餐一頓。」

去觀看，看後問身邊的群臣，結果沒一個人知道它是什麼動物，武帝於是叫東方朔來看。東方朔說：「我知道它是什麼，但請先賜我美酒好飯讓我飽餐一頓。」武帝說：「可以。」吃飽喝足後，東方朔又說：「我看上了一個地方，那裡公田、魚池和葦塘有好幾頃，陛下賞賜給我才說。」武帝笑著說：「可以。」東方朔這才說道：「這種動物叫騶（ㄗㄡ）牙。邊遠地區有人前來投靠，騶牙就會出現。它的牙齒前後一樣大，因為沒有大牙，所以叫它騶牙。」後來過了一年左右，匈奴渾邪❷王果然率領十萬人來歸降漢朝。武帝就又賞賜了很多錢財給東方朔。

東方朔臨終時規勸武帝說：「《詩經》上說『蒼蠅飛來飛去，落在籬笆上面。賢明的君子，不要被讒言所迷惑。』『讒言無國界，聽信讒言，天下大亂。』希望陛下遠離諂媚的人，遠離他們的讒言。」武帝聽完東方朔的勸告後說：「現在回過頭看看東方朔，他這個人難道只是能說會道而已嗎？」不久，東方朔就病死了。

古書上說：「鳥快死的時候，鳴叫聲特別悲哀；人到臨終的時候，所說的話也特別真誠善良。」說的就是這個意思吧。

---

❷【渾邪】漢代匈奴的一支部落，渾邪王就是該部落的首領。元狩二年（前一二一年），霍去病攻破渾邪，俘虜了渾邪王子及相國、都尉等重臣。匈奴總首領想殺了渾邪王，渾邪王於是率領臣民降漢。後被漢帝封王，食邑萬户，爲漯陰侯。

# 司馬相如「琴」定卓文君

## 選自《司馬相如列傳第五十七》

司馬相如是蜀郡成都人，字長卿，本名犬子。他年少時喜歡讀書，因為對藺相如十分欽佩，所以自己改名為相如。

成年後，司馬相如憑藉家中的資產討了個郎官的職位，給漢景帝做武騎常侍，但為官並非他的志向。後來，梁孝王進京，帶來一批遊說之士。相如稱病辭官，跟隨他們學習作賦。與這些遊說之士處了幾年後，相如寫了《子虛賦》。這時，梁孝王去世，相如返回成都。

相如無事可做，家境日漸衰落。他的好朋友王吉是臨邛（ㄑㄩㄥˊ）縣令，相如便去臨邛投奔王吉。

王吉安排相如在城內的一個小亭子裡暫住，然後自己裝作畢恭畢敬的樣子，每天都去拜訪他。相如最初還禮貌地會見王吉，後來就謊稱有病，讓隨從把王吉打發走。王吉也不介意，更加恭敬而頻繁地去拜訪相如。

臨邛縣的富人卓王孫和程鄭聽說縣令來了一位貴賓，就商量一起置辦酒席，宴請縣令和

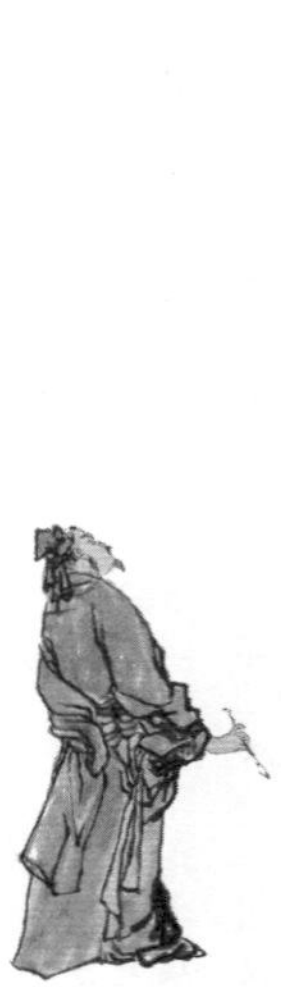

他的賓客。卓家和程家都是大戶人家，不僅家奴眾多，交際也廣。當縣令王吉應邀來到卓家時，在座的客人已有上百人。到了中午，王吉派人去請相如。相如仍舊推辭，說有病在身，無法赴會。王吉親自去請他，相如不得已，只好隨同王吉來到卓家。

大家喝得正酣時，王吉拿來一把琴放到相如面前說：「我聽說長卿喜好彈琴，請彈奏一曲給我們助興吧。」相如推辭了一番後就彈奏起來。相如這一曲下來，就有一個女子動心了。這個女子正是主人卓王孫的女兒，名叫文君。卓文君愛好音樂，又剛剛守寡。司馬相如一到臨邛縣，王吉就把這些情況告訴了他，所以兩人才假裝相互恭敬。其實全是為了這一次酒席做鋪墊。

卓文君見司馬相如長得相貌堂堂，言談舉止又儒雅得體，心中早就傾慕不已。等到相如

相如彈琴時，她就從門縫裡偷看他。

彈琴時，她就從門縫裡偷看他。宴會過後，相如以重金收買卓文君的侍女，向文君轉達了愛意。當夜，卓文君就逃出了家門，去找司馬相如。司馬相如帶著文君回了老家成都。卓文君去到了司馬相如的家裡，才發現他家徒四壁，空無一物。

得知女兒私奔，卓王孫生氣地說：「女兒做出這樣丟臉的事，休想要我一分錢。」有人勸說卓王孫資助女兒，但他堅決不聽。卓文君和司馬相如生活了一段時間，就因為沒錢而窘迫起來。她對相如說：「長卿，我們回臨邛向我的兄弟們借點銀兩吧，咱們為什麼要過得這麼窮苦呢？」兩人隨即返回臨邛，將車馬賣掉後租下一家小酒館，做起了賣酒的生意。

文君在酒館中既招待顧客，又與雇工們一起在鬧市中洗滌酒器。卓王孫聽說女兒落魄至此，又羞又惱，於是閉門不出。他的兄弟和長輩又勸說他，在他面前說司馬相如的好話。卓王孫終於被說動，便拿出一百萬錢和一百個奴僕，連同文君出嫁時的衣服財物等，一併送給了司馬相如。司馬相如又帶著文君回到了成都，在成都置辦田產，從此過起了富足的生活。

有一天，武帝讀到《子虛賦》，感歎說：「真可惜我與作者不是同一個時代的人啊！」在漢武帝身邊侍奉的一個蜀郡人說：「我有個老鄉叫司馬相如，他說就是他寫了這篇賦。」武帝聽後十分驚喜，馬上召見了司馬相如。從此，司馬相如受到皇上器重，又寫下了《上林賦》、《大人賦》、《長門賦》、《美人賦》等名篇佳作。

# 汲黯「愚直」

## 選自《汲鄭列傳第六十》

汲（ㄐㄧˊ）黯，字長孺，是濮（ㄆㄨˊ）陽縣人。汲黯的祖上七代都在朝廷做官，擔任過職卿、大夫的職位。漢景帝時，憑藉父親的保舉，汲黯當上了太子洗馬❶[1]。漢景帝死後，太子做了皇帝，任命汲黯為謁者之官。

不久，東越叛亂，皇上派汲黯前去視察。汲黯走到吳縣後就返回了，並向皇上稟報說：「東越的民俗就是爭強好鬥，天子不必派使臣去過問。」後來河內郡發生了火災，受災住戶有一千多。皇上派汲黯去視察災情。他回來報告說：「河內的火災是因為當地的住房密集，一家不慎失火而牽連了很多家，這個不必多慮。我路過河南郡時，發現那裡的人們正遭受旱災，災民有上萬家。百姓饑餓難忍，以至父子相食。我手中持有符節，就下令發放河南郡的

❶【太子洗（ㄒㄧㄢˇ）馬】屬於太子少傅、少傅的屬官，爲太子的侍從。洗馬，意即在馬前驅馳，爲太子前導引路。

官糧，賑濟災民。我犯了假傳聖旨之罪，現在請求皇上責罰。」皇上認為汲黯為民請命勇氣可嘉，並不追究他的罪責，並調任他為滎陽縣令。

汲黯根本不屑縣令這一官職，於是稱病辭職。皇上就調他回朝，讓他做了中大夫。汲黯生性耿直，在朝中多次向皇上諫言爭辯，因此不久就被外調為東海郡太守。汲黯尊崇道家學說，以「清靜無為」為治理地方的宗旨。任職東海郡太守的一年多裡，他很少管理政務，大多交給得力的下屬去處理。官員和百姓各司其職，東海郡社會穩定，人們都稱讚汲黯英明。皇上聽說後，又召汲黯回京，讓他做主爵都尉，給他的待遇堪比九卿。

汲黯回京任職後，仍然心直口快。與人相處時，一旦遇到自己不喜歡的人或者不贊同的觀點，他就直言不諱，絲毫不留情面，哪怕面對皇上也毫不掩飾。

有一次皇上召來一批文學之士和崇奉儒學的儒生，討論治國策略。皇上陳述自己的見解時，學士儒生們都紛紛點頭附和，汲黯卻說：「陛下內心的欲望太多，施行仁義便只能停留在表面，這樣怎能做出堯舜那樣的政績呢？」皇上一時語塞，惱羞成怒，變了臉色。公卿大臣都替汲黯捏了把汗。退朝後，皇上對身邊的近臣說：「汲黯愚直至此，實在是太過分了。」有人責怪汲黯不識好歹。汲黯說：「天子設置文武百官輔佐自己，難道是讓他們一味迎合自己的意見嗎？我位居九卿之列，縱然珍愛自己的生命，也不能說違背正義的話，將君王陷於不義之地。」

當時，與汲黯交好的灌夫、鄭當時和宗正劉棄也都是直言不諱的人，他們因多次直諫皇上而被調離朝廷。汲黯身體多病，仍留在朝中，但他經常請假，有一次獲皇上恩准，他在家休養了三個月。汲黯的身體仍不見好轉，病得厲害的一次由大臣莊助替他請假。皇上就問莊助：「你覺得汲黯這個人怎麼樣？」莊助說：「汲黯當官，沒有過人之處。但他堅守自己的節操，不被利益所誘惑，不畏懼他人威勢，很適合輔佐年少的君主。」皇上說：「沒錯。汲黯就是所謂能夠安邦保國的忠臣。」

汲黯的剛正使得皇上都對他敬畏三分。大將軍衛青入宮拜見皇上時，剛巧碰上皇上蹲廁，皇上就乾脆在廁所內與他講話。丞相公孫弘求見皇上，皇上有時不戴帽子就接見他。但有一次，汲黯入宮啟奏，皇上正在看奏章，沒有戴帽子，聽聞汲黯前來奏事，他趕緊躲入帳內整理儀容，讓侍者先招呼汲黯。

汲黯剛位列九卿時，公孫弘、張湯還是一般的小吏。後來，這兩人都升了職。公孫弘做了宰相，封為平津侯。張湯官至御史大夫，很受皇上器重。這兩人後來居上，汲黯心中便有了怨言，一天，他逕直走到皇上跟前說：「陛下用臣子就像堆柴垛一樣，後來的反而堆在上邊。」皇上聽了沉默無語，等汲黯退下去後，皇上說：「一個人可以沒有學識，但他不能沒有度量。」後來，皇上更加重用公孫弘和張湯。公孫弘和張湯都很痛恨汲黯，想殺之而後快，皇上也想給汲黯加個罪名懲治他。

大將軍衛青對汲黯卻十分敬重。衛青的姐姐衛子夫做了皇后，衛青的身分就更加尊貴了。有人就勸汲黯對大將軍行跪拜之禮，汲黯說：「難道有人對大將軍行拱手之禮，就會使他不受敬重嗎？」衛青聽說後，更加欣賞汲黯的賢良。

過了不久，汲黯又因為直諫惹惱了皇帝，終於被罷官免職。

當時，匈奴渾邪王率領軍隊來投降漢朝，皇上派二萬輛馬車前去迎接還不夠，於是向百姓借馬。有人把自家的馬藏起來，皇上湊不夠馬車，於是就要殺長安縣令。汲黯說：「長安縣令沒有罪，皇上要殺就殺我吧。匈奴人既然是來投降的，皇上想迎接他們，讓沿途各縣依次運送到長安就是了。如今卻要為了他們而勞民傷財，使天下騷亂嗎？」皇上聽了無言以對。

後來，匈奴人來到長安。漢朝百姓和匈奴人做買賣，沒想到因此被治罪，被判死刑的有五百多人。汲黯入宮勸諫皇上說：「我原以為匈奴人投降後，皇上會把從匈奴手裡繳獲的財物分給百姓，如今陛下反其道行之，傾盡官府倉庫賞賜他們，又讓我們百姓服侍他們。現在，長安城裡的百姓不過將自己的東西賣給了匈奴人。哪裡知道這樣做就會被法官定下走私貨物的罪名？這就是人們說的『保護樹葉，折損樹枝』，我認為陛下不能這樣做。」皇上最終沒有同意汲黯的建議，還說：「我很久沒聽到汲黯說話了，如今他又開始胡言亂語了。」

幾個月後，皇帝還是罷免了汲黯的官職。汲黯就回到鄉村隱居去了。

過了幾年，遇上國家改鑄五銖錢，民間私自鑄錢的行為氾濫，尤其是楚地尤為嚴重。皇

汲黯跪拜謝恩，但始終不肯接受官印。

上認為淮陽郡是通往楚地的交通要道，於是召回汲黯，任他為淮陽郡太守。汲黯跪拜謝恩，但始終不肯接受官印。皇上多次下詔書強迫他，他才領命。

皇上召見汲黯後，汲黯對皇上痛哭道：「我以為我將死在荒野，屍體被棄置溝壑，再也見不到陛下了，沒想到陛下又重新任用我。如今我疾病纏身，體力微弱，無法勝任太守。我請皇上讓我做中郎，以出入宮禁之門，能為您糾正過失，查缺補漏。這就是我的心願。」皇上說：「你看不上淮陽郡太守這個職位嗎？最近淮陽地區的官民局勢不好，我藉助你的威望，請你去治理。你身體不好，可以躺在家中主政，你就去吧。過些時候，我會召你回來的。」汲黯於是辭別了皇上赴任去了。

臨行前，他去探望大行令李息。汲黯對李息說：「我被皇上派到外郡去了，不能參與朝中之事。御史大夫張湯為人奸詐諂媚，他不為天下人說話，只會挾制朝廷外的惡官來增加自己的威望，騙取皇上的信任。他花言巧語，善於文過飾非。您位列九卿，要趁早向皇上進言，矯正張湯的行為。如果不這樣做，張湯早晚會被誅殺，您也難逃一死。」而李息膽小怕事，又畏懼張湯，一直不敢向皇上進諫。

汲黯到了淮陽郡後，如同之前在東海郡一樣治理。淮陽郡很快變得政務清明，百姓做事也規範起來。後來，張湯果然陷於是非之中，最終身敗名裂而被誅殺。皇上得知汲黯曾讓李息勸諫自己，而李息沒有做，於是也判李息有罪。張湯死後，皇上詔令以諸侯國相的俸祿待遇封賞汲黯，仍讓他掌管淮陽郡。七年後汲黯逝世。皇上讓汲黯的弟弟汲仁官至九卿，兒子汲偃官至諸侯國相。

# 張騫出使烏孫

## 選自《大宛列傳第六十三》

漢武帝建元三年（前一三八年），張騫以郎應募❶，出使月氏❷。歷經十多年後，他才回到了漢朝。

張騫向漢武帝彙報出使情況，將大宛❸、大月氏、大夏❹、康居❺這幾個西域國家的狀況都一一稟報，並說這些國家的旁邊還有五、六個大國。漢武帝於是派出四路使臣，繼續尋找通往這些大國的要道。使臣們在途中由於各種原因未能前往西域各國，最終無功而返。此

---

❶【以郎應募】張騫當時任郎官，應召出使。

❷【月氏】月氏，音ㄓㄡˋ ㄓ。游牧民族，曾在今甘肅河西走廊的敦煌及祁連山之間居住。

❸【大宛】宛，音ㄩㄢ。西域古國名，其故址大概在今費爾干納盆地。

❹【大夏】現今阿富汗巴爾赫附近的藍市城。

❺【康居】在大宛西北大約二千里處的游牧民族。

後，張騫因曾出使西域，對西域有所了解，就被任命為校尉，跟隨大將軍衛青攻打匈奴。第二年，張騫又隨同李廣作戰。一次，張騫因為誤了作戰時間，被判死刑。他出錢贖罪，最終被貶為平民。

過了三年，漢朝已經把匈奴趕出了大漠以北，漢帝又記起大夏等國的事情來，於是又召回了張騫。

張騫說：「匈奴西邊有一個小國叫烏孫，烏孫的國王被匈奴殺死，他的兒子昆莫被拋棄在曠野之中。曠野中的小鳥給昆莫餵肉吃，狼給他餵奶。單于感到奇怪，認為是神在保佑他，於是收養了他。昆莫長大後，屢次帶兵打戰，立下了汗馬功勞，單于就把他父親的百姓歸還給他，讓他駐守西域。昆莫撫恤百姓，擴張領土，他的軍隊力量也越來越強，能拉弓打仗的士兵達到了幾萬人之多。單于死後，昆莫就率領民眾遷移，脫離了匈奴的控制。匈奴攻打昆莫，始終無法取勝，便認為他是神人，所以就不再對他大舉進攻，只是對他進行約束。現在匈奴被漢朝打得軍力大損，而原來渾邪王控制的地盤也無人駐守，我們可以利用蠻夷貪財好利的本性，收買烏孫，讓他與漢朝結盟，使他東遷到渾邪王的地盤。昆莫家族本就與匈奴有仇，他應該會答應。這樣一來，我們就等於砍斷了匈奴的右臂。只要聯合了烏孫，那它西邊的大夏等國都會相繼歸附大漢了。」

漢武帝採取張騫的計策，任命他為中郎將，派給他三百人，讓他帶上六百匹馬，幾萬

漢武帝採取張騫的計策，任命他為中郎將，派給他三百人，讓他帶上六百匹馬，幾萬隻牛羊，以及價值幾千萬的錢財物資，出使烏孫。

隻牛羊，以及價值幾千萬的錢財物資，出使烏孫。此外，又讓持有符節的幾個副使跟隨他，以便道路打通時就順便派他們到那些國家去溝通外交事宜。

張騫等人到達烏孫，烏孫王昆莫以對待匈奴單于的禮節接見了他們。張騫心裡覺得自己攜帶的禮物太輕了，於是說：「天子讓我帶來禮物，如果國王不拜謝，就請把禮物退還我們。」昆莫接受了禮物，起身拜謝。張騫向昆莫說明了他出使的意圖，請求昆莫將烏孫向東遷移到原來渾邪王的地盤。張騫說：「如果您願意結盟，我們漢朝將遣送諸侯的一個女兒給您。」烏孫國王昆莫說自己不能擅自決定，一來是因為自己已經年老，烏孫國又已經分裂，不好做統一的遷移。他又說，烏孫歸屬匈奴的時間很久遠了，而且居住的地方離匈奴很近，烏孫人都害怕匈奴，不敢背叛他們。況且，漢朝與烏孫相距遙遠，烏孫不敢擅自決定歸附與否。

張騫從昆莫的話得知了烏孫的現狀。昆莫的兒子有十多個，有個名叫大祿的長得強悍威猛，又擅長帶兵打仗，昆莫讓他率領一萬多騎兵居住在另外的地方。大祿的哥哥是太子，太子早逝，留下一個兒子岑娶。太子死前對父親昆莫說：「請一定要讓岑娶做太子。」昆莫答應了他。岑娶當了太子後，大祿對此很憤怒，於是召集他的兄弟，蓄謀攻打岑娶和昆莫。昆莫年老，不能作戰了，害怕大祿殺害岑娶，就分給岑娶一萬多騎兵，讓他遷到別的地方去暫避。這個時候，昆莫自己留下用來防衛大祿的還有一萬多騎兵。所以，烏孫國就被一分為三，雖然大體上仍是屬於昆莫，但他不敢獨自決定與漢朝聯姻之事。

張騫遊說烏孫不成，就分派副使分別出使大宛、康居、大月氏、大夏及旁邊的幾個國家。張騫回國時，烏孫國派出嚮導和翻譯送他們一行，又派出侍者帶上幾十匹馬進獻給漢天子，順便讓他們了解漢朝的情況。

張騫回到漢朝後，被任命為大行，官列九卿。過了一年多，他就去世了。

烏孫的使者把了解到的情況回報給了烏孫國王昆莫，烏孫國王便對漢朝重視起來。之前張騫派出的溝通大夏等國的使者也都相繼回國，並同樣帶回那些國家的使臣。於是，西北各國對漢朝有了進一步的了解。從此，它們和漢朝的交往更加緊密了。

後來，匈奴聽說烏孫和漢朝開始往來，很是憤怒，便想攻打烏孫。烏孫國王害怕，又因為看到漢朝和西域大宛、大月氏等大國的互通使者來往不斷，於是也派使者向漢朝進獻禮物，並提出請求和漢朝聯姻。群臣建議漢武帝先讓烏孫送來聘禮，再把諸侯女兒嫁過去。之後烏孫送來一千匹馬。漢朝才將皇族宗室劉建的女兒嫁給了昆莫，並贈予豐厚的嫁妝。匈奴王聽說烏孫與漢朝聯姻以後，也將自己的女兒遣嫁與烏孫國王昆莫。昆莫由於畏懼於匈奴的勢力，便讓匈奴王的女兒做了左夫人，漢朝的女兒做了右夫人。

# 廉潔的酷吏張湯

## 選自《酷吏列傳第六十二》

張湯是杜縣人，他的父親曾在長安縣的縣長手下為官。一天父親出門，只留下年幼的張湯一人在家。父親回來後發現家裡的一塊肉被老鼠叼了去，於是怒打了張湯一頓。張湯被打之後，找到老鼠洞，揪出一隻老鼠後對它一頓拷打審問，並記錄下審問過程，還把判決的罪狀報告交給父親。當天，張湯就定案，判了老鼠死刑，將它分屍。張湯的父親看到此情此景之後，驚訝不已，又見張湯的判決書寫得有模有樣，就讓他去學習律法。張湯的父親死後，張湯就開始在長安縣做官。

張湯為人圓滑，善於盤結富貴。周陽侯田勝剛任職九卿之官時，曾因犯法被囚禁於長安，張湯利用自己的權勢保護他。田勝出獄後為了報答張湯，就把他介紹給了當朝的權貴。後來張湯就被調到了內史，之後，經內史官員寧成和漢武帝的舅舅武安侯田蚡的推薦，張湯逐步升職，最後做到了御史大夫。在處理陳皇后巫蠱案[1]的過程中，張湯深入追究同黨，贏得了漢武帝的賞識，被提拔為太中大夫。此後，張湯與趙禹一起制定法律明文。趙禹不喜交

際，但與張湯的關係不錯。兩人都主張用嚴峻的制度法紀來約束在職的官員。不久，趙禹改任少府，張湯當上了廷尉。

張湯處理案件時，經常揣度皇上的意思來定罪。如果皇上想加罪，他就將罪犯交給執法嚴酷的獄吏去處理。如果是皇上想寬恕的人，他就讓執法較為寬鬆的獄吏去審問。如果處理的案件牽連的人物是豪強之類，他必定藉助法律打壓他們。如果牽連者是平民百姓，他就向皇上口述案情，又請皇上明察斟酌，再做裁定。雖然張湯執法有時嚴酷，有時寬鬆，但他還是贏得到了好名聲，就連丞相公孫弘也屢次稱讚他的美德。

有時，張湯也不按照皇上意思的去定罪。淮南王、衡山王、江都王謀反一案當中，嚴助和伍被被牽連其中。皇上本想寬恕他們，張湯卻極力爭辯說：「伍被參與策劃謀反，嚴助身為皇上身邊的近臣，卻私自與謀反諸侯結交。如果不殺死他們，以後更加不好管束臣子。」最終皇上聽從了他的裁決。

張湯執法嚴酷，自然也得罪了不少人。漢朝因為常年與匈奴作戰，國家財政日益空虛。張

---

❶【陳皇后巫蠱案】陳皇后嫉妒漢武帝寵幸後宮其他美人，於是利用巫術作怪，想喚回漢武帝的心。事情被告發後，漢武帝任命張湯審理此事。張湯深追查，誅殺了牽連此案的三百多人。最後，陳皇后被廢，武帝寵愛的衛子夫被立爲新皇后。

張湯的家人想厚葬張湯，他母親說：「張湯為天子做事，最後遭誣衊而死，何必厚葬呢？」最後，張湯的母親只讓人用牛車拉著棺材去下葬。

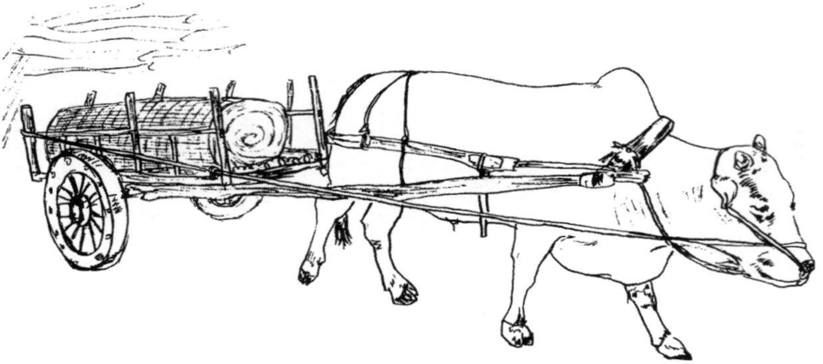

湯依照皇上的旨意，大力推行一系列籌錢政策，包括向官員徵稅的法令、向富商徵稅的算緡（ㄇㄧㄣˊ）告緡[2]令、有損商人利益的鹽鐵官營令，以及鑄造錢幣等。張湯不遺餘力地貫徹這些政策，深得漢武帝的信任。當時，就連丞相的權勢也被削弱了很多。慢慢地，上至三公九卿，下至平民百姓，都開始怨恨起張湯來。

張湯積累了太多的私怨，最終被人陷害。算緡告緡期間，漢文帝陵園裡的殉葬錢被人盜走。丞相莊青翟和張湯約定一同向皇上謝罪，到了皇上面前，張湯卻反悔了。他心想，丞相的工作職責要求他必須按四季巡視陵園，陵園被盜，丞相應當謝罪，這跟我沒有一點關係。於是他不肯謝罪，只有丞相一人謝罪，皇上還派張湯查辦此事。丞相心裡十分憤恨。

丞相手下有三個長史，他們之前都比張湯的官大。後來張湯兼任丞相職務，常常欺壓他們。因此，三位長史合謀勸告莊青翟說：「張湯和你約定一起謝罪，卻出爾反爾，他分明是想擠掉你好謀取你的職位。我們有張湯的把柄，可以揭發他。」於是幾人聯合向皇上檢舉張湯勾結商人，囤積私財。

皇上召來張湯質問，張湯不肯認罪，說是有人故意陷害。這時，減宣也上奏書報告，說張湯和他的下屬魯謁居此前誣陷御史中丞李文，並殺害了他。李文案件是漢武帝交給張湯的，因此漢武帝認為張湯心懷不軌，犯了欺君之罪，便把張湯交給審判官審問。張湯堅決不認罪，皇上又派趙禹審問張湯。趙禹來了後勸告張湯說：「你做審判官，誅殺了多少人！如今你的罪狀被人握在手裡，證據確鑿。天子難道不知道這些嗎？他現在只想讓你自己了斷，你還不明白嗎？」於是張湯就寫信向武帝謝罪說：「我原來只是個掌管文書的小吏，承蒙陛下器重，讓我位居三公。我張湯沒有尺寸的功勞，如今遭人陷害，陷害我的是三位長史。」之後張湯就自殺了。

張湯死後，留下的家產都是俸祿積蓄和皇上的賞賜，總共不超過五百金。張湯的家人想厚葬張湯，他母親說：「張湯為天子做事，最後遭誣衊而死，何必厚葬呢？」最後，張湯的母親只讓人用牛車拉著棺材去下葬。武帝聽說了此事後，說：「有其母必有其子啊。」於是武帝又派人重審張湯的案件，最後查明真相，誅殺了三個長史，丞相莊青翟也畏罪自殺。

---

❷【算緡告緡】漢武帝元狩四年（前一一九年）頒布的法令。是漢武帝爲加強中央集權而進行的經濟改革之一。算緡是國家向商人徵收的一種財產稅。告緡是當時反商人瞞產漏稅的一種強制辦法。

巧讀史記 /（西漢）司馬遷原著；高欣改寫. -- 一版.-- 臺北市：大地, 2018.12
面：　公分. --（巧讀經典：1）

ISBN 978-986-402-298-4（平裝）

1. 史記　2. 通俗史話

610.11　　107020159

# 巧讀史記

巧讀經典 001

| | |
|---|---|
| 作　　者 | （西漢）司馬遷原著、高欣改寫 |
| 發 行 人 | 吳錫清 |
| 主　　編 | 陳玟玟 |
| 出 版 者 | 大地出版社 |
| 社　　址 | 114台北市內湖區瑞光路358巷38弄36號4樓之2 |
| 劃撥帳號 | 50031946（戶名：大地出版社有限公司） |
| 電　　話 | 02-26277749 |
| 傳　　眞 | 02-26270895 |
| E - mail | support@vastplain.com.tw |
| 網　　址 | www.vastplain.com.tw |
| 美術設計 | 成樺廣告印刷有限公司 |
| 印 刷 者 | 博客斯彩藝有限公司 |
| 一版一刷 | 2018年12月 |

定　　價：280元